JN440959

현서네 유튜브 영어 로드맵

초등학교 졸업 전 영어로 자유롭게 말하는

현서네 유튜브 영어 로드맵

지은이 배성기
펴낸이 임상진
펴낸곳 (주)넥서스

초판 1쇄 발행 2026년 2월 20일
초판 2쇄 발행 2026년 2월 25일

출판신고 1992년 4월 3일 제311-2002-2호
10880 경기도 파주시 지목로 5
Tel (02)330-5500 Fax (02)330-5555

ISBN 979-11-24028-35-3 13590

가격은 뒤표지에 있습니다.
잘못 만들어진 책은 구입처에서 바꾸어 드립니다.

www.nexusbook.com

초등학교 졸업 전 영어로 자유롭게 말하는

현서네 유튜브

배성기 지음

영어 로드맵

유튜브로 원어민급 영어 실력을 달성한 —— 현서의 9년간 로드맵

넥서스

프롤로그

2020년 12월, 《현서네 유튜브 영어 학습법》이라는 책을 세상에 내놓았을 때만 해도 유튜브로 영어를 배운다는 이야기는 낯설고 어색했다. 그저 집에서 아이와 함께 했던 작은 실험이었는데, 생각보다 많은 분들이 관심을 가져 주셨고 책은 2만 부가 넘게 팔렸다. 책이 출간되었을 때 현서는 초등학교 2학년이었는데, 어느덧 중학교 2학년이 되었다.

첫 책을 통해서 자연스러운 영어 습득에 대한 이야기는 했지만, 그 후 현서의 영어 아웃풋에 대한 세세한 안내를 하지 못했다. "그래서 현서는 지금 어떻게 됐나요?"라고 궁금하신 분들도 많을 것이라 생각한다. 현서는 국제학교를 다니는 친구들과 함께 하는 온라인 영어 수업에서 에세이도 쓰고 발표도 할 정도로 영어가 편해졌고 자신감도 넘친다. 대부분의 영어 학습을 집에서만 했는데도 말이다. 9년 전 36개월이었던 그 아이가 이제는 영어를 도구처럼 자연스럽게 사용하는 청소년이 되었다.

책이 나온 이후, 많은 것이 바뀌었다. 특히 코로나 기간 동안 아이들이 집에 있는 시간이 많아지면서, 어차피 아이에게 영상을 보여 줄 거라면 유튜브에 있는 영어 영상으로 보여 주겠다는 분들이 많아졌다. 최근 출연했던 교육 분야 유튜브 채널의 진행자로부터 "요즘에는 어디를 가든 영상 자체를 영어로 틀어 주는 분이 많은 것 같다."라는 말을 듣게 되었다. 실제로 집 안에 영어 노출 환경을 만들어 루틴을 잡고, 이를 꾸준히 하면서 현서처럼 아웃풋까지 나오는 경우도 많아진 것 같다.

하지만 여전히 시작조차 하지 못한 분들도 많다. 이는 여러 걱정과 근심 때문이다. 이 책을 통해 그것들을 하나씩 풀어 드리고, 부담 없이, 확신을 갖고 시작할 수 있도록 돕고 싶다.

영어 영상 노출을 미루는 세 가지 이유

오랜 기간 우리는 '엄마표 영어'라 하면 알파벳, 파닉스를 시작으로 영어 명작 동화나 그림책, 리더스Leveled Reader 등을 읽으며 엄마가 아이와 함께 영어를 공부하는 것으로 여겨 왔다. 특히 자녀 교육에 관여를 많이 하고, 자녀 교육의 본질에 집중하려는 분들일수록 영유아기 자녀에게 영어 영상 노출을 꺼리며, 결국에는 황금기를 놓치게 된다. 부모들이 영어 영상 노출을 꺼리는 가장 큰 세 가지 이유는 보통 다음과 같다.

① 모국어가 우선되어야 한다는 믿음

"아직 한글도 제대로 못 읽는데 영어를 시작한다고요?"

이는 가장 많이 듣는 질문 중 하나이다. 하지만 결론부터 말하자면 30~36개월 사이에 시작하는 것이 가장 좋다. 이때는 아이들이 보통 모국어로 한 문장을 말하기 시작하는 시기이다. 모국어가 막 자리를 잡아 가는 시기라, 하루 1시간씩만 재미있는 영어 동요나 애니메이션으로 영어 소리를 익숙하게 해 주어도 효과가 크다.

9년이 지난 지금까지도 현서는 영어와 모국어를 혼동했던 적이 없다. 한국 사람과 이야기할 때는 자연스럽게 한국어로 말하고, 외국인 친구들과 이야기할 때는 자연스럽게 영어로 말한다. 머릿속에 한국어 방과 영어 방이 따로 있는 것처럼 필요에 따라 스위치를 전환한다.

중요한 것은 영어 영상을 보지 않는 나머지 시간에 엄마가 한국어 책을 충분히 읽어 주고 상호 작용을 해 줬다는 것이다. 영어 영상 1시간 외에는 가정이나 기관에서도 한국어 노출이 될 테니, 영어 때문에 모국어 발달에 영향이 있을 거라는 걱정은 하지 않아도 된다.

② 영어는 책으로 공부처럼 해야 한다는 고정관념

"영상은 그냥 놀이 아닌가요? 제대로 배우려면 책으로 해야죠."

이 질문에 대답하기 전에 우선 알아야 할 것이 있다. 우리가 학교에서 배웠던 영어 교과서, 어학원에서 쓰는 교재는 성인을 대상으로 교실에서 공부할 때의 교수법이라는 것이다. 그것도 요즘과 같은 기술의 발전이 전혀 없었던 시대에 말이다.

지금은 시대가 많이 바뀌었다. 가정에서도 유튜브, 넷플릭스, 디즈니 플러스를 활용해 얼마든지 영어 노출 환경을 만들 수 있다. 그리고 더 중요한 것은 우리 아이들 영어 교육의 목표가 의사소통을 목적으로 하는 실용 영어라는 점이다. 듣고, 말하고, 자연스럽게 소통하는 영어이다. 목표가 다르면 방법도 당연히 달라져야 한다.

물론 책이 중요하지 않다는 말이 아니다. 듣기가 충분히 된 후에 읽기로 넘어가면 훨씬 수월하게 학습을 할 수 있다. 순서가 중요하다. '듣기 → 말하기 → 읽기 → 쓰기'의 순서가 되어야 한다. 이 순서는 우리가 모국어를 배운 순서와 동일하다.

③ 미디어 중독에 대한 두려움

"아이가 유튜브에 중독되면 어떡하죠?"

이 걱정도 충분히 이해한다. 하지만 한 가지 생각해 봐야 할 것이 있다. 어른들도 지금 많은 정보를 책보다는 미디어를 통해 습득한다. 이제는 피할 수 없는 시대에 살고 있다. 무조건 차단하는 것이

능사는 아니라는 것이다. 오히려 엄선된 콘텐츠를 적절히 소비할 수 있도록 습관을 만들어 주는 것이 중요하다.

미국 소아과 학회는 2016년 지침을 개정하면서 미디어 사용을 무조건 금지하기보다는 질 좋은 콘텐츠를 부모와 함께 시청하는 것을 권장했다. 중요한 것은 시간보다 내용이고, 혼자 보는 것보다 함께 보며 상호 작용 하는 것이다.

현서는 하루 1시간 영상 노출을 6년간 해 왔지만 미디어 중독 때문에 걱정했던 적은 없었다. 오히려 정해진 시간에만 보고 스스로 끄는 습관을 익혔다. 처음부터 규칙을 정하고 그 규칙을 함께 지켜 왔기 때문이다.

이 세 가지 걱정은 사실 걱정이 아니라 기회이다. 모국어와 동시에 영어도 배울 수 있는 기회인 것이다. 책으로 힘들게 공부하는 대신 영상으로 자연스럽게 습득할 수 있는 기회이자, 미디어를 똑똑하게 사용하는 법을 배울 수 있는 기회인 것이다.

황금기는 기다려 주지 않는다. 당장 시작하지 않으면 1~2년 후에는 시작하기가 더욱 어려워진다. 걱정을 내려놓고 오늘 시작해 보시길 바란다. 아이가 좋아할 만한 영어 동요 하나, 짧은 애니메이션 하나를 틀어 주는 것으로 충분하다. 그 작은 시작이 9년 후 자연스럽게 영어로 생각하고 말하는 아이로 성장하는 여정의 첫걸음이 될 것이다.

영어 학습보다 중요한 것

먼저 이것만은 꼭 말씀드리고 싶다. 영어보다 훨씬 더 중요한 것이 있다. 바로 모국어이다. 현서는 16개월부터 6학년까지 엄마가 매일 자기 전에 30분 이상 한글 책을 읽어 주었는데, 엄마는 아무리 피곤하거나 바쁠 때도 그 시간만큼은 꼭 지키려고 노력했다. 그 시간이 현서의 생각하는 힘을 키웠고, 무엇보다 안정적인 정서의 기초를 다졌다.

돌이켜 보면 아이와 엄마가 책을 통해 교감하는 그 시간이 영어 영상을 보는 1시간보다 훨씬 더 소중했다고 생각한다. 우리말로 생각하는 힘이 튼튼해야 영어로도 생각할 수 있다. 결국은 모국어가 뿌리인 것이다.

그리고 또 하나는 엄마의 행복이 최우선이어야 한다는 것이다. 엄마가 스트레스를 받는 상황에서 아이에게 좋은 말을 할 수 없다. 억지로 영어 영상을 틀어 놓고 엄마가 화를 내면 그건 아이에게 독이 된다. '하루 1시간 영어 노출'이 엄마에게 짐이 되어선 안 되고, 오히려 그 시간이 엄마가 숨 쉴 수 있는 시간, 아이와 함께 즐거운 시간이 되어야 한다. 엄마가 행복해지는 방법을 먼저 찾으시길 바란다. 그래야 아이도 행복하고, 영어 학습을 즐겁게 받아들이게 된다.

이 책에서 전하고자 하는 것

첫 번째 책에서 현서가 초등학교 2학년까지 듣기 중심으로 영어를 습득해 나간 과정을 담았다면, 이번 책은 그 후 9년에 걸친 성장의 여정 전체를 담았다. 듣기에서 말하기로, 익숙함에서 표현으로, 그리고 표현에서 발표와 글쓰기로 이어진 긴 시간의 기록이다.

첫 번째 책이 나온 지 5년, 그동안 많은 것이 달라졌다

유튜브와 인스타그램을 통해 16만 명의 부모님들과 소통하고, 맘코칭을 진행했고, 현서네 영어 구독 서비스를 운영하면서 5천 명이 넘는 엄마와 아이들의 영어 여정을 직접 지켜보았다. 그 과정에서 쌓인 노하우를 이번 책에 모두 담았다. 어떤 가정은 성공했고, 어떤 가정은 중간에 포기했다. 그 차이가 무엇이었는지, 실패를 성공으로 바꾼 구체적인 방법은 무엇이었는지 등 수많은 가족들의 이야기가 녹아 있다. 영어 노출 환경을 만들어 주며 겪게 되는 어려움, 이들의 극복 과정, 실제 성공 사례 및 팁, 아이들의 변화, 부모들의 작은 실천을 보고 느낀 점들을 최대한 담으려고 노력했다.

이 책은 한마디로 유튜브 영어 학습법의 완결판이다. 처음 영어 노출을 시작하는 방법부터 자막 없이 영상 속 대사를 이해하고, 영어로 생각하며 말하게 되는 단계까지 전 과정을 안내한다. 유튜브 영어 학습법, 이제는 제대로 할 때다.

이런 분들에게 추천

- **이제 막 영어 노출을 시작하려는 영유아 부모님:**

  36개월 황금기를 놓치지 않고 올바르게 시작하고 싶으신 분

- **영어 영상 노출을 하다가 확신이 없어 그만둔 부모님:**

  다시 시작할 용기와 구체적인 방법이 필요하신 분

- **영어 영상 노출을 잘해 오고 있지만 앞으로의 방향이 잘 안 보이는 부모님:**

  영어 영상 노출은 잘하고 있는데, 다음 단계가 궁금하신 분

그런데 이 책은 단지 영어 이야기로 끝나지 않는다. 나는 영어 교육 전문가이자 교육공학자지만, 45살까지 회사원으로 살다가 1인 기업가로 전향하면서 완전히 다른 삶을 살게 되었다. 지난 5년의 변화 속에서 우리 아이들이 앞으로 어떤 세상을 살아가게 될까, 그 세상에서 진짜 필요한 능력은 무엇일까를 깊이 고민했다. 그래서 이 책의 마지막에는 AI 시대와 IB 교육, 그리고 '나답게 살아가는 힘'에 대한 이야기도 담았다.

이 책을 어떻게 읽으면 좋을까?

“현서는 지금 영어를 어느 정도 하나요?”, “36개월에 시작해서 매년 어떤 과정을 거쳤나요?”가 궁금하신 분들은 이 책의 1부부터 읽으시길 권한다. 현서의 9년 성장 과정을 연령별로 자세히 소개한다. 첫 영상 노출부터 중학교 2학년이 된 지금까지, 매년 어떤 영상을 봤고, 언제 첫 문장을 말했고, 어떻게 책을 읽기 시작했으며, 어떻게 에세이를 쓰게 됐는지 구체적인 로드맵이 담겨 있다.

“왜 영상 노출이 효과적인가요?”, “과학적 근거가 있나요?”가 궁금하신 분들은 2부부터 시작해도 좋다. 스티븐 크라센의 제2언어 습득 이론, 폴 네이션의 어휘 습득 연구, 1,000시간 법칙 등 언어 학습의 과학적 원리를 설명한다. 왜 이 방법이 효과적인지, 어떻게 작동하는지 이론적 토대를 제공한다.

“이론은 알겠고, 당장 어떻게 시작하면 되는지 알고 싶어요.”라는 분들은 3부부터 시작해도 좋다. 하루 1시간 루틴 만들기, 연령별 구체적 실천 방법 등 바로 따라 할 수 있는 실전 가이드가 담겨 있다. 오늘 당장 무엇을 보여 줘야 할지, 어떻게 루틴을 잡아야 할지 단계별로 안내한다. 그리고 책 뒤 부록에는 첫 번째 책 출간 이후 새롭게 발굴한 추천 채널 100개를 7가지 분야별로 정리해 놓았다. 아이 연령과 수준에 맞는 채널을 바로 찾아 시작할 수 있다.

“우리 아이, 이미 시작했는데 중간에 계속 좌절해요.”, “아이가 영상을 거부해요.", "엄마인 제가 먼저 지쳐요."라는 분들은 4부를 먼저 읽어 보셔도 좋다. 불안함, 조급함, 완벽주의를 극복하는 법, 성공하는 엄마들의 공통점, 그리고 다른 가족들의 실제 성공 이야기가 힘이 될 것이다.

이 책은 영어 교육서이면서 동시에 한 가족의 성장 기록이고, 수많은 부모님과 아이들의 작은 승리들이 모인 희망의 이야기이다. 지금 이 문장을 읽고 있는 당신에게 '우리도 할 수 있겠다!'라는 마음의 불씨가 피어나길 바란다. 오늘 당장 아이가 좋아할 만한 영상 하나를 찾아보시길, 내일도 그 영상을 틀어 주시길, 그리고 그 루틴을 계속 이어 나가시길 바란다.

그 작은 시작이 쌓여 어느덧 1년이 되고, 2년이 되고, 3년이 된다. 그 순간을 함께 만들어 가자.

2026년 제주에서, 현서 아빠 배성기

목차

4부 부모의 지속력 전략

5부 미래 교육

현서네 영어 9년간의 로드맵

1장
현서의 현재 영어 실력

5학년, 영어 캠프에서 자신 있게 발표하다

첫 번째 책인《현서네 유튜브 영어 학습법》(2020)에는 초등학교 2학년 때까지의 현서의 모습이 담겨 있다. 그럼 2025년 기준, 중학교 1학년이 된 현서의 영어 실력은 어떨까?

사실 현서의 꿈이 영어를 전공으로 하는 직업이 아니라서 영어 외에 다양한 활동에도 시간을 할애해야 했다. 그러다 보니 5학년 이후로 영어 실력은 큰 발전이 없었다. 영어는 최소한의 시간만 쓰며 유지하는 정도이다. 따라서 우리나라의 또래들 중 최고는 아니겠지만 그럼에도 아빠 입장에서 만족스러운 수준이라고 자부한다.

우선 현서가 5학년 때 필리핀 세부의 영어 캠프에서 발표하는 모습을 영상으로 보자. 처음 25초만 보면 된다. 본인이 좋아하는 일본 애니메이션에 대해 조사한 후 발표 자료를 만들고 선생님과 친구들 앞에서 영어로 발표를 하는 모습이다. 스크립트를 외워서 하는 것이 아니라 발표 자료를 보며 미리 생각해 두었던 내용을 이야기하는 것이다. 영어로 발표하는 모습이 꽤나 자연스럽고 자신감도 엿보인다. 영어 유치원은 가 본 적 없고, 집에서만 한 것치고 이 정도면 훌륭하지 않은가? 물론 사교육이 전혀 없었던 것은 아니다. 화상 영어를 3년 정도 했고, 원어민 선생님이 있는 동네 영어 공부방도 1년 정도 다니긴 했다.

필리핀 세부
영어 캠프 발표 모습

현서가 갔던 세부의 영어 캠프는 다양한 활동도 하지만 학습도 많이 시키는 편이었다. 그렇게 높은 강도로 학습을 해 본 적이 없었던 현서는 처음 2주 동안은 매일 울 정도로 힘들어했다. 하지만 스스로 영어를 잘한다는 정체성이 형성되어 있어서인지 세 번째 주부터는 적응을 잘했고, 다시 자신감을 찾았다. 한국에서 온 또래 친구들도 있었고 중국에서 국제학교를 다니는 친구들과도 함께 생활했지만 영어를 가장 잘하는 축에 속했다.

공인 영어 시험 점수 - 학습식 영어 없이도 고득점 달성

이 영어 캠프를 통해 얻은 것이 하나 더 있었다. 캠프 동안 PELT, TOSEL, TOEIC 등 공인 영어 시험의 모의고사를 여러 차례 봤는데 여기에서도 상당히 높은 점수를 받았다는 것이다. 엄마표 영어에 대해 부정적으로 보시는 분들의 가장 큰 오해 중 하나가 어릴 때 엄마표 영어를 해도 중학교에 가면 입시, 내신 영어를 할 때 소용이 없다는 것이다. 근데 현서는 그런 학습식 영어를 별도로 하지 않았음에도 이런 시험에서 굉장히 높은 점수를 획득했다.

JJES Jung Jun English School 2023년 겨울캠프 배현서(Jenny) 영어 성적표

인쇄

JJES 영어성적열람실은 연수생의 성공적인 연수를 위하여 토요일마다 시행되는 시험의 성적을 관리하는 시스템입니다.
JJES 영어성적열람실은 매주 토요일 업데이트되며, 4개 종류의 시험으로 나뉘어 관리되어집니다.
그 종류는 JJES LEVEL TEST(학원레벨테스트)와 TOPEL, TOSEL 등의 국가인증영어대비시험과 한국 내신 중비시험입니다.
각 시험에 관한 정보는 시험관련정보보기 링크서비스를 참고하시기 바랍니다.

- JJES LEVEL TEST 시험관련정보보기

NO	TEST DATE	LEVEL	GRAMMAR	READING	WRITING	VOCA	LISTENING SPEAKING	TOTAL
2	2024-01-20	INTERMEDIATE	77%	63%	63%	56%	90%	70%
1	2023-12-18	INTERMEDIATE	45%	42%	65%	96%	85%	67%
Enrollment	2023-11-28	INTERMEDIATE	50%	63%	27%	92%	86%	64%

- TOPEL

NO	TEST DATE	LEVEL	Result	LISTENING	READING	WRITING	TOTAL
3	2024-01-27	Standard 1	합격	60 / 80	96 / 105	12 / 15	168 / 200
2	2024-01-06	Standard 1	합격	70 / 80	102 / 105	12 / 15	184 / 200
1	2023-12-15	Standard 1	합격	68 / 80	93 / 105	12 / 15	173 / 200

- TOSEL TOSEL 시험관련정보보기

NO	TEST_DATE	LEVEL	급수	SPEAKING & LISTENING	READING & WRITING	TOTAL
3	2024-01-13	High Junior	2급	43 / 45	42 / 55	85 / 100
2	2023-12-29	High Junior	3급	49 / 45	35 / 55	84 / 100
1	2023-12-08	High Junior	2급	43 / 45	44 / 55	87 / 100

TOSEL 시험 같은 경우 고등학교 수준인 High Junior 레벨의 시험을 세 차례 봤는데 각각 87, 84, 85점이라는 상당히 높은 점수를 받았다. Speaking & Listening에 비해 Reading & Writing이 전반적으로 낮게 나온 것은 그동안 현서의 영어 학습 방식이 어땠는지 보여 주는 예라고 할 수 있다.

6학년, 에세이 쓰기 수업 모습

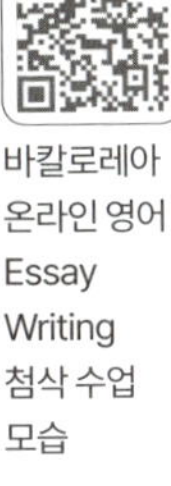

바칼로레아 온라인 영어 Essay Writing 첨삭 수업 모습

다음은 현서가 6학년 때 '바칼로레아 온라인 영어 Essay Writing' 첨삭 수업을 받는 모습이다.

자신의 생각과 의견을 서론, 본론, 결론으로 정리해 논리적인 글로 쓰는 연습을 하는 수업이다. 주 1회 40분씩 원어민 선생님과 1:1로 하는 수업이었고 보통 글을 쓰기 위해 3~4시간씩은 혼자 자료 조사도 하고 생각을 정리해 글을 썼다. 이 수업은 초등학교 6학년까지 1년간 했다.

이 모두가 어렸을 때 영어 영상 노출로 모국어처럼 영어를 습득하였기 때문에 가능했다고 생각한다. 초등학생이 되었을 때 자신도 모르게 영어가 편하게 느껴지게 되었고, 즐겁게 하게 되었다. 친구들보다 쉽게 영어를 말하니 자신감도 생겼고, 잘하는 것을 계속 유지하고 싶어 더 높은 수준의 수업도 거부감 없이 즐겁게 받을 수 있었던 것이다.

아빠가 영어 전문가여서 좋았던 것은 현서에게 영어를 직접 가르칠 수 있어서가 아니었다. 그랬다면 현서의 영어 호감도는 반감되고 영어 거부자가 되었을 수도 있다. 그보다 더 중요했던 것은 불안함과 조급함 없이 적기에 필요한 교육을 했던 것이다.

엄마표 영어의 본질 – 내 아이 맞춤형이 정답

만 3살에 집에서 매일 1시간씩 영어 영상 노출을 시작해, 5학년 때 인문학을 주제로 영어 에세이 쓰기와 발표를 하게 되기까지 9년이 걸렸다. 앞으로 그 여정에 대해 단계별로 설명하려고 한다. 다만 현서네 방법이 모두가 따라야 할 정답이라고 주장하는 것은 아니다. 아이들은 저마다 다른 기질을 가지고 태어나고 학습 성향이나 속도도 제각각이다. 가정에서 부모와 함께하는 교육(흔히 말하는 엄마표 영어)의 본질은 우리 아이에게 맞는 방법과 속도로 해야 한다는 것이다. 교육에도 다양한 ICT Information Communication Technology를 적용하게 되어서 앞으로는 이런 개인 맞춤형 교육의 중요성이 점점 커질 것이다. '현서네 영어 9년간의 로드맵'이 그 여정의 이정표가 되어 시행착오를 줄이고 각자 환경에 맞는 방법을 찾는 안내서가 되어 주길 바랄 뿐이다.

현서네 방법의 가장 큰 장점은 부모가 영어를 잘 모르는 소위 '영알못'이어도 의지만 있으면 누구나 충분히 따라 하면서 성과를 낼 수 있다는 것이다. 엄마표 영어에 대한 오해 중 하나가 엄마가 영어를 잘해서 아이를 직접 가르쳐야 한다는 것이라 생각한다. 물론 부모가 영어를 잘하면 좋겠지만 그보다 더 중요한 것은 영어를 모국어처럼 습득할 수 있는 환경을 만들어 주는 것이고 즐겁게 꾸준히 지속할 수 있도록 해 주기만 해도 충분하다. 이 책에 그와 관련된 대부분의 방법이 안내되어 있으니 읽고 하나씩 실천해 보시길 바란다. 확실히 말씀드릴 수 있는 것은 영알못 부모여도 꾸준히만 하면 정말 된다는 것이다.

2장
3세~6세, 귀트임 단계: 영어 교육 X, 조기 노출 O

시작은 영어 동요 영상 - 학습이 아닌 놀이로

첫 시작은 현서가 만 세 살이 될 무렵이었다. 대단한 목표와 계획이 있었던 것은 아니다. 단지 주변에 순수 국내파임에도 영어를 원어민처럼 유창하게 구사하는 동료들이 있었고, 그들이 공통적으로 하는 이야기가 내 기억에 인상 깊게 남아 있었기 때문이었다. 그들은 모두 어렸을 때 엄마가 디즈니 애니메이션 〈라이온 킹The Lion King〉이나 미국의 TV 시리즈인 〈세서미 스트리트Sesame Street〉 같은 영어 영상을 매일 틀어 줬고 이를 별 거부감 없이 꾸준히 봤다고 했다. 그리고 나중에 학교 영어 수업 시간에 그 힘을 체감하게 되었다고 했다. 영어가 다 들려서 수업이 쉽고 즐거웠으며, 덕분에 다른 친구들에 비해 영어를 좋아하고 잘하게 된 것은 당연했다는 것이다. 현서도 그렇게 되면 좋겠다는 마음에 영상만은 영어로 보여 주기로 마음먹은 것이었다.

당시 나는 영어 교재 출판사에서 온라인 콘텐츠를 기획하는 업무를 맡고 있었다. 외국에서 교육공학 석사를 마치고 회사로 복직한 후 신사업을 맡게 되었는데, 유튜브를 활용한 영어 학습을 할 수 있는 교육 상품을 기획 중이었다. 덕분에 수많은 영어 교육용 유튜브 채널들을 알게 되었고, 그중에 현서한테 도움이 될 것 같은 채널의 영상들을 매일 집에서 보여 주기 시작한 것이다.

집에서
유튜브를
보는 모습

처음에는 슈퍼심플송Super Simple Songs이라는 채널로 시작했다. 그 전에도 EBS에서 방영했던 미키마우스 클럽하우스Mickey Mouse Club House를 간간히 틀어 줬지만, 루틴을 잡아 매일 꾸준히 보여 줬던 것은 슈퍼심플송을 알게 되면서였다. 알파벳은 가르쳐 준 적도 없고 단어 학습도 전혀 하지 않았다. 그냥 노래를 틀어 주고, 엄마는 같은 공간에 있기만 했다. 가끔 같이 따라 부르기도 하고, 율동을 같이 하기도 했지만 별다른 학습을 하지는 않았던 것이다.

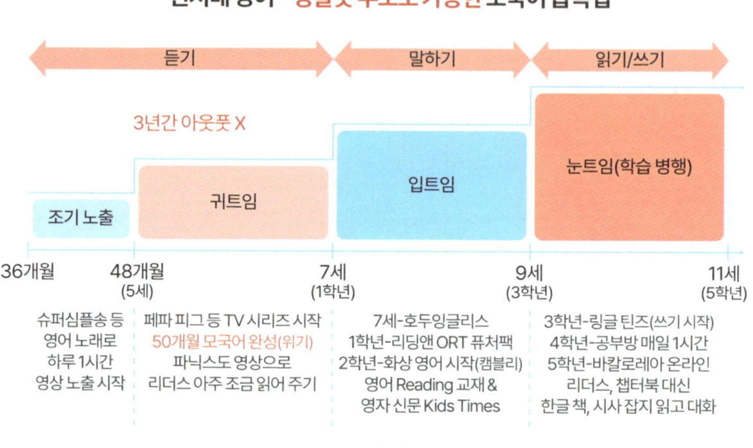

왜 36개월에 시작해야 하나?

많은 분들이 "언제부터 시작하는 것이 가장 좋나요?", "왜 36개월인가요?", "7살(또는 초등학생)인데 늦은 건가요?"라고 물으신다. 36개월에 시작해야 한다는 나의 주장이 어떤 이론에 기반하거나 명확한 과학적 근거가 있는 것은 아니다. 단지 이때가 아이들의 모국어가 완성되기 1년 전쯤이기 때문이다. 그동안 많은 아이들을 봐 왔지만 모든 아이가 비슷했다. 아이들의 모국어 듣기가 완성되는 시기가 만 4세 무렵이다. 현서는 정확히 50개월이 되었을 때 그 전까지는 영어로 틀어 놓아도 잘 보던 디즈니 애니메이션을 한국어로 보면 안 되냐고 묻기 시작했다. 아이들마다 시기의 차이가 조금은 있겠지만 대부분 50개월 전후에 이런 반응을 보인다. 그래서 이런 거부감이 생기기 1년쯤 전, 그러니까 30~36개월에 영어를 노출시켜야 거부감 없이 영어 영상을 보면서 영어와 친해질 수 있는 것이다. 영상 노출 루틴을 잡기도 훨씬 쉽다. 참고로 24개월 이전의 미디어 노출은 아이의 뇌 발달에 부정적인 영향을 미치지만, 25개월 이후는 엄선된 영상을 하루 1시간 부모와 함께 보는 것은 괜찮다고 미국 소아과 학회가 권고한다.

실제로 그동안 유튜브나 인스타그램에서 아이가 영어 영상을 거부한다고 하는 친구들을 보면 대부분 이 시기를 지난 경우였다. 한국어로 보면 익숙하고 다 알아듣는데, 영어로 보면 낯설고 이해가 안 되는 부분이 많아 거부하는 것이다. 다행히 현서는 그냥 영어로 보자고 하니 큰 저항 없이 따라 주었지만, 영어 영상 노출이 처음인 아이들, 특히 한국어 영상 노출이 많고 나이가 많은 아이들일수록 크게 저항하는 경우가 많다. 그래서 36개월에 시작하는 게 가장 이상적이라는 결론을 내리게 된 것이다.

물론 이보다 늦게 시작한다고 해서 안 되는 것은 아니다. 다만 36

개월 전에 시작했을 때보다 영어 영상 보기 루틴을 잡기가 어려운 것은 사실이다. 엄마와 관계가 좋아서 아이의 마음을 잘 읽어 주고, 아이의 욕구를 먼저 해결해 준다면 늦게라도 아이가 영어 영상을 보는 것을 좋아하게 될 수 있다. 이 방법에 대해서는 이후에 자세히 다루겠다.

아이가 3~4살인 1년 차에는 정말 다른 것은 할 필요가 없다. 영어 동요 영상을 매일 1시간씩 꾸준히 틀어 주기만 하면 된다. 영상을 볼 때도 지나친 개입을 하지 말고 아이가 영어 영상을 집중해서 볼 수 있도록 엄마는 환경만 잘 만들어 주면 된다. 학습은 전혀 하지 않아도 된다. 취학 전의 아이들에게는 빠른 인지 능력 발달보다 안정적인 정서가 훨씬 중요하다. 그래서 영어를 학습으로 느끼지 않도록 하는 것이 중요하다. 대신 한글 책을 많이 읽어 주고 다양한 상호 작용을 해 주는 것이 꼭 필요하다. 아이 모국어 능력과 인지 능력, 문해력 발달에 아주 중요한 밑거름이 될 것이다. 영어는 하루 1시간이면 충분하다. 나머지 시간은 정서적 안정, 애착 형성, 자존감 키우기에 올인하기 바란다. 영어를 잘하지만 정서가 불안한 아이보다 영어는 조금 늦어도 자존감이 높고, 자신감이 넘치는 아이가 결국 더 멀리 갈 것은 불 보듯 뻔하기 때문이다.

시기별 특징

시기	아이 특징	영어 노출 효과	주의 사항
24개월 이전	뇌 발달 초기, 미디어 부정적 영향	권장하지 않음	미국 소아과 학회 비권장
30~36개월	모국어 완성 1년 전, 거부감 최소	황금기, 영어 노출 루틴 잡기 가장 쉬움	동요 영상 중심, 하루 1시간
50개월 전후	모국어 듣기 완성, 외국어 거부 시작	영어보다 한국어 영상 선호 시작	이미 노출된 경우 루틴 유지 가능
50개월 이후	한국어가 익숙, 영어는 낯설게 느낌	영어 영상 거부 가능성 높음	관계·욕구 먼저 해결하면 가능

36개월 = 모국어 완성 전 → 영어도 자연스럽게 받아들이는 시기

4세 이후 - 일상 다룬 스토리 영상으로 확장

보통 엄마들이 가장 먼저 떠올리는 영어 영상들은 스토리가 있어서 어른들이 보기에도 재미있는 TV 시리즈들이다. 유튜브가 대중화되기 전부터 한국에서 엄마표를 했던 분들은 해외 방송국의 TV 시리즈를 DVD로 구해서 보여 줬다. 그때 유명했던 시리즈는 까이유Caillou 나 다니엘 타이거Daniel Tiger, 큐어리어스 조지Curious George, 립 프로그Leap Frog, 매직 스쿨버스Magic School Bus, 도라Dora the Explorer, 클리포드Clifford the Big Red Dog, 아서Arthur 등이 있다. 아직도 이런 고전들 위주로 영어 노출을 해 주는 분들도 있다. 영어 동요는 머더 구스 클럽Mother Goose Club이 가장 유명했고, 국내의 한 출판사에서 '노부영'이라는 브랜드로 영미권 국가의 전래 동요인 너서리 라임Nursery Rhymes 원서들을 수입해서 선풍적인 인기를 끌기도 했다.

중요한 것은 시작부터 이런 TV 시리즈 위주로 보여 주면 학습 효과는 많이 떨어진다는 것이다. 왜냐하면 이 시리즈들은 영어가 모국어인 원어민 아이들한테 필요한 사회성, 규칙, 자기 표현, 기초 어휘뿐 아니라 감정 조절, 탐구 능력, 생활 습관, 도덕적·사회적 가치를 일상 속에서 자연스럽게 배우도록 설계된 발달 교육용 콘텐츠이기 때문이다. 외국인 어린이들의 영어 교육을 목적으로 만든 것이 아니다. 그러니 우리나라 아이들이 이런 시리즈를 보면 이야기를 어렴풋이 따라갈 수는 있지만, 언어 습득에 필요한 구체적인 의미 파악이 어렵고, 주요 어휘 및 표현이 반복적으로 나오지 않는다는 단점이 있다.

현서는 처음 1년 동안 슈퍼심플송만 열심히 봤는데 덕분에 상당히 많은 영어 단어와 표현들을 이해할 수 있게 되었다. 그러고 나서 페파 피그Peppa Pig를 보여 주기 시작했더니 정말 흥미롭게 봤다. 내용도 상당 부분 이해했고, 모르는 부분은 스스로 유추하면서 봤다.

그러다 보니 이런 TV 시리즈를 보면서도 자연스럽게 새로운 어휘들과 표현들을 계속 습득하게 되었다. 완전히 이해하지 못해도 보는 것이 불편하지 않았다. 오히려 모르는 단어나 표현을 이해하기 위해 집중해서 보면서 인지 능력이 더 발달하지 않았나 하는 생각까지 들 정도였다.

캐나다에서 제작된 유명 TV 시리즈인 까이유Caillou도 봤다. 나도 종종 같이 봤는데, 좋았던 것은 이맘때 아이들의 인지 수준과 관심사가 무엇인지, 부모가 알아야 하는 것들도 배울 수 있었다는 것이다. 이런 TV 시리즈는 취학 전 아이들에게 필요한 언어, 사회 규범, 좋은 습관 등을 일상생활을 통해 가르친다. 모든 대사가 일상 대화인 구어체로, 실제 아이들이 가장 많이 듣고 말하는 표현들로 이루어져 있다. 보통 주인공을 포함한 4인 가족의 이야기여서 형제 및 자매 간의 갈등, 친구들과의 갈등과 이를 해결하는 방법 등 아이들한테 가장 중요한 사회 정서 학습Social and Emotional Learning을 주로 다룬다. 자신의 감정을 이해하고 조절하는 방법, 상대방의 입장을 이해해서 갈등은 해소하고 좋은 관계를 유지하는 방법 등을 자연스럽게 배우게 되는 것이다. 이맘때 아이들이 갖추어야 하는 일상의 좋은 습관도 배우게 되니 부모 입장에서는 영상의 주인공을 선생님처럼 활용하거나 롤모델로 제시해 줄 수 있다는 장점도 있다.

그 외에도 현서는 마이 리틀 포니My Little Pony나 레이디 버그Lady Bug 같은 시리즈도 무척 좋아했다. 장편 영화를 보기 시작한 것도 영상 노출 3년 차부터였다. 〈겨울왕국〉, 〈인사이드 아웃〉, 〈빅 히어로〉, 〈굿 다이노〉, 〈드래곤 길들이기〉 같은 애니메이션 영화는 몇 년 동안 60번도 넘게 반복해서 봤다. 여러 번 보면서 대사 중 일부는 통째로 외운 것도 있었다. 외운 게 아니라 외워진 것이라고 봐야겠다. 2~3년 차에 중요한 것은 아이들의 관심사에 맞는 영상을 찾아 보여 주는 것이다. 엄마가 보여 주고 싶은 착하고 교육적인 영상은 잠시 미뤄 두시기 바란다. 엄마의 욕심을 버리고 정말 아이의 취향을 저격하는, 즉 더 보여 달라고 떼를 쓰는, 그만 보자고 하면 내일 또 보여 달라고 하는 영상들로 루틴을 이어 가야 한다.

<드래곤 길들이기>를 시청하는 현서

현서는 이 시기에 장난감 언박싱 영상을 가장 많이 봤다. 그 당시만 해도 이런 채널이 그리 많지는 않았지만 요즘은 장난감 언박싱 채널이 정말 많아졌다. 구독자 1억 명이 넘는 채널들도 있는데 이들 중에는 너무 자극적이지 않으면서도 교육적으로 만든 채널이 있다. 이런 채널을 볼 때는 부모님의 시청 지도가 필요하다. 그림을 좋아하는 현서한테는 그림을 그리는 채널의 영상들도 큰 도움이 되었다. 이런 채널에서는 주로 아이들이 좋아하는 캐릭터를 그리면서 그 과정을 영어로 자세히 설명해 준다. 디즈니의 애니메이션이나 TV 시리즈 또는 인기 게임의 캐릭터들을 아이들도 따라 그릴 수 있

을 정도로 쉽게 그려 준다. 자기가 좋아하는 캐릭터를 그리면서 영어 노출도 되니 아이와 부모 모두 만족하는 최고의 영어 학습 중 하나였다.

원어민 선생님이 엄선된 영어 동화책을 읽어 주는 리드 얼라우드Read Aloud 채널도 종종 보여 줬다. 이런 영상들은 부모가 직접 영어책을 읽어 줄 자신이 없을 때나 너무 지쳐서 읽어 주기가 힘들 때 활용 가치가 높다. 그 외에도 다양한 채널들을 아이와 함께 찾아 가며 보여 줬다. 구체적인 교육용 영어 유튜브 채널은 책 마지막의 부록에 소개되어 있다. 다시 한번 강조하지만, 채널을 선택할 때는 반드시 아이의 선호도가 우선되어야 한다. 엄마가 보여 주고 싶은 영상이 아니라 아이가 보고 싶은 영상이어야 한다.

1~2년 차 때 아이의 영어 영상 보기 루틴이 잘 잡히면, 영어 동요를 따라 부르기도 하고 영어 감탄사나 짧은 대사를 따라 말하기도 한다. 이때 엄마들의 욕심이 생겨서 학습적으로 가야 한다는 조바심을 갖게 되는 경우를 많이 봤다. 하지만 아직 아니다. 이때 섣불리 알파벳, 파닉스를 시작해서 아이가 영어 거부자가 되었다는 이야기를 심심치 않게 들었다. 영어 읽기는 한글을 어느 정도 읽을 만큼 인지 발달이 충분히 된 후에 해도 절대 늦지 않는다. 다만 그 전에도 여건이 된다면 엄마가 영어 책을 읽어 주는 것은 아주 좋다. 현서도 엄마가 잠자리 독서를 할 때 종종 영어 그림책을 읽어 주곤 했

었다. 16개월부터 매일 30분 이상 엄마가 자기 전에 책을 읽어 줬는데 이맘때는 100권 중 1~2권 정도의 비율로 영어 그림책을 읽어 줬다. 절대 서두르지 마시기 바란다. 우리의 첫 번째 목표는 3년 동안 매일 하루 1시간씩 영어 영상을 보도록 하는 것이다.

〈 **2장 핵심 요약** 

3~6세 귀트임, 영어 교육 X, 조기 노출 O

① **36개월이 황금기! 모국어 완성 1년 전 = 영어를 자연스럽게 받아들이는 시기** (50개월 이후엔 한국어 선호 시작→거부 위험↑/늦어도 관계 먼저 챙기면 가능)

② **1년 차: 동요 영상만**(Super Simple Songs 등) **매일 1시간 / 알파벳·파닉스 학습 금지** (단순 반복 멜로디로 기본 단어·표현 자연 습득 / 한글 책 15분 병행 필수)

③ **2년 차: 스토리 TV 시리즈** (Peppa Pig, Caillou 등) **/ 일상 구어체, 사회 정서 학습** (아이 취향 우선! 엄마가 보여 주고 싶은 영상보다 아이가 원하는 영상)

④ **3년 차: 아이 흥미 채널 확장** (언박싱, 그림, Read Aloud, 장편 애니 / 반복 시청 자연스러움, 60회 반복도 OK / 대사 통째로 외워지는 효과)

⑤ **부모의 역할: 직접 가르치지 말고 함께 있기, 정서 우선, 한글 책 병행** (조급함 또는 욕심 버리기 / 자존감·애착 / 루틴이 장기 동력)

3장
6세~초 2, 입트임 단계: 유창성이 정확성보다 우선

6세, 드디어 입이 터지다

3년 동안 매일 1시간 이상 보여 주면서 쌓인 누적 노출 시간이 대략 1,000시간. 이쯤 되면 영어 영상으로 듣기 인풋input은 차고 넘칠 만큼은 된다. 하지만 현서도 그 기간 동안에는 제대로 된 영어 발화가 없었다. 물론 동요를 따라 부르거나, 감탄사나 짧은 문장을 말하거나, 아빠가 하는 질문에 'Yes', 'no'로 짧게 대답하긴 했다. 하지만 자신의 생각이나 의견을 완전한 문장full sentence으로 말하지는 못

했다. 그렇다고 발화가 안 돼서 불안하거나 뭘 더 해 줘야겠다는 조바심이 났던 것은 아니다.

호두잉글리시 - 말하기 유창성 강화의 비밀

현서는 6세가 되었다. 당시 나는 회사에서 사업팀을 맡아 직접 개발한 아이들 영어 교육용 앱의 홍보와 마케팅을 하고 있었다. 덕분에 엄마표 영어 시장을 잘 알게 되었고 시장에 있는 다양한 교육 상품들도 알고 있었는데, '호두잉글리시'라는 교육 프로그램이 눈에 확 띄었다. 현서가 말하기를 할 때가 되었다고 생각하던 중이어서 아내한테 보여 줬는데 현서한테 딱 맞을 것 같다고 하면서 이용하게 되었다.

호두잉글리시는 영어 말하기 유창성 강화에 최적화된 게임형 온라인 영어 교육 프로그램이다. 사실 RPG 게임인데, RPG는 롤플레잉 게임Role-playing Game의 약자로 플레이어가 캐릭터를 조작해 가상의 세계에서 다양한 문제를 해결하며 목표를 달성하는 게임 장르를 말한다. 호두잉글리시는 '베티아'라는 가상 세계에서 몬스터가 사람들의 단어를 빼앗아 가고, 주인공은 이 단어를 찾아간다는 세계관을 가지고 있다. 그러기 위해 가상 세계 이곳저곳을 돌아다니면서 친구를 사귀고 그 친구들을 도와 문제를 해결해 줘야 하는 것이다. 그 과정에서 몬스터와 배틀을 하게 되는데 이때 플레이어는 영어로 주어진 문장을 말하거나 문장에 맞는 표현을 맞혀야 한다. 게임의 모든 과정이 영어로 진행되므로 영어 듣기는 어느 정도 되어야 한다. 또한 이미 알고 있는 표현을 직접 말해 보는 환경을 게임 속에서 자연스럽게 만들어 주기 때문에 말하기 실력이 늘게 된다.

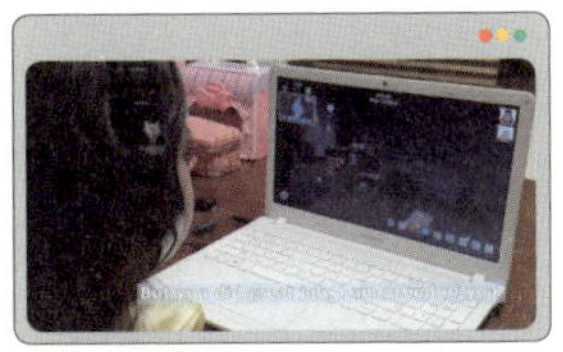

호두잉글리시를 하는 현서

이전에도 많은 엄마표 영어 책이 있었지만, 대부분 《해리 포터 Harry Potter》나 로알드 달Roald Dahl의 챕터북Chapter Book을 읽었다는 식의 읽기Reading 위주의 내용이었다. 집에서만 하고도 말하기 아웃풋이 나온 경우는 현서가 처음일 텐데, 호두잉글리시가 있었기 때문에 가능했다.

예비 초등학생인 6살 3월에 시작한 호두잉글리시를 매일 1시간가량 3년간 꾸준히 했다. 영어 영상을 통해 듣기 귀가 뚫릴 만큼 차고 넘치도록 인풋을 한 후에 시작했기 때문에 효과가 극대화될 수 있었다. 아이들이 그동안 듣기를 통해 쌓인 인풋을 직접 말할 기회가 없었는데, 호두잉글리시는 아웃풋을 자연스럽게 이끌어 내도록 도와준다. 새로운 표현을 배우는 것이 없기 때문에 충분한 인풋 없이 호두잉글리시를 시작했다가 거의 효과를 보지 못하고 포기하는 아이들을 많이 봤다. 물론 호두잉글리시를 하는 동안에도 영어 영상 노출 하루 1시간 또는 그에 준하는 이해 가능한 입력은 꾸준히 이어 가야 한다.

다음 영상은 현서가 호두잉글리시를 시작하고 10개월 뒤 찍은 영상이다. 도서관에서 빌려 온 한글 그림책을 읽으면서 바로 영어로 설명해 주는 것이다. 영상을 보면 문법적으로 많이 틀리지만 전혀 의식하지 않고 당당하게 자신이 할 말을 한다. 정확성은 좀 떨어지지지만 자신의 생각을 유창하게 영어로 말하고 있다. 부모님들이 이 영상을 보면서 꼭 하셨으면 하는 생각은 "어떻게 하면 저렇게 영어를 잘할까?"가 아니라 "어떻게 하면 틀리면서도 저렇게 당당하게 말하게 만들었을까?"이다. 영어 말하기를 할 때 지적을 당하거나 우리처럼 문법을 배운 후에 말하기를 했다면 절대 저런 모습을 보일 수 없었을 것이다. 충분한 인풋이 되고 스트레스 없이 말하기 연습을 해 볼 수 있었기 때문에 가능했던 것이다.

한글 그림책을 설명하는 모습

이렇게 6년 동안은 정말 별다른 것이 없었다. 하루 1시간 영어 영상으로 꾸준히 인풋을 해 주고, 4년 차부터는 말하기 아웃풋이 나올 수 있도록 호두잉글리시를 매일 1시간 정도 추가로 해 준 것이다. 너무 간단한가? 그런데 사실 가장 어려운 것은 이렇게 단순한 것을 꾸준히 하는 것이다. 이 책을 통해 이것이 가능하다는 것을 아셨으면 이제 꾸준히 실천만 하면 된다.

초 1 - 본격적인 읽기 시작

현서가 혼자 규칙적으로 영어 리더스Readers를 읽기 시작한 것은 초등학교 1학년이 되었을 때다. 물론 그 전에도 명작 그림책을 몇 권 사서 엄마가 읽어 준 적은 있다. 현서가 가장 좋아했던 책은 모 윌렘스 Mo Willems 작가의 《Elephant and Piggie》 시리즈와 《Don't let the pigeon drive bus》 같은 비둘기Pigeon 시리즈였다. 글이 많지 않지만 내용 자체가 너무 재미있어서 그림을 보면서 깔깔대고 몇 번을 반복해서 읽어 달라고 했었다. 《Pete the Cat》이나 《Nick Sharratt》 시리즈도 좋아했다. 특히 좋아했던 책은 《Eat Your Peas》였다. 《Fly Guy》 시리즈도 좋아했지만 많이 읽지는 않았다. 그 외에는 기억에 남는 책이 많지는 않다. 취학 전까지 영어는 책보다 영상 위주였고, 책도 혼자 읽게 하기보다 엄마가 읽어 주는 것이 대부분이었다.

호두잉글리시를 1년 넘게 하면서 읽기도 어느 정도 할 수 있게 되었다. 파닉스를 한 적이 없는데도 읽을 수 있다는 게 신기했다. 초등학생이 되고서는 영어도 책으로 읽기를 해야겠다는 생각이 들었다. ORT Oxford Reading Tree는 엄마들 사이에 너무나 유명했기 때문에 현서가 5살 때 엄마가 도서관에서 몇 권 빌려서 읽어 준 적이 있었다. 그때는 별다른 흥미를 보이지 않았지만, 7살이 되어서는 스스로 읽고 싶어 할 만큼 관심을 가지게 되었다.

보통 영어 읽기는 영어 그림책으로 시작하는데 우리가 흔히 아는 영어 그림책은 크게 두 종류로 나눌 수 있다. 첫 번째는 문학 중심 그림책Trade Picture Books이다. 칼데콧 수상작처럼 작품성과 예술성이 뛰어난 책들이 여기에 속한다. 그림만 봐도 하나의 예술 작품이고, 스토리 또한 철학적이고 은유적인 문장들이 많아 원어민 아이들에게는 풍부한 어휘, 감정 경험을 주는 책들이다. 하지만 외국어 학습을 목표로 만든 책은 아니기 때문에 비원어민 아이들에게는 어휘가 어렵고 표현도 복잡한 편이다. 즉, '아름다운 그림책'이지 '초기 영어 학습용 책'이라고 보기는 어렵다.

또 하나의 종류는 리더스Leveled Readers다. 이 책들은 말 그대로 '읽기 학습'을 목표로 만들어졌다. 원어민 아이들에게는 단계별로 읽기 능력을 길러 주는 교재이고, 비원어민 아이들에겐 영어를 체계적으로 익히는 좋은 도구가 된다. 이런 책들은 보통 수십 권의 시리즈로 구성되어 있고 레벨별로 나뉜다. 레벨에 따라 쓰이는 어휘의 난이도와 문장의 길이, 스토리의 구조, 책 전체의 길이 등이 다르다. 이런 표현의 제한이 있다 보니 리더스들은 필연적으로 재미가 덜하고 작품성이 떨어지는 편이다.

그런데 이 두 가지의 장점을 모두 잡은 책이 바로 ORTOxford Reading Tree이다. 옥스포드 대학 출판부의 교육 연구팀이 개발한 시리즈라서 언어 교육 전문가, 작가, 일러스트레이터가 함께 만들었다. 그래서 영국 내 거의 모든 학교에서 사용하고 있고, 전 세계적으로도 널리 읽히는 리더스 시리즈가 되었다. ORT는 리더스의 체계적인 난이도 구성과 문학 그림책의 일상적·감성적 스토리텔링을 함께 갖추고 있어 아이들이 '재미있는 읽기'와 '단계적으로 성장하는 읽기'를 동시에 경험할 수 있다.

현서에게도 ORT는 그 두 가지 경험을 자연스럽게 이어 준 첫 번째 책이었다. 현서가 ORT에 빠져들었던 가장 큰 이유는 단순히 글이 쉽기 때문이 아니었다. ORT의 책들은 하나의 '연속된 이야기 세계관'을 갖고 있다. 아이가 책을 좋아하게 만드는 가장 강력한 요소 중 하나가 '다음 이야기가 궁금한 마음'이라는 것을 누구나 안다. ORT는 이 부분을 훌륭하게 공략한, 아주 잘 만든 교육용 그림책이다.

핵심 가족인 빕Biff, 칩Chip, 키퍼Kipper, 플로피Floppy가 거의 모든 에피소드에 등장한다. 같은 등장인물이 학교 또는 집에서, 여행 중에, 또는 플로피가 말썽을 부리는 상황에서 매번 새로운 사건을 겪는다. 즉, ORT는 각 권이 끊어진 책이 아니라 '같은 친구들이 이어지는 이야기 속에서 자라는 느낌'을 주는 책이다.

현서는 바로 이 부분에서 읽기 동기를 얻었다. 처음엔 글이 쉬워서 보기 시작했지만, 어느 순간부터는 "키퍼는 이번엔 무엇을 배울까?", "플로피는 또 어떤 말썽을 부릴까?"와 같은 호기심으로 다음 책을 자연스럽게 찾았다.

결국 ORT의 힘은 난이도는 단계별로 통제되어 있지만, 스토리는 이어지고, 캐릭터는 늘 반갑게 등장하는 이 세 가지가 결합되어 아이들이 '읽어야 해서 읽는 책'이 아니라 '읽고 싶어서 읽는 책'이 된다는 점이다. 현서에게 ORT는 그냥 영어책이 아니라 '다시 들어가고 싶은 작은 세계'였다. 그래서 꾸준함이 자연스럽게 생겼고, 읽기 실력은 그 뒤에 자연스럽게 따라 왔다. 반드시 ORT일 필요는 없지만 아이들이 스스로 꾸준히 하게 만들려면 이런 요소가 필요하다는 것이 포인트이다.

그런데 ORT의 가장 큰 장벽은 전체 300권 시리즈를 종이책으로 살 때의 부담스러운 가격이다. 한글 책도 전집을 거의 사지 않았던 우리 입장에서는 더욱 그랬다. 그런데 국내 시장에는 '리딩앤 ORT 퓨처팩'이라는 게 있었다. 한국의 전자책 업체에서 기술력을 바탕으로 그렇게 보수적이라는 옥스포드 대학 출판부를 설득해 전자도서관 형태의 서비스를 만든 것이다. 덕분에 우리도 1년 구독 모델을 구매해 종이책의 10분의 1 가격으로 ORT 책을 마음대로 읽을 수 있었다. 전자책이기에 원어민 성우가 읽어 주는 음원이 영국, 미국 발음으로 들어가 있고 속도 조절도 가능하다. 현서는 태블릿을 이용해 ORT 책을 매일 한 권씩 읽었다.

전자책의 장점은 멀티미디어 기능이 탑재되어 있어 별도의 음원 재생 기기가 필요 없다는 것이다. 태블릿이나 PC로 읽을 때 다양한 액티비티도 있다. 책을 읽기 전에 주요 단어를 학습하고, 읽은 후에 책의 내용을 이해했는지 문제Comprehension Quiz도 풀 수 있다. 현서는 이렇게 문제를 푸는 것을 무척 즐겼다. 무엇보다 책의 주요 문장을 듣고 따라 읽는 활동이 있었는데 현서가 이 활동을 통해 발음이 좋아진 것은 기대하지 못했던 큰 소득이었다.

ORT로 학습하는 현서의 모습

중요한 것은 현서도 읽기를 규칙적으로 시작한 것이 초등학교 1학년 때였다는 것이다. 그리고 리딩앤 ORT 퓨처팩을 할 때 가장 낮은 단계인 Stage 1부터 시작했다. 아빠의 관점에서 볼 때 적정 레벨은 현서가 모르는 단어가 20% 정도 포함되어 있는 Stage 6였다. 하지만 읽기 유창성 강화를 위해서는 90% 이상 아는 단어로 이루어진 책을 읽는 것이 좋고, ORT의 세계관을 이해해야 더 흥미롭게 꾸준히 읽을 수 있을 거라 생각해서 처음부터 읽도록 했던 것이다. 그렇게 하루 1권씩 읽었지만, 1년 뒤에 300권을 다 읽지는 못했다. 그러니 급하게 서두를 필요 없고, 완벽하게 하지 않아도 된다는 것을 꼭 기억하길 바란다. 무엇보다 불안함 없이 묵묵히, 꾸준히 하는 것이 중요하다.

초 2 - 화상 영어 시작

엄마들이 영어 학원 다음으로 가장 많이 생각하는 것이 아마 화상 영어일 것이다. 현서의 경우 1학년 7월에 체험 수업을 잠깐 한 적은 있었지만 1년 정기권을 끊고 주기적으로 수업을 시작한 것은 2학년 9월이었다. 첫 화상 영어는 '캠블리 키즈'라는 해외 업체로 시작을 했고 주 2회 30분 수업을 1년 6개월 정도 이어 갔다.

현서의 첫 화상 수업 모습

다음은 현서의 첫 화상 수업 모습이다. 전혀 긴장도 하지 않고, "Thank you for telling me that."이라며 서양식의 인사말도 하고 "I'll put that in my mind."라는 관용어구도 자연스럽게 사용한다. 물론 여전히 시제에 안 맞는 동사를 쓰기도 하지만 상당히 자신감이 있고 수업을 즐기고 있다. 부모님들이 꼭 기억하셨으면 하는 것은 현서도 이렇게 되기까지 6년이 걸렸다는 것이다. 영상 노출을 3년 동안 매일 한 시간씩 하면서 듣기가 차고 넘친 후에, 호두잉글리시를 또 3년을 했다. 물론 호두잉글리시 하는 3년 동안도 영어 영상 노출 루틴은 계속 이어 갔다. 그렇게 말하기 유창성 강화 훈련도 3년을 하고 나서야 이 정도 아웃풋이 나온 것이다.

그런데 보통은 인풋 1년 정도, 또는 그 정도도 하지 않고 화상 영어 수업을 덥석 시작하는 경우를 종종 봤다. 듣기가 전혀 안 되는 아이는 선생님의 말을 전혀 이해할 수 없으니 수업에 집중하기가 힘들다. 게다가 외모가 다른 낯선 어른과, 말도 안 통하는데 30분씩 컴퓨터 모니터를 통해 소통하는 게 얼마나 힘들지 상상이 되지 않는가? 내향적인 친구들이라면 자신감도 떨어질 수 있다. 더 큰 문제는 영어가 싫어지는 계기가 될 수 있다는 것이다. 물론 모든 아이가 그렇지는 않다. 오히려 선생님에게 칭찬받고 잘 보이고 싶어서 영어를 더 열심히 하는 계기가 될 수도 있다.

화상 영어를 무턱대고 시작하지 말고, 충분한 인풋을 하고 기본적인 표현들은 어느 정도 말하기 연습을 해서 자신감이 생긴 후에 하면 최고의 효과를 얻을 수 있다. 화상 영어 비용 역시 저렴하다고 할 수 없다. 가성비를 생각하면 처음부터 꼭 원어민 선생님일 필요는 없는데, 필리핀이나 글로벌 선생님에 비해 영국, 미국, 캐나다, 호주, 뉴질랜드 등 원어민 선생님들의 비용이 크게는 두 배 정도 비싸다. 가성비를 생각하면 기본 표현만 선생님을 따라 말하거나, 교재를 읽으면서 패턴을 반복 연습Drilling하는 것은 굳이 원어민 선생님이 아니어도 된다. 화상 영어는 아이가 자신의 생각과 의견을 자유롭게 말하는 수준이 되어서 해도 좋다.

〈 3장 핵심 요약 

6세~초 2 입트임: 유창성이 정확성보다 우선

① 입트임까지 최소 3년, 1,000시간! 조급해하지 마세요.
(3년간 영상 노출 → 6세부터 호두잉글리시 → 10개월 후 자유로운 문장 발화)

② 호두잉글리시: 말하기 연습 환경 (학습 X, 아웃풋 O) / 인풋 충분히 한 후 사용 (RPG 게임으로 즐겁게 / 이미 아는 표현을 말로 꺼내는 연습 / 3년간 매일 1시간)

③ 초 1 읽기 시작: ORT Stage 1부터 / 연속된 이야기 세계관으로 자연스러운 동기 (리더스+문학 장점 결합 / 전자책 활용 / 하루 1권, 1년간 꾸준히)

④ 초 2 화상 영어: 6년 듣기+3년 말하기 후 시작 / 자신감 생긴 후가 최적 타이밍 (인풋 부족 시 스트레스 및 거부 위험 / 필리핀 선생님도 가성비 OK / 주 2회 30분)

⑤ 핵심 원칙: 틀려도 괜찮아! 유창성이 정확성보다 먼저 / 문법 교정 금지, 칭찬 필수 (자신감이 장기 동력 / 조급함 버리고 묵묵히, 꾸준히)

4장
초 3~5, 눈트임 단계: 습득 방식 + 학습 방식

초등학교에 가면 1학년에서 2학년 올라갈 때보다 2학년에서 3학년으로 올라갈 때 교과서의 수준이 크게 높아진다. 1~2학년까지는 국어, 수학, 통합교과(바른생활, 슬기로운생활, 즐거운생활)로 공부를 하지만, 3학년부터는 사회, 과학, 도덕, 음악, 미술, 체육이 통합교과에서 독립되고 영어가 새로 추가되면서 교과서 수도 크게 늘어난다. 아이들의 인지 발달 수준에 맞게 주간 수업 시수와 학습의 양이 늘어나는 것이다. 이는 아이들의 발달 단계에 맞춰 논리적 사고가 가능해지면서 본격적인 학습이 가능해지는 시기이기 때문이다.

영어도 마찬가지다. 그동안은 습득 방식으로 즐겁고 편하게만 했다면 3학년부터는 읽기와 쓰기 등 학습적 요소를 점진적으로 가미했을 때 효과가 더 크다. 그 전까지는 아이의 정서가 최우선이었다면, 3학년부터는 하기 싫은 것도 해야 하는 규칙도 필요하고, 힘들지만 해야 하는 공부 습관도 잡아 줘야 하는 시기이다. 다만 이는 강압이 아니라, 아이 스스로 '할 수 있다'라는 자신감을 경험하게 하는 과정이어야 한다.

초 3 – 리더스보다 ELT Reading 교재

엄마표 영어에서는 리더스나 명작 동화로 시작해서 챕터북 읽기를 하는 것이 일반적이었지만, 현서는 3학년이 될 무렵부터는 픽션보다 논픽션에 관심이 많았고, 글을 읽은 후 문제를 풀고 맞히는 것에 큰 성취감을 느꼈다. 《해리 포터Harry Potter》 원서도 모두 사 줬고 로알드 달Roald Dahl의 시리즈도 모두 사 줬지만, 《해리 포터》는 한 권도 읽지 않았고, 로알드 달도 두 권을 겨우 읽었다.

그래서 1학년에 시작한 리딩앤 ORT 퓨처팩 1년 이용권이 끝나고, 2학년 말부터 챕터북 대신 'Reading Future'라고 하는 ELT 교재로 읽기 학습을 규칙적으로 이어 갔다. 마침 당시 내가 다니던 회사가 영어 교재 출판사였는데, 초등 학원에서 사용하는 교재로 유명한 회사였다. 아빠가 학원에서 쓰이는 영어 교재에 대해서 전문가여서 현서의 관심사에 맞는 교재를 선택해 시작할 수 있었던 것이다.

ELT English Language Teaching 교재가 생소한 분들도 있을 것이다. 서점에서 일반적으로 볼 수 있는 읽기 Reading 교재는 우리가 중고등학교 때 수능 시험을 대비해 풀었던 문제집과 유사하다. 영어 지문이 있지만 문제나 설명은 모두 한글로 되어 있고, 대부분 교과 내용 중심이다. 이에 반해 ELT 교재는 한국의 영어 어학원이나 국제학교, 외국의 공교육 학교에서 읽기 교재로 쓰이는 책들이다. 그러다 보니 책은 모두 영어로 쓰여 있다. 부교재나 자료도 기본적으로 영어로 제공된다. 특정 시험을 대비하기 위해 쓰인 것이 아니기 때문에 주제나 레벨도 정말 다양해서 선택의 폭이 넓다.

현서가 소개하는
Reading Future

현서가 봤던 'Reading Future'의 테마는 21세기에 미래 기술 발전과 관련된 것이다. 신기술, 환경 변화, 사회의 변화 등 현재 전 세계에서 벌어지고 있는 시사나 이슈들을 전반적으로 다룬다.

'Reading Future'는 총 21권의 시리즈로 된 교재이다. 7개 단계로 나눠져 있고 각 단계별로 3권의 책이 있다. 초등학교부터 대학교에서 교양 교재로 쓸 수 있는 수준까지 레벨의 범위가 넓다. 현서는 초등학교 2학년 말부터 약 15권 정도의 책을 순서대로 공부했다. 내용도 재미있고 문제를 풀고 정답을 맞히면서 성취감을 느끼니 즐겁게 했다.

Reading Future의 부가 학습 자료

이런 교재들은 정말 다양한 회사에서 다양한 형태로 출판된다. 경쟁이 워낙 치열해서 어느 회사의 교재가 특출하게 좋다고 단정하기가 어렵다. 그래서 다음 영상에서처럼 선생님의 강의를 추가하거나 온라인으로 보충 학습을 할 수 있도록 다양한 부가 학습 자료를 제공하기도 한다.

교재를 선택할 때는 부모가 아이와 함께 직접 서점에 가서 다양한 출판사의 교재들을 보면 된다. 표지나 제목에서 아이의 관심을 끌면 책을 펴서 지문을 읽어 보게 하면 된다. 지문의 내용을 70~80% 정도 이해하면 적정 레벨이라 볼 수 있다. 이런 레벨의 책은 학습에 좀 더 치중하는 'Intensive Reading'에 적합하다. 새로운 단어도 익히고 '4 Skills'를 길러 주는 다양한 문제도 풀면서 공부를 하는 것이다. 하지만 현서는 90% 이상 아는 단어로 쓰여진 지문의 레벨을 선택했다. 새로운 학습보다는 흥미롭게 지문을 읽으며 읽기 유창성을 강화하는 것을 목표로 했기 때문이다.

3학년 10월부터는 영자 신문도 1년 정도 했다. 모든 기사를 치밀하게 읽고 공부하지는 않았다. 그냥 훑어보고 관심이 가는 기사가 있으면 읽어 보고, 모르는 단어가 있으면 물어보거나 네이버 사전에서 검색하며 읽었다. 우리말로 해석을 시키거나 단어장을 만들게 하지도 않았다. 영상으로 꾸준히 의미 있는 인풋Comprehensible Input을 하고 있기 때문에 별도의 학습을 하지 않아도 어휘는 꾸준히 늘었다.

세상에 좋은 교재는 넘쳐난다. 다들 웬만큼 퀄리티가 좋다. 최고 퀄리티의 교재와 학습법을 찾기보다, 우리 아이한테 맞는 교재와 학습법을 찾는 것이 엄마표의 본질이다. 현서한테 맞는 교재, 방식이 반드시 모든 아이한테 맞는다는 보장은 없다. 현서네 추천은 그냥 참고만 하시면 된다. 한 번에 성공하려 하지 말고 아이와 함께 수없이 실패할 것을 각오하고 일단 무엇이든 해 보길 추천한다.

초 3 - 화상 영어 2년 차

직접 외국어 공부를 해 본 사람이라면 어느 정도 일상 대화가 편한 수준으로 실력이 늘면 상당히 오랜 기간 정체기가 온다는 것을 경험해 본 적이 있을 것이다. 늘 쓰던 표현들로 대충 말을 해도 의사소통은 다 되니 애써 고급 표현을 쓰려 하지 않는다. 이럴 때는 새로운 자극이 필요하다.

화상 영어를 시작하고 1년쯤 된 현서를 보니 그런 생각이 들었다. 늘 쓰고 있는 표현만 쓰면서 대답도 길게 하지 않았고 뭔가 매너리즘에 빠진 것 같았다. 그래서 3학년 10월경에 새로운 화상 영어 수업을 주 1회 추가로 했다. '링글 틴즈'라는 업체였는데 여기는 원래 '링글Ringle'이라는 성인 화상 영어로 유명한 곳이었다. 한국의 젊은 창업자가 만들어 미국 아이비리그의 선생님들과 한국의 영어 학습자들을 연결해 주는 플랫폼 업체였다. 여기에서 청소년을 대상으로 하는 '링글 틴즈'라는 서비스를 오픈했는데 내게는 상당히 매력적으로 느껴졌다.

아이비리그의 명문대 출신 선생님과 일대일로 수업을 한다는 것도 그랬지만, 수업의 교재가 정해져 있지 않고 시사, 경제, 역사, 문화, 스포츠 등 다양한 주제를 학생이 직접 선택할 수 있었다. 자신의 관심사에 맞는 주제와 선생님을 선택해 수업을 예약하면 수업 전에 예습을 해야 한다. 주제와 관련된 지문과 영상을 보고 배경지식을 습득하게 된다. 그리고 9개 정도의 질문이 주어지는데 이 중에 3개를 선택해서 미리 답변을 써야 한다. 예습 없이 바로 수업에 들어가면 주제에 대해 할 말도 없고, 아는 게 없으니 대답도 단답형으로 하고 늘 쓰던 표현과 어휘만 쓰기 마련이다. 그런데 미리 답을 작성하다 보면 사전도 찾아보고, 주어진 영상이나 지문에서 좋은 표현들을 가져와 내 글을 쓸 수 있다. 이렇게만 해도 영어 실력이 더 늘 거라는 기대를 하게 되었다.

링글 틴즈를 하는 현서

다른 화상 업체와 달리 기술 기반으로 창업을 했기에 수업 시 자체 개발 프로그램을 쓴다는 것도 긍정적이었다. 덕분에 수업 내용을 녹음하고 분석을 해 준다. 아이가 총 몇 단어나 말을 했는지, 말하기 속도는 어느 정도인지, '음…'이나 '어…'처럼 습관적으로 쓰는 채움말filler word이 얼마나 되는지, 그리고 주로 쓰는 구문이 무엇인지 등을 분석해 준다. 그리고 수업 전에 썼던 글을 선생님이 첨삭해 주고 수업에 대한 피드백을 해 준다.

5학년 말경에는 색다른 화상 영어 수업을 했다. 작가나 영화감독이 꿈이었던 현서가 뉴욕 대학에서 영어를 전공한 선생님으로부터 영화 촬영에 대해서 영어로 수업을 받을 수 있는 기회가 생겼다. '나오나우NaoNow'라는 업체의 개인 프로젝트 수업이었다.

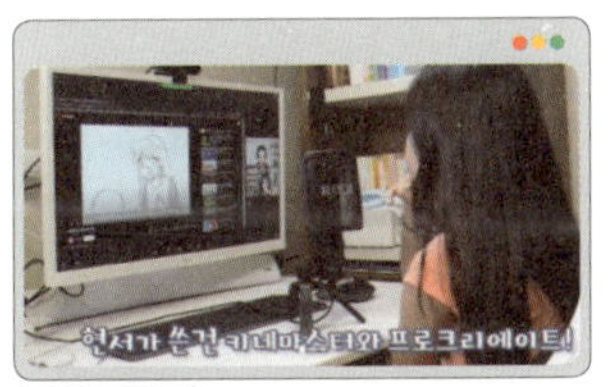

나오나우 화상 수업
영상 모습 1

나오나우 화상 수업
영상 모습 2

코로나 전후로 화상 영어 시장은 큰 변화가 있었다. 지금도 정말 많은 업체들이 다양한 형태의 서비스를 제공하고 있다. 요즘은 대부분 무료 체험 수업을 제공하므로, 화상 영어 선택에 있어서 큰 고민을 하지 않아도 된다. 후보 2~3곳을 정해서 아이가 직접 체험을 해 보고 선택하면 된다. 정말 웬만한 업체들은 퀄리티가 다 괜찮기 때문이다.

내가 가장 신경 써서 현서에게 해 준 것은 영어를 즐기면서 꾸준히 영어에 노출될 수 있는 환경을 만들어 준 것이다. 영어 교육 업계에 있어서 다양한 업체들의 장단점을 비교할 수 있었던 것이 큰 도움이 되었다. 부모의 역할은 아이에게 뭔가 가르쳐 주는 선생님이 아니라 아이가 원하는 것을 찾고 즐길 수 있는 환경을 만들어 주는 환경 설계자가 되어야 한다는 것을 잊지 말기 바란다.

초 4 - 대형 어학원 아닌 영어 공부방

아빠가 영어를 잘하고 영어 교육 업체에 있어서 유리한 점이 무엇이었을까? 많은 분들이 아빠가 현서한테 영어를 가르쳐 주고, 집에서도 영어로 대화를 했을 거라 짐작하지만 사실이 아니다. 부모가 아이와 영어를 학습으로 접근하는 순간 아이는 자신이 못 하는 부분에 대해서 지적받기 시작하고, 부모가 나보다 영어를 월등히 잘한다는 것을 인식하는 순간 이질감을 느끼고 영어를 멀리하게 된다. 앞서 소개했던 현서가 영어로 말하는 영상들을 보면 하나같이 많이 틀리면서도 당당하다. 평소 지적을 받지 않았기 때문이다.

아빠가 영어 전문가여서 가장 좋았던 점은 영어를 제대로 배우는 데 시간이 오래 걸린다는 것을 알기에 기다려 줬다는 것이다. 그리고 적기에 적정한 다음 단계의 교육을 해 준 것이라고 생각한다. 이 책에서 현서의 로드맵을 설명하는 것도 그런 이유이다. 영어를 학습 방식으로 공부하는 것이 아니라 모국어 습득 방식으로 한 단계씩 알려드리는 것이다. 현서가 어떤 상품을 이용했는지에 주목하지 마시고, 왜 그 시점에 그런 학습을 시작했는지에 집중하시기 바란다.

아빠가 현서를 직접 가르친 것도 아니다 보니 현서의 세부적인 영어 실력에 대해서는 잘 알지 못했다. 듣고 말하기를 잘하고는 있었지만, 읽기 실력은 어느 정도인지, 쓰기는 어느 정도 하는지, 무엇보다 이제 초등학교 고학년인데 문법은 어느 정도 실력인지 알지 못했다. 말하기도 유창성은 됐지만 정확성은 개선이 많이 필요했다. 읽기, 쓰기, 문법, 어휘 등 현서가 부족한 부분을 파악하고 보충해 줘야겠다고 생각만 하고 있었다.

그러다 초등학교 4학년이 되어서 아파트 게시판에서 영어 공부방을 신규 오픈한다는 전단지를 보게 되었다. 뉴질랜드인 여성 원장님과 한국인 남성 원장님 부부가 운영하는 공부방이었다. 동네에 대형 프랜차이즈 학원도 있었지만 그동안 보내지 않았던 이유는 학원에서는 눈에 보이는 성과 위주로, 학습식으로 할 수밖에 없다는 것을 알고 있었기 때문이다. 그래야 부모들이 믿고 계속 그 학원에 등록을 한다는 것은 대부분 잘 알 것이다. 그리고 부모들이 학원은 선택할 때는 가르치는 선생님이 누구냐보다 그 프랜차이즈의 브랜드와 커리큘럼을 본다. 덕분에 많은 대형 학원들이 성공하지만, 정해진 커리큘럼에 맞추는 방식이 현서와는 맞지 않을 것 같았다.

공부방은 대형 학원과는 반대다. 소형 공부방들은 대단한 교육 이념을 내세우지도 않고 정해진 커리큘럼이나 교재가 없는 곳도 많다. 하지만 나와 교육 철학이 맞는 원장님을 만난다면 전적으로 믿고 맡길 수 있다. 아무래도 원장님들은 본인 사업이니 학원 선생님들에 비해 학생 한 명 한 명을 더 소중하게 여긴다. 현서와 함께 원장님 두 분과 상담을 했을 때 느낌이 그랬다. 당시에는 그 공부방에 현서 레벨의 학생이 없었지만 우선 반을 만들어 주셨다. 교재도 정하지 않았다. 하지만 원장님 두 분 모두 학원에서 15년 이상 아이들을 가르쳐 왔고, 한국 영어 교육의 장단점에 대해서 잘 알고 계셨기에 그냥 맡겼다. 현서도 여성 원장님과 대화를 나누고 나서 다니고 싶어 했다. 그날 바로 등록을 했고, 원장님께는 "현서가 매일 학원을 오고 싶도록만 해 주세요."라고 부탁했다.

그때부터 매일 1시간씩 주 5회 하는 학원을 1년 동안 다녔다. 다니는 동안 나는 현서의 교재가 무엇인지도 잘 알지 못했다. 주 3일은 원어민 원장님과 다양한 활동을 했다. 다음 영상은 그때 현서네 반 친구 3명과 연극

현서의 영어 공부방
연극 발표 영상

을 한 것이다. 현서는 그렇게 학원을 다니면서 말하기와 쓰기에 필요한 문법도 했고, 읽기와 쓰기도 한 단계 성장하게 되었다.

2007년 회사에 입사해서 교육업계에 있으면서 지난 15년간 학원업계의 변화를 지켜봐 왔다. 예전에는 대형 학원도 있었지만 동네마다 중소형 학원도 상당수 있었다. 하지만 코로나를 겪고 학령 인구가 급감하면서 중소형 학원들은 대부분 버티지 못했다. 학원 강사도 예전에는 어느 정도 안정적이었지만 코로나 이후 상황이 달라졌다. 학원 강사로 일하면서는 미래가 잘 보이지 않았다. 이때 능력 있는 선생님들은 적은 비용으로 창업이 가능한 공부방을 여는 분들이 많아서, 공부방의 수가 급격하게 늘었다. 뛰어난 능력과 열정을 가지고 자기 사업을 시작하시지만 이분들이 가장 힘들어하는 것이 마케팅이다. 자기 자랑도 하고 눈에 보이는 성과를 보여 주며 부모님들을 만족시켜야 하는데 이걸 정말 어려워하신다.

공부방이 좋다고 해도 입소문이 많이 나지도 않는다. 공부방은 법적으로 강사 채용을 못 하고 원장님 혼자 모든 수업을 해야 한다. 그래서 원장님이 수업을 잘해도 학생 수가 늘어나는 것을 원치 않는 부모님들은 소문을 잘 내지 않는다. 그래서 우리 가정의 교육관에 맞는 공부방 원장님을 찾기 위해서는 아파트 게시판이나 지역 맘카페 등에 올라오는 홍보 게시물을 잘 보는 수밖에 없다. 대형 프랜차이즈도 장점이 있지만 지역의 공부방에 숨어 있는 고수 원장님들을 잘 찾아보시기 바란다. 엄마가 발품을 팔면 분명 찾을 수 있다.

초 4 – 바칼로레아 온라인

'바칼로레아 온라인'은 현서가 받았던 최고의 온라인 영어 수업이다. 아마 국내에서 가장 수준 높은 온라인 영어 수업 중 하나가 아닐까 싶다. 우선 바칼로레아Baccalauréat는 프랑스의 대학 입학 자격시험이다. 수능처럼 선택형 문제로 평가하는 것이 아니라 '서술형 에세이로 사고력을 평가하는 시험'이다. 그렇다 보니 이 바칼로레아 온라인 수업은 영어만 잘해서는 따라가기가 힘들다. 자신의 생각이나 의견을 논리적으로 말하고 쓸 수 있어야 한다.

수업도 철학, 과학기술, 사회 문제, 환경, 미디어 등 다학제적inter-disciplinary 주제를 다룬다. 주어진 주제와 관련된 영어 지문이나 영상을 보고 이해하려면 배경지식도 있어야 하고 높은 수준의 문해력도 필요하다. 이에 대한 자신의 의견이나 주장을 펼치려면 비판적 사고력이나 논리력, 창의력도 받쳐 주어야 한다. 현서가 이 수업을 처음 시작했을 때가 4학년 여름방학 무렵이었다. 3개월 정도 한 후 조금 쉬었다가, 5학년에 다시 시작했다. 다음 영상은 실제 수업 모습을 촬영해 올렸던 인스타그램의 피드이다.

바칼로레아 온라인 수업 모습

유발 하라리Yuval Harari가 쓴《멈출 수 없는 우리Unstoppable Us》라는 책을 읽고 주어진 질문에 대해서 수업 전 또는 수업 중에 답을 하는 것이다. 사실 당시에도 수업의 수준에 놀라고, 현서가 이런 수업을 잘 따라갈 수 있다는 것에 뿌듯해했던 기억이 난다. 근데 집에서만 하면서도 이 정도 수업을 따라갈 수 있었던 가장 큰 요인은 무엇일까? 더군다나 지난 몇 년 동안 많은 시간을 투자해 학습을 한 것도 아니다. 그럼에도 불구하고 영어로도 저렇게 말하기, 쓰기, 발표를 잘할 수 있었던 가장 큰 이유는 한글 책을 많이 읽고 부모와 대화하면서 모국어 사고력이 좋아졌기 때문이라고 단언할 수 있다.

영어는 모국어 습득 방식으로 즐겁게 꾸준히 했다. 3학년부터는 학습식을 조금씩 병행하긴 했지만, 단어 암기를 하거나, 한국식 문법을 공부하거나, 영어로 글쓰기를 한 적은 없다. 물론 화상 영어 수업, 영어 공부방을 통해 기본적인 쓰기 훈련은 했지만, 바칼로레아 온라인 수업에서 저 정도로 자기 생각을 말하고 쓰는 것이 가능했던 것은 모국어 문해력, 창의력, 비판적 사고력이 뒷받침되었기 때문이라고 생각한다.

모국어의 중요성

현서가 16개월 때부터 아내는 매일 30분에서 1시간씩 자기 전에 책을 읽어 주었다. 이 잠자리 독서를 6학년 때까지 꾸준히 했다. 책을 읽고 나면 잠들기 전에 엄마와 다양한 대화를 나누고 잠자리에 들었다. 책의 인물이나 사건에 대해서 대화를 나누다, 엄마의 생각과 현서의 생각을 서로 이야기한다. 그리고 일상의 대화로 이어진다. 그날 있었던 일들을 이야기하면서 고마웠던 일, 미안했던 일들이 있으면 차분하게 이야기한다. 매일 밤 이러다 보니 문해력, 사고력도 좋아졌지만 정서적으로 굉장히 안정적인 아이가 되었다. 현서는 그날 있었던 좋지 않았던 일들은 자기 전에 다 풀었고, 덕분에 늘 엄마 품에서 기분 좋게 잠이 들었다.

6살부터 3학년까지는 아침에도 밥을 먹는 동안 40분 정도 엄마가 책을 읽어 주거나 전자책의 오디오북을 들었다. 스스로 읽는 지식 책은 엄마한테 설명을 하는 것을 좋아했고 필요하면 화이트보드에 글과 그림으로 표현하며 자신이 이해한 바를 열심히 설명했다.

현서의
아침 독서 모습

4학년 말부터는 '위즈키즈', '시사원정대', '독서평설'과 같은 시사 잡지를 읽고 엄마, 아빠와 대화를 했다. 덕분에 영어로는 어려운 책을 읽거나 힘든 쓰기 훈련을 하지 않았음에도 바칼로레아 온라인 수업을 힘들지 않게 따라갈 수 있었다. 한번은 현서가 "우리말로 하면 훨씬 더 잘할 수 있어."라는 말을 하기도 했었다.

현서가 시사 잡지 소개하는 모습

우리가 흔히 이야기하는 것처럼 영어의 4대 영역을 균형 있게 하지 않아도 된다는 것이 바로 이런 이유에서다. 학교나 기관 등에서는 모든 영역을 고르게 가르치고 성과를 시험으로 측정해야 한다. 하지만 아직 인지적으로 준비가 안 된 친구들에게 너무 이른 나이에 파닉스, 쓰기, 문법 등을 학습시킬 필요는 없다. 모국어가 가장 중요하다. 모국어로 읽고, 말하고, 쓰기가 안 되는 친구들이 영어 읽기, 말하기, 쓰기를 잘할 리 만무하다. 내 생각과 의견이 있어야 할 말이 생기고, 그래야 영어로도 표현을 할 수 있다. 영어도 중요하지만 모국어 책 읽기와 생각 말하기를 절대 게을리해서는 안 된다.

초 5 - 세부 영어 캠프

현서가 영어를 좀 하긴 했지만, 말하기 대회를 나가거나, 인증된 시험을 봐서 영어 실력을 평가받으려는 시도를 한 적이 없었다. 그냥 영어를 즐기면서 습득했으면 하는 마음이었다. 해외 유학이나 국제학교도 생각해 본 적이 없었다. 그 이유를 물어보면 딱히 뭐라 답할지 모르겠다. 그냥 별 생각이 없었던 것 같다. 경제적인 여유가 된다면 생각이 달랐을 수도 있겠지만 그냥 주어진 환경 내에서 키우자는 생각이었다.

해외 영어 캠프도 마찬가지이다. 필리핀이나 말레이시아로 영어 캠프를 보낼 생각은 전혀 없었다. 그러다 현서가 5학년 때 필리핀 세부 영어 캠프를 한번 가 보면 어떻겠냐는 지인의 제안을 받았다. 현서가 6살에 괌으로 가족 여행을 다녀온 후로는 해외여행을 간 적이 없으니 여행 삼아 보내는 것도 좋겠다 싶었고, 현서도 영어 캠프 생활에 대한 영상을 보고 너무 가고 싶다고 해서 가게 되었다.

현서의
세부 영어 캠프 모습

사실 보내기 전에는 아이들을 하루 종일 영어 공부를 시킨다는 것에 대해 다소 부정적이었다. 현서가 갔던 곳은 특히나 학습식으로 공부량도 많고 아침저녁으로 단어 시험도 보고, 매주 주말에는 공인 영어 시험 모의

고사도 봤다. 그래서 그렇게 빡빡하게 공부를 해 본 적이 없는 현서가 처음에는 상당히 힘들어했지만 결과적으로는 현서한테 아주 좋은 경험이 되었다.

그동안 되도록 사교육비를 안 쓰고 해 오다 보니 해외 영어 캠프를 보내는 것에는 다소 회의적이었는데, 막상 경험을 하고 나니 왜 많은 사람들이 보내려고 하는지 이해가 됐다. 5학년으로 고학년이 된 현서에게는 저런 식의 공부 습관이 필요했고, 시험을 보는 스트레스 상황을 견딜 수 있는 멘탈도 필요하던 차에 좋은 경험을 한 것이었다.

종일 수업이 있기는 하지만, 다양한 활동을 하면서 아이들은 오히려 더 즐거워하는 것 같았다. 특히 코로나 이후 단체 야외 활동도 많이 제한되고, 우리 어릴 때처럼 캠핑을 갈 기회도 없는 친구들에게 기숙 학교 같은 생활을 하는 것은 너무나 새로운 경험이었다. 특히 현서가 갔던 캠프에서는 마지막 주에 공연을 한다. 아이들이 그룹을 지어 악기 연주나 연극, 아이돌 춤 추기 등의 경연 대회를 하는 것이다. 매일 수업이 끝나고 모여서 연습하는 시간이 얼마나 즐거웠을까? 4주만 계획하고 갔지만, 현서가 원해서 5주를 더 있을 정도로 현서는 좋아했고 도움이 많이 되었다.

캠프 마지막 주의 공연 모습

단, 해외 여행 캠프를 가기 전에 충분한 준비가 되어야 한다. 아이는 듣기 인풋이 2년 이상은 되어야 한다. 부모와 함께 갈 때는 나이 제한이 덜하지만, 기숙형 캠프를 보내려면 4학년 이상은 된 후에 보내기 바란다. 4주 동안 영어 캠프에 있다고 해서 아이들의 영어 말하기가 드라마틱하게 성장하진 않는다. 간혹 터지는 아이들이 있긴 하지만 그런 친구들은 충분한 인풋이 된 친구들이다. 그렇지 않은 아이라면 영어 실력의 향상을 크게 기대할 수는 없겠지만, 이때 경험이 아이가 영어를 더 열심히 하고 싶게 되는 동기가 될 수 있을 것이다. 모든 수업이 영어로 진행되고, 일상에서도 영어가 들리기 때문이다. 캠프에 같이 있는 친구들 중에 영어를 잘하는 친구들을 보면, 영어를 잘하고 싶다는 다짐을 할 수도 있다. 캠프에서의 생활이 좋았다면 다음에 또 오고 싶고, 그때 한층 발전된 영어 실력을 보이고 싶어 열심히 영어 공부를 하게 되는 경우도 있다.

필린핀 캠프를 통해서 아빠가 얻은 가장 큰 소득은 현서와 했던 모국어 습득 방식이 학습식 영어를 하기에도 충분한 준비가 된다는 것을 알게 된 것이다. 앞서 설명한 것처럼 캠프에서는 주말에 공인 시험을 모의고사 형식으로 봤는데 현서가 모든 분야에서 캠프 내 최고점을 받았다. 캠프 말하기 대회에서도 매번 일 등을 했다.

영어 캠프 스피치 대회 1등 한 모습

여기까지가 현서가 36개월부터 5학년 때까지의 여정이었다. 영어 영상 노출도 4학년부터는 규칙적으로 하지 않았고, 6학년까지 마지막 1년은 주 1회 바칼로레아 온라인의 'Writing' 첨삭 수업을 받은 게 전부이다. 중학교 2학년인 지금은 영어 공부는 거의 하지 않는다.

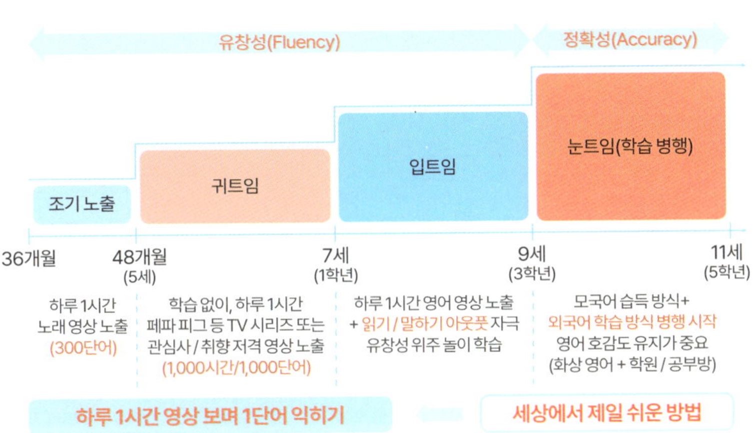

외국어 습득의 과학

5장
크라센 이론: 왜 '습득'이 '학습'을 이기는가

처음 현서에게 영어 영상 노출을 시작할 때만 해도, 정말 아무런 기대가 없었다. 그저 영어에 대한 거부감만 없었으면 좋겠다는 바람뿐이었다. 즐겁게 꾸준히 보여 준 것뿐인데 말도 유창하게 하고 그 어렵다는 읽기와 쓰기도 힘들지 않게 잘하게 된 데는 운도 많이 따랐던 것 같다.

나는 대학에서 컴퓨터 공학을 전공했지만, 어릴 적 꿈은 영어 선생님이었다. 그래서 군대도 카투사를 다녀왔고, 대학 졸업 후에는 영국으로 2년 동안 어학연수를 다녀왔다. 귀국한 뒤로는 15년 동안 영어 교육업계에서 디지털 콘텐츠 개발을 하면서 영어와 교육, 그리고 기술의 변화를 누구보다 편하게 받아들일 수 있었다. 전통적인 교육학자나 영어 선생님이 아니었기에, 거부감 없이 첨단 ICT(정보통신 기술)와 새로운 방법을 현서에게 적용시킬 수 있었고, 결과가 좋았던 것이다.

다만 영어나 교육을 체계적인 학문으로 공부한 적은 없었다. 현서에게 영어 노출을 시작할 때만 해도 알고 있는 외국어 교육 이론들은 회사 업무를 하면서 조사한 것이 전부였다. 물론 회사를 다니다 영국의 맨체스터 대학교에서 교육공학 석사 학위를 받긴 했지만, 그때 공부한 이론은 대부분 '미래 교육'과 관련된 것이었지 외국어 교육 이론은 아니었다.

현서 아빠가 영어를 곧잘 하긴 했지만 영어를 체계적으로 배운 게 아니고, 현서에게 영상 노출을 시작했을 때는 어떤 영어 교육 이론을 알고 접근한 것이 아니었다는 말을 하려고 서두가 길었다. 오히려 첫 번째 책을 낸 이후에야 현서가 걸어온 그 과정이 어떤 이론과 맞닿아 있는지를 정확히 설명할 수 있게 되었다. 그 이론을 정립한 사람이 바로, 외국어 습득 분야에서 세계 최고 권위자 중 한 명으로 불리는 스티븐 크라센Stephen Krashen 박사이다.

우리가 택한 길 - 학습(X), 습득(O)

한국에서 지금까지 만들어진 유아 영어 교재와 교수법을 보면, 겉으로는 '아이 전용'처럼 보이지만 그 뿌리를 들여다보면 상당수가 성인 대상 외국어 학습법을 어린이에게 맞게 단순화한 형태에 가깝다. 알파벳 카드, 파닉스, 단어 암기, 패턴 연습과 같은 방법들의 뿌리를 거슬러 올라가면 '성인의 영어 공부'를 아이 버전으로 바꿔 놓은 것이다.

이렇게 할 수밖에 없는 이유는 간단하다. 10세 이전 아이들에게 외국어를 어떻게 가르쳐야 하는지에 대한 학문적 연구가 성인 대상 연구에 비해 상대적으로 적었고, 특히 장기 종단 연구는 매우 부족했기 때문이다. 아이를 실험 집단이나 통제 집단으로 나누기 어렵고, 언어 습득은 1~2년으로 증명할 수 있는 주제가 아니기 때문에 한국은 물론이고 전 세계적으로도 10년 이상의 장기 연구가 많지 않았다. 그래서 교육업계는 초기에 성인용 교수법을 '아이용'으로 변형해 사용하는 방식이 주류가 되었고, 최근 들어서야 유아 전용 교수법이 발전하고 있다.

하지만 현서와 우리가 했던 방식은 그와 완전히 달랐다. 우리는 영어를 교과목으로 접근한 것이 아니라, 아이가 영어를 언어 자체로, 즉 또 하나의 모국어처럼 자연스럽게 습득하도록 도운 것이다. 이 접근의 이론적 기반이 바로 크라센 박사의 제2언어 습득 이론이다. 크라센 박사는 남가주대USC 언어학 명예교수로, 1970년대부터 지금까지 외국어 교육계에서 세계적으로 가장 영향력 있는 학자로 꼽힌다. 그의 '이해 가능한 입력Comprehensible Input' 이론은 50년 가까이 전 세계 언어 교육 정책과 교실 현장을 변화시켜 왔다.

이제부터 크라센 박사의 핵심 개념을 부모님들도 쉽게 이해할 수 있도록 정리해 보려 한다. 현서가 해 온 과정은 놀랍게도 이 이론과 거의 정확히 일치한다.

크라센 박사의
80년대 강의 영상

현서가 했던 방식은 외국어 학습Foreign Language Learning이 아니라 제2언어 습득Second Language Acquisition, SLA이다. 엄밀히 말하면 현서에게 영어는 '외국어'가 아니라 '제2언어'였다. 외국어는 교실에서 배우는 과목이지만, 제2언어는 실제로 사용하며 익히는 살아 있는 언어이다. 이는 아이가 우리말을 배울 때와 똑같은 흐름이다. '듣고 → 이해하고 → 익숙해지고 → 자연스럽게 말하고 → 읽고 쓰는 것'까지 하는 방식이다. 그래서 이 방식의 근본 철학은 단순하다. 아이에게 영어를 가르치는 것이 아니라, 영어가 자연스럽게 스며들도록 돕는 것이다.

습득 vs 학습 – 한국인은 왜 말이 안 나올까

크라센 박사는 언어를 익히는 방식에는 두 가지가 있다고 명확히 구분했다.

습득 Acquisition	학습 Learning
• 무의식적이고 자연스러운 과정	• 의식적이고 명시적인 과정
• 의미 있는 상호 작용을 통해 이루어짐	• 문법 규칙 및 단어 암기 중심
• 아기가 모국어를 익히는 방식	• 시험 및 평가에서 효과
• 유창성 fluency 으로 이어짐	• 정확성 accuracy 중심

크라센 박사는 "학습한 지식 Learned knowledge 은 의식적으로 규칙을 적용할 때만 작동한다. 하지만 자연스러운 대화에서는 그럴 시간이 없다. 진짜 의사소통은 오직 습득한 체계 Acquired system 에서 나온다."라고 말했다. 우리가 학교에서 10년 넘게 영어를 배웠지만 막상 외국인 앞에서 말이 안 나오는 이유가 바로 이것이다. 우리는 영어를 '학습'만 했기 때문이다. 그렇다면 '습득'은 어떻게 일어나는 걸까? 크라센 박사는 이를 설명하기 위해 5가지 핵심 가설을 제시했다. 이 가설들은 서로 연결되어 하나의 완전한 언어 습득 이론을 구성한다.

- **습득-학습 가설:** 습득과 학습은 서로 다른 시스템이다.
- **자연 순서 가설:** 언어는 정해진 순서대로 습득된다.

- **모니터 가설**: 학습한 문법은 감시자 역할만 한다.
- **입력 가설**: 이해 가능한 입력이 습득을 만든다.
- **정의적 여과 가설**: 감정 상태가 습득을 좌우한다.

놀랍게도 현서가 걸어온 9년의 여정은 이 5가지 가설과 거의 정확히 일치한다. 우리가 의도했던 것은 아니었지만, 아이를 관찰하고 따라가다 보니 자연스럽게 이론적 토대 위에서 움직이고 있었던 것이다. 이제 이 가설을 하나씩 살펴보자.

크라센 5대 가설

1) 습득-학습 가설 The Acquisition-Learning Hypothesis : 문법은 정리, 습득이 진짜

습득과 학습은 서로 다른 시스템이다. 크라센 박사의 기초가 되는 가설이다. 학습한 지식은 습득으로 전환되지 않는다. 현서는 초등 저학년까지 '학습'을 거의 하지 않았다. 문법 규칙을 배운 적도 없고, 단어를 외우라고 한 적도 없다. 처음 3년 동안은 그저 재미있는 영상을 보며 소리와 의미를 자연스럽게 연결했다. 아웃풋은 그 이후에 시작되었다. 학습 방식은 초등학교 3학년이 될 무렵부터 조금씩 시작했다. 이미 유창하게 말하고 듣는 상태에서 문법과 쓰기를 배우니, 학습은 '정리' 역할만 했다. 습득이 먼저, 학습은 나중이다.

2) 자연 순서 가설The Natural Order Hypothesis : 듣기→말하기→읽기→쓰기

언어의 문법 구조는 인간의 뇌가 정해 놓은 자연스러운 순서대로 습득된다. 교재의 문법 순서와는 무관하다는 것이다. 예를 들면, 동사 끝에 '-ing'를 붙여 현재진행형을 만드는 문법(I am playing.)은 비교적 빨리 습득된다. 이에 반해 3인칭 단수 동사 뒤에 's'를 붙이는 규칙(He plays.)은 간단하지만 실제 말할 때 가장 늦게까지 틀리는 문법 중 하나이다.

중요한 것은 이 순서를 억지로 앞당길 수 없다는 점이다. 교재에서 3인칭 단수 동사를 먼저 가르친다고 해서 뇌의 습득 순서가 바뀌지 않는다. 현서도 마찬가지였다. 유창하게 말하면서도 "He go to school."과 같은 실수를 몇 년간 했다. 하지만 억지로 고치지 않았다. 충분한 인풋이 쌓이자 자연스럽게 'He goes'로 교정되었다.

한편, 언어 습득에는 또 다른 자연스러운 순서가 있다. 모든 아이는 '듣기 → 말하기 → 읽기 → 쓰기' 순서로 언어를 습득한다. 이는 세계 어느 나라, 어떤 언어에서든 동일하다. 현서의 실제 순서도 이 자연스러운 흐름을 그대로 따랐다.

- **36개월~6세:** 듣기 중심(침묵기, 1,000시간 인풋)
- **6세~:** 말하기 시작(입트임)
- **초 1~:** 읽기 시작(ORT, 자연스러운 진행)
- **초 3~:** 쓰기 시작(학습 병행)

이 순서는 한국식 '읽기 먼저, 말하기는 나중'과는 정반대이다. 그러나 이는 모국어 습득 순서와 완벽히 일치한다.

3) 모니터 가설 The Monitor Hypothesis : 문법이 입을 막는다

학습한 문법은 말하기 과정에서 '감시자Monitor' 역할만 한다. 문제가 되는 건 이 감시자가 너무 강하면 말하기 전에 머뭇거리고, 틀릴까 봐 주저하고, 유창성이 떨어지고, 결국 입이 굳어 버린다는 것이다.

한국 사람들이 수년을 학교에서 영어 공부를 하고도 입이 잘 떨어지지 않는 이유를 잘 설명할 수 있는 이론이다. 반면 현서는 초등 저학년까지 문법을 거의 배우지 않았기 때문에 감시자가 약하게 작동했다. 그래서 문법을 틀려도 자유롭게 말하기가 가능했다.

앞서 3장에서 현서의 영상 중 한글 책을 읽고 영어로 설명하는 영상을 다시 보라. 현서가 문법적으로 틀린 문장을 당당하게 말하는 모습이 있다. 하지만 이게 오히려 좋은 신호라고 생각했다. 틀려도 말한다는 것은 습득이 일어나고 있다는 증거이기 때문이다. 원어민 아이들도 문법에 맞지 않는 문장을 쓰다가 자연스럽게 교정된다. 현서도 마찬가지였다. 초등 고학년이 되어 문법 학습을 시작한 이후에는 감시자를 적절히 활용하며 정확성이 높아졌다. 이것이 '진짜 습득'이다.

4) 입력 가설 The Input Hypothesis : i+1, 이해 가능한 입력이 전부

크라센 박사 이론의 핵심이다. 언어는 아웃풋이 아니라 '이해 가능한 입력'에서 습득된다. 여기서 중요한 것은 '이해 가능한 Comprehensible'이라는 조건이다. 아무 영어 영상이나 마구잡이로 보여 준다고 해서 되는 것이 아니다. 아이가 70~80% 정도 이해할 수 있는 수준이어야 한다. 너무 쉬우면 지루해하고, 너무 어려우면 그냥 소음이 되어 버린다.

크라센 박사는 이를 'i+1 공식'이라고 불렀다. 현재 수준인 'i'보다 딱 한 단계 위(+1)의 입력이 가장 효과적이라는 것이다. 마치 계단을 한 칸씩 올라가듯, 언어 습득도 작은 도약의 반복으로 이루어진다. 현서의 입력 전략은 이렇게 구성됐다.

- **1년 차**: 슈퍼심플송 (기초 어휘 및 짧은 문장)
- **2~3년 차**: TV 시리즈, 다양한 취향 저격 스토리 영상(일상 표현)
- **4년 차 ~**: 관심사에 맞는 논픽션 영상 (주제 및 단어 폭 증가)

영상은 그림, 표정, 상황, 소리가 결합되어 있어 완벽한 의미 단서 context를 제공한다. 그래서 영상은 가장 강력한 '이해 가능한 입력'이다.

현서가 6살까지 말을 거의 하지 않았던 이유는 아웃풋이 늦은 것이 아니라 인풋에 집중한 자연스러운 침묵기 Silent Period였기 때문이다. 침묵기는 언어 습득 과정에서 반드시 거치는 단계이다. 이때 아이의 뇌는 조용히 듣고 이해하며 내부 시스템을 구축하고 있다. 마치 씨앗이 땅속에서 뿌리를 내리듯이. 이 시기에 무리하게 말을 시키려 하면 오히려 역효과가 난다. 입트임은 뇌가 준비되었을 때 자연스럽게 일어난다. 현서의 경우 약 1,000시간의 인풋이 쌓인 후 어느 날 갑자기 말문이 열렸다. 이는 제2언어 습득 연구에서도 일반적으로 관찰되는 패턴이다.

5) 정의적 여과The Affective Filter 가설

크라센 박사는 자신의 5대 가설을 관통하는 핵심 원리를 이렇게 정리했다.

"우리는 단 한 가지 방법으로만 언어를 습득한다. 불안이 낮은 환경에서 이해 가능한 입력을 받을 때이다. We acquire language in one way, and only one way. When we get comprehensible input, in a low anxiety environment."

이 한 문장에는 그의 이론 전체가 담겨 있다. 이해 가능한 입력(i+1)과 낮은 불안Low Anxiety, 이 두 가지가 언어 습득의 전부라는 것이다. 그리고 이 '낮은 불안'을 설명하는 개념이 바로 정의적 여과Affective Filter 가설이다.

정의적 여과란, 학습자의 감정 상태가 언어 습득에 결정적인 영향을 미친다는 가설이다. 아무리 좋은 입력이 들어와도 아이의 불안, 스트레스, 긴장, 강요가 높아지면 뇌가 '필터'를 올려 버린다. 그러면 언어 입력이 제대로 들어오지 않는다는 것이다.

이 부분은 많은 엄마들이 들어 봤을 TPR Total Physical Response, 전신반응 교수법 과 깊이 연결되어 있다. TPR은 제임스 애셔 James Asher 박사가 개발한 교수법으로, 아이가 언어를 들으면서 몸으로 반응하게 하는 방식이다. 'Stand up!', 'Touch your nose!' 같은 명령어를 듣고 행동하면서 자연스럽게 언어를 익히는 것이다.

TPR이 효과적인 이유가 바로 '정의적 여과'를 낮추기 때문이다. 아이는 몸을 움직이며 즐거워하고, 틀려도 괜찮고, 말하라는 압박도 없다. 그러니 필터가 내려가고 언어가 술술 들어온다.

즉, TPR은 '아이를 편하게 만들면 언어가 더 잘 습득된다.'라는 방법론이고, 정의적 여과는 '아이를 불편하게 하면 언어가 막힌다.'라는 이론적 설명이다. 둘은 방향이 다르지만 결국 같은 사실을 말하고 있다. 불안, 압박, 지적, 두려움은 언어 습득을 막는 '필터' 역할을 한다. 현서네 방식에선 다음과 같은 방법들로 이 필터를 낮추는 데 집중했다.

- 거실 큰 TV에서 편안하게 시청
- 엄마가 옆에서 함께 앉아 함께 웃어 주기
- 뜻을 묻지 않음
- 따라 말하게 강요하지 않음
- 영상 자체를 '재미있는 놀이'로 경험하게 함

반면 전통적 방식은 다음과 같이 필터를 올린다.

- 책상에 똑바로 앉게 한 후 "집중해!"
- "이 단어의 뜻이 뭐야?"
- "따라 말해 봐."
- 틀리면 지적
- 시험 및 평가 위주

현서는 영어를 좋아했다. 왜냐하면 영어가 공부가 아니라 즐거움과 안정감이 있는 경험이었기 때문이다. 엄마나 아빠도 영어를 가르치려 들지 않았고 그냥 즐길 수 있는 환경을 만들어 주었을 뿐이다. 지적보다는 칭찬을 해 줬다.

이론에서 실천으로

현서가 영어를 외국어가 아닌 '또 하나의 언어'처럼 익힐 수 있었던 것은 복잡한 교재나 조기 선행 때문이 아니었다. 언어가 원래 자라는 방식인 모국어 습득 방식을 그대로 따라갔기 때문이다. 그리고 이 방식은 이론적으로도 이미 증명되어 있다. 크라센 박사의 이론은 복잡해 보이지만, 핵심은 단순하다.

- 아이가 이해할 수 있는 영어를 많이 들려준다. (i+1 입력)
- 재미있고 편안한 환경에서 한다. (정의적 여과 낮추기)
- 말하기를 강요하지 않는다. (침묵기 존중)
- 자연스러운 순서를 따른다. (듣기 → 말하기 → 읽기 → 쓰기)
- 문법은 나중에, 습득이 먼저다. (습득 > 학습)

이론을 이해했다면 이제 실천하면 된다. '이해 가능한 입력'을 가정에서 어떻게 만들 수 있는지, 어떤 자료를 어떤 순서로 활용해야 하는지, 그리고 각 단계에서 부모는 무엇을 해야 하는지이다. 3부에서 현서네 9년의 구체적인 실천 로드맵을 단계별로 공개하겠다.

5장 핵심 요약

핵심 요약	내용
① 습득 vs 학습	영어는 '학습'이 아닌 '습득'으로 익혀야 한다. 학습은 습득으로 전환되지 않는다.
② 크라센 5대 가설	습득-학습 구분, 자연 순서(듣기 → 말하기 → 읽기 → 쓰기), 모니터(문법이 입 막음), i+1 입력, 정의적 여과(불안 시 뇌 닫힘)
③ 현서 9년 = 이론 실천	충분한 인풋 → 침묵기 존중 → 편안한 환경 → 자연 순서 따르기 → 문법은 나중

6장
폴 네이션: 3,000단어면 영어의 95% 이해

일반적으로 외국어를 배운다고 할 때 가장 먼저 해야 하는 것이 뭘까? 재미있는 영어 영상을 노출해 주면 아이들은 영어 소리에 익숙해지긴 하겠지만, 학습적으로 첫 번째 목표는 기본 어휘를 아는 것이다. 그것도 노출 빈도가 높은 필수 어휘들 먼저 익히는 것이다.

뉴질랜드 빅토리아 웰링턴 대학교의 폴 네이션Paul Nation 교수는 세계적으로 손꼽히는 어휘 분야의 석학이다. 50년 가까운 연구 생활을 하기 전 일본, 태국, 인도네시아, 미국, 핀란드 등에서 직접 영어를 가르치던 현장 교사 출신으로 이론과 실전을 겸비한 전문가이다.

네이션 교수가 한 연구가 흥미롭다. 전 세계에 있는 영어 텍스트를 모았다. 소설, 논문, 신문 기사, 잡지, 일상 대화 기록 등 온갖 영어 자료를 모아서 거기에 등장하는 단어들의 빈도 수를 전부 조사한 것이다. 그 결과가 놀라웠다. 가장 자주 쓰이는 3,000개의 단어족word family이 일상 대화의 약 96%, 일반 텍스트의 약 95%를 차지한다는 것이었다. 여기서 단어족이란 하나의 기본 단어(예: play)와 그 모든 변형(plays, played, playing, player, playful 등)을 포함하는 개념이다.

첫 번째 목표는 고빈도 우선순위 1,000 단어를 아는 것!

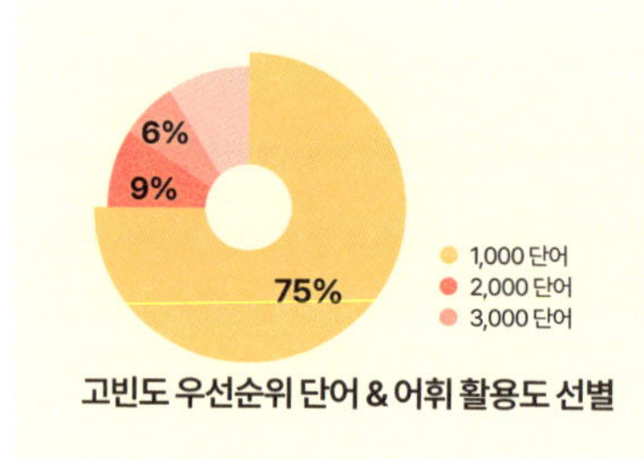

고빈도 우선순위 단어 & 어휘 활용도 선별

“학습자는 고빈도 어휘를 중점적으로 학습해야 합니다. 어휘를 접할 수 있는 기회는 적절한 수준의 입력과 출력, 의도적인 학습과 유창성 활동을 통해 가질 수 있습니다.”

- Paul Nation 교수

고빈도 3,000단어가 모든 영어 90% 커버,
우선순위 1,000 단어만 알면 어떤 영어 영상도 볼 수 있음

더 놀라운 사실은 가장 빈도가 높은 1,000개 단어족만 알아도 일상 대화의 약 78%, 일반 텍스트의 약 75%를 이해할 수 있다는 것이다. 이게 무슨 뜻일까? 우리 아이들이 핵심 1,000개 단어족만 제대로 알아도 영어 영상을 봤을 때 내용의 4분의 3 이상을 이해할 수 있고, 3,000개를 알면 거의 다 알아듣는다는 것이다.

우리나라 교육부에서 지정한 초등학교 필수 영어 단어가 약 800개인데, 이건 기본 단어만 센 것이고 실제로는 그 변형들까지 포함하면 훨씬 많다. 그러니까 초등학교 과정의 어휘를 제대로 익히면 일상 영어의 상당 부분을 이해할 수 있는 기반이 마련된다는 뜻이다.

물론 여기서 중요한 것은 '어떻게' 배우느냐이다. 단어장으로 달달 외운 것으로는 안 된다. 현서가 슈퍼심플송을 통해 했듯이, 실제 상황에서 반복적으로 듣고 자연스럽게 의미를 이해하며 습득했을 때만 가능한 이야기이다.

네이션 교수의 연구는 우리에게 희망적인 메시지를 준다. 영어는 생각보다 어렵지 않다. 핵심 고빈도 어휘 1,000개만 제대로 익히면 영어 대화의 4분의 3 이상을, 3,000개를 익히면 거의 대부분을 이해할 수 있다. 문제는 '몇 개를 아느냐'가 아니라 '어떻게 익히느냐'인 것이다.

첫 1년 목표 - 300단어로 기초 다지기

1년 동안 슈퍼심플송과 비슷한 채널들의 영상을 보면서 현서는 자연스럽게 노출 빈도가 가장 높은 300단어 정도가 자연스럽게 습득되었다. 덕분에 이후에 페파 피그나 다른 영상들을 볼 때도 상당 부분 이해하며 흥미롭게 볼 수 있었다. 왜냐하면 이 단어들이 바로 네이션 교수가 말한 '가장 빈도가 높은 필수 어휘'이기 때문이다. 아이들이 모국어로도 제일 먼저 배우는 단어들이고, 일상에서 매일 쓰는 단어들이다. 이 단어들을 대략 살펴보면 다음과 같다.

〈기초 개념 어휘〉

- **숫자:** one, two, three, four, five...
- **색깔:** red, blue, yellow, green, orange, purple...
- **도형:** circle, square, triangle, rectangle...

〈사람과 신체〉

- **가족 구성원:** mom, dad, sister, brother, grandma, grandpa, baby...
- **신체 부위:** head, hand, foot, eye, nose, mouth, ear, arm, leg...

〈주변 세상〉

- **동물:** dog, cat, bird, fish, lion, elephant, monkey, tiger...
- **음식과 음료:** apple, milk, water, banana, juice, cookie, bread, egg...
- **일상 물건:** book, toy, bed, chair, shoes, clothes, ball, cup...
- **장소와 위치:** up, down, in, out, on, under, home, park, school...

〈감정과 상태〉

- **기본 감정:** happy, sad, angry, scared, excited, tired...

- **크기와 수량:** big, small, long, short, more, less, many, few...
- **질감과 특성:** soft, hard, smooth, rough, fast, slow...
- **날씨:** sun, rain, snow, wind, cloud, hot, cold...

〈일상 동작 동사〉

- go, come, eat, sleep, play, run, jump, read, sing, dance, sit, stand, walk, clap, look, listen, open, close...

〈의사소통 표현〉

- hello, hi, bye, goodbye, thank you, please, sorry, excuse me, my name is...

외국인 아이들을 위해 만들어진 영어 교육 채널들(슈퍼심플송, 코코멜론, 스티브 앤 매기 등)이 바로 이런 기본 어휘를 반복적으로 다룬다. 그림과 상황으로 설명해 주기 때문에 모국어를 거치지 않고도 자연스럽게 익힐 수 있다.

현서는 1년 동안 영어 동요 영상을 보면서 이런 단어들을 자연스럽게 익혔다. 단어장은 한 번도 만들지 않았다. 그냥 영상을 보면서 "아, 저게 red구나.", "저게 happy구나." 하면서 알아 간 것이다. 모국어를 거치지도 않았을 것이다. 중요한 것은 이 300개가 탄탄하게 자리 잡아야 한다는 것이다. 욕심내서 어려운 단어들을 가르치려고 하면 오히려 기초가 흔들린다. 집을 지을 때도 기초 공사가 가장 중요하듯, 영어도 마찬가지다. 이 300개가 확실하게 자리 잡으면 그다음 단계로 넘어가는 것이 훨씬 쉬워진다.

3년 후 1,000단어 - 영어의 75%가 열린다

네이션 교수의 연구로 돌아가면, 결국 우리 아이들이 1,000개 단어를 알게 되면 영어의 75%를 이해할 수 있다는 것이다. 현서가 3년 동안 매일 한 시간씩 영어 영상을 본 것이 누적 1,000시간 정도 된다. 그 시간 동안 자연스럽게 습득한 어휘가 대략 1,000개 정도 된다. 여섯 살 때 웬만한 영어 영상은 다 이해하면서 봤다. 물론 모르는 단어도 나온다. 하지만 75%를 알면 나머지 25%는 맥락으로 유추할 수 있다. 특히 영상에서는 시각적 정보도 많기 때문에 훨씬 수월하다.

우리도 한국말로 된 책을 읽다가 모르는 단어가 나와도 앞뒤 문맥을 보고 뜻을 유추한다. 75%를 이해하기 때문이다. 그래서 나는 부모님들에게 이렇게 말씀드린다. 처음 1년은 300개 기본 단어를 습득하는 게 목표다. 이것만 확실히 해도 충분하다. 그다음 2~3년을 하면 1,000개 가까이 간다.

단순 계산을 해 보면 매일 하루 1시간 영상을 보면서 하나의 단어만 습득하면 3년이면 1,000시간을 채우고 1,000개의 단어를 습득하게 된다는 결론이 나온다. 그 뒤로는 그냥 영어가 된다. 단어장을 펼쳐서 외울 필요 없다. 그냥 아이가 재미있게 영상을 보면 된다. 매일 한 시간씩, 3년만 꾸준히 하면 된다. 그럼 우리 아이도 영어가 된다.

6장 핵심 요약

핵심 요약	내용
① 네이션 교수 연구	1,000개 단어 = 영어 75% 이해 3,000개 단어 = 95% 이해 고빈도 필수 어휘가 핵심이다.
② 첫 1년 300단어	<슈퍼심플송> 등 동요 채널로 숫자·색·가족·동물·감정 등 기초 300단어 자연 습득. 단어장 불필요.
③ 3년 1,000단어	매일 1시간 × 3년 = 1,000시간 = 1,000단어. 그럼 영어 영상 75% 이해 → 나머지는 맥락으로 유추.

7장
1,000시간의 법칙: 조급함이 가장 큰 적

많은 부모님들이 영어 영상 노출을 시작하고 6개월, 1년이 지나면 같은 고민을 하게 된다. "우리 아이는 왜 아직도 영어로 말을 안 하죠?", "이렇게 계속 보여 주기만 해도 되는 건가요?", "혹시 우리 아이는 안 맞는 건 아닐까요?"

사실 이런 의문이 드는 것은 당연하다. 매일 한 시간씩 영상을 틀어 주고, 아이가 재미있게 보는 것 같은데 정작 입 밖으로는 영어가 한 마디도 나오지 않으니 불안한 것이다. 주변에서 "벌써 ABC송 다 외웠대.", "우리 애는 파닉스 시작했어."라는 이야기가 들려오면 더욱 조급해진다.

그래서 많은 엄마들이 실패한다. 현서처럼 아웃풋이 나오지 않음에도 불구하고 3년 동안 1,000시간을 채울 때까지 지속하는 게 힘들기 때문이다. 보통 6개월만 노출을 해도 아웃풋이 터져 나오길 기대한다. 그런데 6개월이 지나도, 1년이 지나도 아이 입에서는 영어가 나오지 않는다. 그러면 "이 방법이 맞나?" 하는 의심이 들기 시작하고, 결국 포기하거나 다른 방법으로 돌아서게 된다.

기다려야 한다. 다 내려놓고 편한 마음을 가져야 한다. 여기에는 절대 지름길이 없다. 아이가 영어 영상을 재미있게 잘 보고 있다면 그것만으로 된 것이다.

왜 1,000시간인가 - 현서와 친구들의 공통점

현서가 처음 영어로 말하기 시작한 것은 만 3세에 노출을 시작하고 나서 정확히 3년이 지난 후였다. 매일 한 시간씩, 3년이면 약 1,000시간이다. 그 전까지는 자신의 생각을 완전한 문장으로 자유롭게 말하지 못했다. 물론 감탄사나 짧은 문장 몇 개는 종종 내뱉었다. 영상은 재미있게 보는데, 영어는 거의 입 밖으로 나오지 않았다.

흥미로운 것은 현서네 방법으로 했던 많은 친구들이 비슷한 경험을 했다는 것이다. 어떤 친구는 5살에 시작해서 매일 2시간씩 1년

반 동안 영어 영상을 보고 나서 어느 날 갑자기 "엄마, 영어가 우리 말처럼 들려요."라고 말했다고 한다. 역시 약 1,000시간이었다. 이것이 우연일까?

침묵기 연구 - 크라센부터 ALG까지

언어 습득 연구에서 '침묵기silent period'라는 개념은 꽤 오래전부터 이야기되어 왔다. 크라센Stephen Krashen 박사는 제2언어 습득 이론에서, 학습자가 말하기를 시작하기 전에 상당 기간 듣기 중심의 단계를 거친다고 설명한다. 이 시기에는 겉으로는 말을 거의 하지 않지만, 실제로는 이해 가능한 입력을 통해 언어 체계를 내부에서 차곡차곡 쌓아 가는 중이라고 본다.

참고로, 크라센 박사가 이 이론을 정립할 때 연구 대상으로 삼은 집단은 대부분 청소년과 성인 학습자였다. 유아 및 아동을 대상으로 한 정밀 실험은 거의 없기 때문에 우리가 참고하는 침묵기의 길이나 입력 시간은 '아이에게 그대로 적용되는 공식'이라기보다 원리를 설명하는 하나의 프레임으로 이해하는 것이 훨씬 정확하다.

여기서 중요한 점은 두 가지다. 첫째, 침묵기의 길이는 사람 및 환경마다 매우 다르다는 것이다. 전문가들의 설명을 보면 성인 학습자의 경우, 어떤 학습자는 몇 주 만에, 어떤 학습자는 몇 달이 지나서야 말을 하기 시작한다. 흔히 2주에서 6개월, 길게는 1년 정도까지를 이야기하지만, 정확한 '정답 시간'은 없다.

둘째, 이 기간을 억지로 줄이려고 할수록 오히려 역효과가 난다는 점이다. 크라센 박사는 말하기를 인위적으로 끌어내면 불안과 긴장이 올라가고, 이른바 '정의적 여과affective filter'가 높아져서 오히려 습득이 방해된다고 본다. 말은 '준비가 되었을 때 저절로 흘러나오는 것ooze out'에 가깝지, '빨리 끌어내야 하는 산출물'이 아니라는 의미이다.

그렇다면 부모 입장에서 가장 궁금한 질문이 나온다. "도대체 어느 정도 듣기가 쌓여야 말문이 트이는 걸까?", "1,000시간이라는 숫자는 어디서 나온 걸까?" 여기에 대해서 아이를 대상으로 한 정밀한 실험 연구는 거의 없다. 대부분의 연구는 청소년이나 성인을 대상으로 한 학교 수업, 어학 프로그램, 또는 온라인 학습자의 데이터를 기반으로 하고 있다. 그래서 여기서 말하는 시간들은 정확한 공식이라기보다 '방향을 보여 주는 참고값' 정도로 이해하는 것이 안전하다.

예를 들어, 캐나다 'French Immersion' 프로그램과 TPRS Teaching Proficiency through Reading and Storytelling 교사 커뮤니티에서는 '이해 가능한 입력을 1,000시간 정도 받으면 일상 의사소통이 가능한 수준, 즉 기능적 유창성functional fluency에 도달한다.'라는 추정이 자주 언급된다. 이는 대규모 통계가 아니라, 몰입Immersion 환경에서 수년간 학생들을 가르쳐 온 교사들의 현장 관찰과 경험을 바탕으로 한 추정치에 가깝다.

또 다른 축에서는 메이슨Beniko Mason 과 동료 연구자들이 '이해 가능한 입력 중심 수업이 전통적인 문법 및 문제 풀이 수업보다 훨씬 효율적이다.'라는 점을 반복해서 보여 주고 있다. 예를 들어, 한 일본 중학교에서 3년간 진행된 실험에서는, 약 70시간 정도의 이해 가능한 입력 수업이 286시간의 전통적인 수업과 비슷한 성과를 냈다는 결과가 보고되었다. 이 연구는 '정확히 몇 시간 후에 입이 터진다.'를 말해 주지는 않지만, 입력 기반 수업이 시간 대비 효율이 훨씬 높다는 중요한 메시지를 준다.

또 하나 흥미로운 흐름은 태국 AUA 어학원의 ALG Automatic Language Growth 접근처럼, 수백 시간 동안 일부러 말을 하지 않고 듣기만 하는 프로그램들이다. 이들은 '처음부터 말하기 연습을 시키지 않고, 수백 시간의 입력 이후에 자연스럽게 말하기를 허용했을 때, 장기적으로 더 자연스럽고 안정적인 구어 능력이 나온다.'라고 보고한다.

온라인 언어 학습 커뮤니티에서도 비슷한 패턴이 반복적으로 등장한다. LingQ, Reddit, ALG 관련 포럼 등에서 수천 명의 학습자 경험을 모아 보면, '대략 600~1,000시간 정도의 이해 가능한 입력을 쌓았을 때, 듣기는 편해지고 말문이 상대적으로 수월하게 열린다.'라는 보고가 매우 많이 등장한다. 물론 이것도 과학 실험이라기보다는, 실제 학습자들의 경험이 모여 만들어 낸 통계적 직감에 가깝다. 정리해 보면 이렇다.

- 침묵기 자체는 언어 습득 이론에서 오래전부터 인정되어 왔다.
- 그 길이는 성인 학습자의 경우 몇 주에서 1년 이상까지 매우 다양하다.
- 충분한 입력이 쌓인 뒤에 자연스럽게 말하기가 터진다는 점에는 연구자, 교사, 학습자들이 대체로 동의한다.
- 다만 '정확히 몇 시간 후에 누구나 말문이 열린다.'라는 식의 딱 떨어지는 과학적 숫자는 존재하지 않는다.

그래서 이 책에서 말하는 '1,000시간의 법칙'은 '1,000시간을 채우면 자동으로 누구나 말문이 터진다.'라는 절대 법칙이라기보다는, '우리 아이가 모국어가 아닌 영어를 편안하게 듣고 이해하며, 거부감 없이 말문이 열릴 만큼의 입력이 쌓이는 데 대략 이 정도 규모의 시간이 필요하다.'라는 것을 설명하기 위한, 현장 경험과 여러 연구 및 사례가 만나는 지점이라고 보는 것이 더 적절한 표현일 것이다.

현서는 36개월에 영어 영상을 보기 시작해서 3년간 거의 매일 1시간씩, 대략 1,000시간을 넘기는 시점까지 거의 온전히 듣기 위주로만 영어를 접했다. 그리고 그 이후에야 호두잉글리시 같은 말하기 프로그램을 통해 쌓아 온 입력이 입으로 흘러나오기 시작했다.

아이에 따라, 환경에 따라, 이 임계점은 더 빠를 수도, 더 느릴 수도 있다. 그러나 이해 가능한 입력이 충분히 쌓이면 어느 순간 자연스럽게 말문이 열린다는 큰 그림 자체는 연구와 현장의 경험이 함께 지지하고 있다고 말할 수 있다.

기술의 발전으로 이제는 유튜브나 OTT 플랫폼을 통해 우리나라에서도 마치 영어가 모국어처럼 쓰이는 노출 환경을 제한적으로나마 만들어 줄 수 있게 되었다. 하지만 아쉽게도 이에 대한 연구가 없어, 명확한 과학적, 이론적 근거가 아직은 없다. 앞으로 이런 연구가 이루어지길 기대할 뿐이다.

진짜 적은 불안과 조급함

현서도 3년 동안 아웃풋이 없었다는 것을 기억하자. 많은 엄마들이 이 기간 동안 불안해한다. "정말 이렇게 하는 게 맞나?" 하는 확신이 부족하고, "현서는 특별한 아이라서 된 거 아닌가?"라며 의심을 하고, "다른 아이들은 벌써 영어 유치원 다니는데……."라며 주변 아이들과 비교하면서 시시때때로 흔들린다.

지금 돌이켜보면 별 기대 없이 꾸준히 영상 노출을 해 주었던 그 3년이 가장 중요한 시간이었다. 겉으로는 아무 일도 일어나지 않는 것처럼 보였지만, 현서의 머릿속에서는 엄청난 일이 일어나고 있었다. 영어 소리가 익숙해지고, 단어들이 쌓이고, 문장의 패턴들이 자리 잡고 있었던 것이다.

많은 엄마들과 함께 해 오면서 느끼는 것이 있다. 가장 큰 적은 엄마의 조급함과 불안함이라는 것이다. 침묵기Silent Period를 참고 기다릴 수 있어야 한다. 이 시기가 쓸데없이 시간을 낭비하는 것이 아니라 언어 습득에 꼭 필요한 과정이라는 것을 이해해야 한다. 아이의 뇌가 영어를 처리하고 내재화하는 데는 시간이 필요하다. 우리가 그 시간을 기다려 주지 못하면 아이는 중간에 영어를 포기하게 되거나, 억지로 학습을 시작해서 영어에 대한 거부감만 키우게 된다.

침묵기의 유일한 아웃풋 - 매일 1시간 즐기기

그렇다면 이 침묵기 동안 우리는 무엇을 확인할 수 있을까? 아이가 영어를 습득하고 있다는 증거는 무엇일까? 이 시기에 가장 확실한 아웃풋은 아이가 매일 1시간씩 영어 영상 보기 루틴을 이어 간다는 것이다. 못 알아듣는 것 같지만 재미있게 보면서 말이다. 아이가 "엄마, 오늘도 슈퍼심플송을 보고 싶어."라고 한다면, 그게 바로 가장 큰 성공이다. 아이가 영상을 거부하지 않고 즐겁게 본다면, 그것이 바로 습득이 일어나고 있다는 증거다. 영어 단어를 따라 말하지 않아도 괜찮다. 영어 노래를 부르지 않아도 괜찮다. 그저 매일 꾸준히, 재미있게 영상을 보는 것만으로도 충분하다.

1,000시간을 채우는 것, 생각보다 쉽지 않다. 하루 한 시간씩이면 3년이 걸린다. 하루 30분이면 6년이 걸린다. 그 긴 시간 동안 눈에 보이는 성과 없이 꾸준히 한다는 것이 얼마나 어려운지 잘 안다. 하지만 그 1,000시간을 채웠을 때, 아이가 영어를 정말 편하게 이해하고 있다는 것을 느끼게 될 것이다. 그 이후에 읽기나 말하기를 시

작해서 아웃풋이 나오면 그때 비로소 "아, 그 3년이 헛되지 않았구나."를 느끼게 된다.

조급해하지 말자. 불안해하지 말자. 그저 매일 한 시간, 아이가 즐겁게 영상을 보도록만 도와주자. 1,000시간은 반드시 온다. 그리고 그때 우리 아이도 영어를 한다.

7장 핵심 요약

핵심 요약	내용
① 1,000시간 법칙	매일 1시간 × 3년 = 1,000시간. 이 시점에 자연스럽게 아웃풋 터짐. 절대 공식은 아니지만 방향성 참고치.
② 침묵기는 정상	3년간 영어 안 나와도 괜찮음. 뇌는 영어 소리·단어·패턴 내재화 중. 강제 아웃풋은 불안↑, 습득 방해.
③ 진짜 적은 조급함	가장 큰 실패 원인은 엄마의 불안·조급함. 매일 1시간 즐기는 루틴만 유지하면 성공. 기다리는 것이 핵심.

8장
습득 VS 학습: 발달 단계에 따른 선택

먼저 목표를 정하라 - 실용/내신/수능 영어

대한민국에서 '영어 교육'이라는 단어를 볼 때 사람들이 머릿속에 떠올리는 영어 교육의 개념은 생각보다 다양하다. 성인들은 본인의 업무와 관련된 비즈니스 영어를 가장 먼저 떠올릴 것이다. 대학생이라면 토익, 토플 점수를 높이기 위한 시험 영어나 해외여행을 가서 자유롭게 소통할 수 있는 실용 영어가 먼저 떠오를 것이다. 대학 입학을 준비하는 친구들이라면 수능 영어가 가장 먼저 떠오를 것이고, 중고등학생은 학교 시험을 잘 보기 위한 내신 영어를 먼저 떠올릴 수밖에 없다.

그런데 영유아나 초등 자녀를 둔 부모님들에게 '영어 교육'이라고 하면 어떤 영어를 떠올릴까? 지금 이 책을 읽고 있는 여러분은 우리 아이에게 뭘 먼저 해야 할지 잠시 생각해 보기 바란다. 왜냐하면 영어 교육의 목표에 따라 방법이 완전히 다르고 시기에 맞는 목표를 정하지 않으면 속된 말로 망할 수 있기 때문이다. 그래서 영어 교육의 목표를 다음 세 가지로 구분하고 각각의 특징에 대해서 정리해 보도록 하겠다. 세 가지 영어는 실용 영어, 내신 영어, 수능 영어이다.

구분	핵심 목표	권장 방법	적용 시기	비고
실용 영어	의사소통, 자연스러운 습득	듣기(노출)→ 말하기→ 읽기→ 쓰기	취학 전~초등	영상 노출, 즐거움 우선
내신 영어	학교 시험 성적	읽기·어휘·문법·쓰기 공부	초등~중등	별도 시험 대비 필요
수능 영어	대입 변별력 확보	독해력·어휘력·속독·문제 풀이 기술	고등~수능	원어민도 어려운 시험

핵심: 목표를 먼저 정해야 방법이 달라진다

실용 영어는 영어를 의사소통 수단으로 여기고 습득 방식으로 배우는 것이다. 흔히 말하는 엄마표 영어의 가장 큰 목표가 바로 이 실용 영어일 것이다. 언어를 배우기 위해 가장 중요하고 먼저 해야 할 것은 듣기다. 우리 아이들이 모국어를 습득한 방식도 일상에서의 꾸준한 노출과 양육자와의 상호 작용을 통해서라는 것을 생각하면 이해하기 쉽다. 이 시기에는 외국어도 꾸준히 노출만 해 주면 된다. 이때 영어 영상은 그야말로 최고의 교재이다. 부모 중 한 명이 영어가 모국어이거나 능통하다고 해도 영상만 못하다. 부모가 영상만큼 꾸준히 많은 양의 노출을 해 주기가 쉽지 않기 때문이다. 게다가 모국어가 완전해진 이후에는 아무리 부모라도 불편한 영어로 소통을 하려고 하면 아이가 거부한다.

취학 전 아이라면 읽기reading 나 학습은 최대한 늦게 해야 한다. 학습을 하면 분명 당장 눈에 보이는 효과가 빨리 나오긴 하겠지만, 이 과정에서 아이의 영어 호감도는 반감될 수밖에 없다. 빠른 성과보다 훨씬 더 중요한 것이 즐겁게 꾸준히 하는 것이다. 부모의 욕심에, 주변의 눈을 의식해서 학습을 일찍 시작해서 아이가 영어 거부자가 되는 경우를 많이 봤다. 초등학교 3학년 이후에는 어느 정도 학습이 가미되는 것이 효과적이지만 취학 전 아이들에게 학습은 오히려 독이 될 수 있다. 학습을 하는 순간 엄마의 기대치가 생기게 되는데, 아이가 엄마의 눈높이에 맞게 학습을 해 줄 리 만무하다.

내신 영어의 중요성이 실용 영어보다 못하다고 자신 있게 말할 수 있는 대한민국의 부모는 많지 않을 것이다. 중고등학교에서 보는 영어 시험의 성적이 상급 학교에 진학하는 데 절대적인 영향을 미치기 때문이다. 그래서 자녀가 초등학교에 입학하면 부모들의 가장 큰 걱정거리 중에 하나가 영어 읽기, 어휘, 문법, 쓰기 등 내신 지필 고사에 대비하기 위한 영어 교육이 된다.

그래서 일부 부모들은 엄마표 영어를 해도 소용없다는 오해를 하기도 한다. 그도 그럴 것이 영어권 국가로 조기 유학을 다녀오거나 외국에서 나고 자라 영어가 모국어처럼 유창한 친구들도 시험 대비 공부를 하지 않고는 한국의 영어 내신 시험에서 높은 점수를 받지 못하기 때문이다.

중고등학교에서 선생님들은 아이들의 성적에 따라 내신 등급을 줘야 한다. 수업 시간에 가르치지 않은 내용을 시험에 출제할 수 없다. 문제는 내신 등급을 주기 위해서 변별력 있는 문제를 출제해야 하는데, 이미 많은 아이들이 학교 영어 교육 수준을 넘어서 있다는 것이다. 그러다 보니 선생님 입장에서는 문제에 함정을 만들거나 정말 수업에 집중한 학생들만 맞힐 수 있는 문제들을 출제해 난이도 조절을 할 수밖에 없다. 외국 생활이나 사교육을 통해 영어 실력이 좋은 친구들이 학교 수업에 집중하지 않고도 높은 점수를 받는다면 형평성의 문제가 생기고 공교육의 권위가 떨어질 수 있기 때문에 이런 선택을 할 수밖에 없다. 내신 영어를 잘하기 위해서는 실용 영어 실력과는 별도의 '공부'가 필요한 것이다.

수능 영어는 내신 영어처럼 입시를 위한 영어 공부이기는 하지만 평가 기준과 공부 방법이 또 다르다. 수능 영어 출제에서도 가장 중요한 것은 변별력을 갖추는 것이다. 수능에서 택한 방법은 영어 지문의 난이도와 길이이다. 정상적으로 지문을 다 읽는다면 절대 정해진 시간 내에 문제를 다 풀 수 없을 만큼 지문의 길이도 길고 문제 수도 많다. 그러다 보니 수능 영어 1타 강사들은 수능 영어에서 높은 점수를 받기 위해서는 문해력이 중요하고, 어휘력이 핵심이라고 팁을 주기도 한다. 지문을 속독하면서 주요 어휘 위주로 주제를 파악한 후, 문제를 읽고 지문에서 빨리 답을 찾는 훈련을 해야 한다고 이야기하는 것이다.

내신 영어에 비해 실용 영어의 실력이 도움이 되지만 이 역시 높은 점수를 얻기 위해서는 시험을 잘 보는 기술을 별도로 학습해야 하는 것이다. 2024년 MBC에서 방영되었던 '교실 이데아'라는 다큐멘터리에 한국의 수능 영어 시험 문제를 영국의 명문 옥스포드 대학교 학생과 유명 사립 고등학교 학생들에게 풀게 했다. 그런데 놀랍게도 이들 중 대부분이 1등급을 받지 못했다. 모두가 영어가 모국어인 원어민이었고 옥스포드 대학교 학생 중에는 영어 영문학 전공자도 있었다.

여기서 부모님들이 반드시 기억해야 하는 것이 있다. 책이나 유튜브를 통해 영어 교육 방법에 대한 이야기를 들을 때도, 말하는 사람이 어느 영어 전문가인지 구분하고 들어야 한다는 것이다. 그렇지 않으면 아이 영어 교육의 방향을 잃고 혼란만 가중될 뿐이라는 것이다. 그들 모두 각자의 전문 분야가 있고 그 맥락에서는 최고의 팁을 알려 주는 것이기 때문에 다 맞는 말을 하는 것이다. 나와 아이의 영어 교육 목표에 맞는 팁과 조언인지 구분할 수 있어야 한다. 그러니 지금 우리 아이 영어 교육의 목표가 실용 영어인지 내신 영어인지 명확히 정해서 그에 맞는 방법으로 해야 한다.

4대 영역 균형론은 신화이다

"영어는 읽기, 듣기, 말하기, 쓰기 4대 영역을 골고루 균형 있게 발달시켜야 합니다."

대한민국에서 영어 교육을 받은 사람이라면 누구나 한 번쯤 들어봤을 것이다. 여기에 어휘와 문법까지 더하면 총 6개 영역을 고르게 공부해야 영어를 잘할 수 있다는 것이 우리 사회의 통념이다. 학원가에서는 '4 Skills 통합 교육'을 내세우고, 교육 과정은 4대 영역의 균형 발전을 강조하며, 평가 전문가들은 "영어의 4대 영역을 고루 평가해야 한다."라고 목소리를 높인다. 그런데 정말 그럴까?

현서는 그렇게 하지 않았다. 4대 영역을 동시에 균형 있게 키우지 않았다. 단어를 외우지도 않았고, 내신을 위한 한국식 문법 공부는 지금까지도 제대로 해 본 적이 없다. 하지만 현서는 초등학교 4학년부터 영어로 토론하고, 에세이를 쓰고, 원서를 읽으며, 원어민과 자유롭게 대화할 수 있었다. 어떻게 이런 일이 가능했을까? 그리고 왜 우리는 '4 Skills 균형론'이라는 틀에 갇혀 있을까?

왜 4대 영역 균형론이 지배적인가

1. 수백 년간 축적된 '과학적' 방법론

4대 영역 통합 교육은 수많은 언어학자들이 수백 년간 연구해 온 결과물이다. 문법-번역식 교수법Grammar-Translation Method에서 시작해, 청화식 교수법Audio-Lingual Method, 의사소통 중심 교수법Communicative Language Teaching을 거쳐 오늘날의 과업 중심 언어 교육Task-Based Language Teaching에 이르기까지, 외국어 교수법은 끊임없이 발전해 왔다고 한다.

이러한 교수법들은 대부분 성인 학습자를 대상으로 개발되었고, 교실이라는 제한된 환경에서 제한된 시간 동안 최대한의 효과를 내기 위해 설계되었다. 그 과정에서 4대 영역을 체계적으로 가르치는 것이 가장 효율적이라는 결론에 도달했다. 하지만 이것은 모국어가 완전한 성인을 가르칠 때 맞는 이야기이다. 이미 한국어로 사고하는 체계가 완성된 성인에게는 문법 규칙을 설명하고, 어휘를 암기시키고, 4대 영역을 골고루 연습시키는 것이 합리적일 수 있다. 성인은 인지 능력이 발달했기 때문에 규칙을 이해하고 적용하는 '학습Learning'이 가능하기 때문이다.

2. 평가 시스템의 한계

학교와 학원에서 4대 영역 균형론을 강조하는 더 근본적인 이유는 평가 때문이다. 한국의 교육 기관은 학생들의 성적에 등급을 매겨야 한다. 교육 효과를 측정하고, 학습 성취도를 확인하고, 상급 학교 진학이나 자격증 취득을 위한 객관적 지표가 필요하다. 그런데 듣기를 먼저 하는 방식으로는 평가를 할 수가 없다.

생각해 보자. 아이가 초등학교에서 영어 영상을 보기 시작해서 3년간 듣기만 했다고 치자. 이 아이의 영어 실력을 어떻게 평가할 것인가?

- 아직 말을 하지 않는다. (Speaking 평가 불가)
- 읽기를 배우지 않았다. (Reading 평가 불가)
- 쓰기를 할 수 없다. (Writing 평가 불가)
- 듣기는 늘었지만 객관식 문제를 풀 수 있을까? (Listening 평가 어려움)

현행 평가 시스템으로는 이 아이의 발전을 측정할 방법이 없다. 그래서 학교와 학원은 초기부터 읽기와 쓰기를 함께 가르친다. 평가가 가능해야 교육 과정을 운영할 수 있고, 학부모에게 성과를 보여 줄 수 있기 때문이다.

3. 전문가들의 딜레마

그러다 보니 전문가들은 이 틀을 벗어나서 말을 할 수 없다. 영어 교육 전문가들은 대부분 대학에서 영어교육학이나 응용언어학을 전공했다. 그들이 배운 이론은 앞서 말한 전통적 교수법들이고, 그들이 현장에서 경험한 것은 평가 중심의 교육 시스템이다.

더욱이 학술적 논의는 검증 가능한 데이터를 요구한다. 3년간 듣기만 하고 아무런 아웃풋이 없는 아이의 '언어 습득'을 어떻게 논문으로 증명할 것인가? 측정할 수 없으면 연구할 수 없고, 연구할 수 없으면 학문적으로 인정받을 수 없다. 그래서 2022 개정 영어 교육과정조차 4대 영역을 '이해(듣기+읽기)'와 '표현(말하기+쓰기)'으로 재분류했을 뿐, 여전히 균형 발전을 지향한다.

학원에서도 눈에 보이는 성과가 나지 않으면 학부모들이 기다려 주지 못한다. 숙제를 많이 내 주고 아이를 힘들게 시키는 학원을 원한다. 학원 입장에서는 아이의 AR 지수가 높아지거나 각종 시험을 통해 실력 향상의 증거를 보여 주지 않으면 살아남지 못한다.

결론은 4대 영역을 균형 있게 발전시켜야 한다는 것은 기존 평가 위주의 영어 학습에서는 맞을 수 있으나, 우리 아이들에게 필요한 의사소통을 목적으로 한 실용 영어 습득에서는 그렇지 않다는 것이다. 듣기가 최우선이고, 그 후에 아이 기질과 성향에 그리고 주어진 환경에 따라 읽기나 말하기를 하면 된다.

8장 핵심 요약

핵심 요약	내용
① 목표부터 정하라	실용 영어 (듣기→말하기→읽기→쓰기), 내신 영어 (읽기·문법·어휘 공부), 수능 영어 (시험 기술). 목표에 따라 방법이 완전히 다름.
② 4대 영역 균형론은 신화	평가 시스템·성인 교수법의 산물. 아이에게는 듣기 최우선→말하기→읽기→쓰기 순서가 자연스럽고 효과적.
③ 현서는 다르게 했다	4대 영역 동시 균형 없음. 듣기 3년→말하기→읽기→쓰기. 초 4부터 영어 토론·에세이·원서 읽기 가능.

9장
영상이 교재보다 빠른 이유: 언어 환경의 힘

2000년대 영어 조기 교육 열풍 - 왜 실패했나

2000년대 초반, 대한민국은 조기 유학 열풍에 휩싸였다. 2000학년도 4,397명이었던 조기 유학생은 단 1년 만에 7,944명으로 뛰어올랐다. 2002학년도에는 1만 명을 돌파했고, 2006년에는 정점을 찍어 약 3만 명에 달했다. 어린 자녀를 홀로 보내거나, 엄마가 동반해 가족이 흩어지는 기러기 가족이 되거나, 아예 온 가족이 이민을 결심하기도 했다. 영어 환경을 만들어 주기 위해 많은 가정이 상당한 비용과 희생을 감수했다.

조기 유학이 부담스러운 가정에서는 영어 유치원(유아 영어 학원)을 선택했다. 조기 유학의 대안으로 여겨졌던 영어 유치원은 빠르게 증가했다. 2017년 474개였던 영어 유치원은 2022년 811개, 2023년 843개로 불과 6년 만에 거의 두 배로 늘었다. 월평균 교습비는 2021년 107만 원에서 2023년 124만 원, 2025년에는 154만 원을 넘어섰다. 일부 강남 지역 영어 유치원은 월 200만 원을 훌쩍 넘는다.

영어 유치원 입학을 위한 경쟁은 '4세 고시'라는 씁쓸한 신조어를 낳았다. 네 살배기 아이들이 레벨 테스트를 준비하고, 부모들은 접수 시간이 열리는 순간을 기다리며 휴대전화를 붙잡고 긴장 속에 대기한다. 영어 유치원을 나온 아이들이 초등학교에 들어가면, 이번에는 유명 영어·수학 학원 입학을 위한 '7세 고시'가 기다린다. 심지어 초등학생을 의대 입시 준비반에 보내는 '초등 의대반'까지 등장하며, 사교육의 저연령화는 더 이상 뉴스거리도 아닌 일상이 되었다.

이렇게 과열된 조기 사교육의 밑바탕에는 사실 한 가지 공통된 감정, 바로 "우리 아이가 뒤처지지 않았으면 좋겠다."라는 부모의 불안이 있다. 특히 영어에서는 이 불안이 "어릴 때부터 충분한 노출 환경을 만들어 줘야 한다."라는 확신으로 이어지면서, 많은 가정이 영어 유치원과 학원에 의존하게 되었다. 문제는 그 방법이 너무 제한적이고, 비용이 상당하며, 무엇보다 가정에서 자연스럽게 만들어 줄 수 있는 '언어 환경'조차 모두가 학원에서 사야 한다고 믿게 된 것이다.

우리나라는 EFLEnglish as a Foreign Language 환경이다. 한국, 일본, 중국, 대만, 태국처럼 영어를 외국어로 배우는 나라들이다. 반면 싱가포르, 홍콩, 인도, 필리핀은 ESLEnglish as a Second Language 환경이다. 영어가 공용어이거나 제2언어로 일상에서 사용된다. EFL 환경에서 아이가 영어를 접하는 곳은 학교나 학원뿐이다. 교실 문을 나서는 순간 영어는 사라진다. 길거리 간판도, TV 뉴스도, 친구들과의 대화도 모두 한국어다. 영어는 인위적으로 만들어진 공간에서만 존재하는 '학습의 대상'이 된다.

조기 유학과 영어 유치원이 선택받은 이유는 바로 이 EFL의 한계를 극복하기 위해서였다. 의도적으로 영어 노출 환경을 조성해 아이가 영어를 학습하는 게 아니라 습득하기를 바랐던 것이다. 그러기 위해 부모들은 매달 백만 원이 넘는 돈을 지불했고, 아이는 네 살부터 입시 경쟁에 내몰렸다.

그런데 2010년대 들어 상황이 달라지기 시작했다. 2009년 한국에 아이폰이 도입되면서 스마트폰 시대가 열렸고, 2011년 보급률이 20%를 넘어서며 빠르게 확산되었다. 스마트폰과 함께 유튜브 이용자 수도 급증했다. 2019년 한국인의 월평균 유튜브 사용 시간은 21시간이었는데, 2024년에는 40시간으로 거의 두 배 늘었다. 2024년 기준 한국인 88%가 유튜브를 사용하며, 전체 앱 사용 시간

중 유튜브가 175억 시간으로 압도적인 1위를 차지한다.

이런 변화는 집에서 영어 환경을 만드는 방식에도 새로운 가능성을 열었다. 10여 년 전만 해도 가정에서 영어 노출을 시도하는 부모들은 주로 영어 그림책과 CD, DVD에 의존했다. 콘텐츠 선택의 폭이 좁았고, 새로운 자료를 구하려면 비용이 들었다. 하지만 이제는 유튜브와 OTT 플랫폼을 통해 방대한 양의 영어 콘텐츠에 접근할 수 있게 되었다. 현서네는 이 변화를 일찍 받아들였을 뿐이다. 물론 아직도 많은 부모들이 디지털 미디어에 대한 막연한 불안, 스크린 타임에 대한 죄책감, 책이 더 확실하다는 믿음 때문에 망설인다. 영상은 수동적이고 책이 능동적이라는 인식도 여전하다.

영상은 이해 가능한 입력의 완전체

앞에서 언급한 크라센 박사가 말한 '이해 가능한 입력Comprehensible Input'은 모든 언어 습득의 핵심 원리이다. 아이 수준보다 약간 높은(i+1) 언어를 '무리 없이 이해할 수 있는 형태'로 만날 때 뇌는 자연스럽게 언어를 습득한다는 것이다. 문제는 아이에게 영어를 설명해서 이해시키는 건 거의 불가능하다는 점이다.

하지만 영상은 다르다. 영상은 단어를 모르는 아이에게도 '이해 가능한 입력'을 자동으로 만들어 준다.

- **표정**: 화났는지, 슬픈지, 기쁜지
- **제스처**: 무엇을 원하는지
- **배경**: 상황의 전체 맥락
- **소리·억양**: 감정과 의도
- **반복되는 상황 패턴**: 이해를 안정화

다음은 페파 피그Peppa Pig의 특정 에피소드를 책으로 읽어 주는 영상이다. (0:36부터 20초 정도만 보자.)

페파 피그 에피소드를 책으로 읽어 주는 모습

익숙한 장면이지 않은가? 이 방법은 그동안 우리가 가장 많이 해 주었던 '이해 가능한 입력' 방법 중 하나이다. 부모가 아이에게 그림책을 읽어 주는 것이다. 영상에서처럼 대부분 부모들은 아이가 더 집중해서 들을 수 있도록 미리 읽어 보고 상황에 맞게 연기도 한다. 하나의 정지된 이미지를 보고 소리만 들어서는 완전한 이해가 어렵다는 것을 알기 때문에 이런 수고를 감수한다.

다음은 똑같은 에피소드를 TV 시리즈로 만든 영상이다. 앞의 영상과 비교해서 아이 입장에서 어떻게 했을 때 더 언어 습득에 도움이 될지 생각하며 보기 바란다. (1:14부터 30초만 보자.)

영상으로 보는 페파 피그

어떤가? 이 영상을 볼 때 아이에게 해석을 해 줄 필요가 있을까? 오히려 해석해 줬을 때 아이는 모국어를 거쳐 생각해야 돼서 방해가 될 수 있다. 그냥 그림과 상황을 보고도 소리가 어떤 의미인지 이해할 수 있다. 이것이 교재와 영상의 가장 큰 차이이다.

물론 부모가 직접 책을 읽어 주면서 아이와 상호 작용을 하면 정서적 교감도 이루어져서 영상을 보는 것보다 훨씬 좋다. 하지만 그렇게 하루 1시간씩 매일 하기는 너무 힘들다.

아이의 뇌는 언어를 배울 때 글자나 규칙부터 받아들이지 않는다. 소리와 이미지, 상황 맥락을 함께 경험하면서 전체적으로 의미를 파악하는 데 더 익숙하다. 유아가 세상을 배우는 방식 자체가 그렇다. 실제로 발달 연구에 따르면, 아이들은 생후 24개월 전후부터 시각적 단서와 상황을 통해 사물의 의미를 추론하기 시작하고, 36개월 이후에는 반복되는 소리와 상황 사이의 패턴을 스스로 연결하는 능력이 빠르게 자란다. 이는 언어 자체를 분석한다기보다, 눈과 귀로 들어온 정보들을 자연스럽게 통합하면서 의미를 만들어 가는 과정에 가깝다.

이런 메커니즘은 영상에서 특히 잘 작동한다. 영상은 이미지(시각) + 상황(맥락) + 소리(언어)가 동시에 제공되기 때문에 아이의 뇌가 언어의 의미를 '통째로' 이해할 수 있는 환경을 만들어 준다. 즉, 아이는 장면을 보고, 등장인물의 행동과 표정을 느끼고, 그 속에서 반복되는 영어 표현과 소리를 연결하며 자연스럽게 '이 말은 이런 상황에서 쓰이는구나'를 배우게 된다. 이것이 영상이 아이에게 강력한 '이해 가능한 입력'이 되는 이유이다.

부모가 설명하지 않아도 의미를 만든다

아이 뇌는 영상을 보면서 '장면-감정-행동'의 흐름 속에서 언어의 의미를 스스로 추론한다. 예를 들어 슈퍼심플송의 "Put on your shoes."라는 표현을 모르는 아이도 신발을 신는 장면을 계속 보면 자연스럽게 "아, 신발 신으라는 말이구나."라고 연결한다.

슈퍼심플송의 한 장면

'이해 → 소리 → 단어'의 순서이다. 특히 이 영상에서는 'put on'이 계속 반복되다 보니 이 표현의 의미가 '입다'라는 것을 알게 된다. 반대로 교재는 '단어 → 뜻 → 문장 → 상황'의 순서라 훨씬 어렵다.

또한 영상은 '상황 기반 매칭 알고리즘'을 자극한다. 뇌는 언어를 배울 때 어떤 상황, 감정, 행동에서 어떤 소리가 반복되는지 일종의 매칭 알고리즘처럼 작동한다. 이 패턴을 기억하고 이후 유사한 상황에서 그 표현을 재활용한다. 그래서 영상은 언어를 '논리'가 아니라 '감각'으로 습득하게 한다.

교재는 상상해야 하지만, 영상은 바로 보여 준다

그림책이나 교재는 상황을 텍스트로 설명한다. 아이에게는 그 상황을 머릿속으로 재구성할 상상력이 필요하다. 모국어 책을 읽어 줄 때는 이 과정을 통해 사고력, 논리력 등 인지 능력이 발달되기 때문에 반드시 필요하다.

하지만 영상은 이미 완성된 맥락을 바로 보여 준다. 그래서 아이는 '해석'을 건너뛰고 바로 '이해'를 한다. 언어에서 가장 어려운 부분인 '맥락을 해석하는 단계'가 생략되는 것이다. 이 때문에 어린 아이들이 외국어를 습득하기에는 더 좋은 방법이다.

영상 중독 오해 — 문제는 '자극형' 영상

한국 부모들의 가장 큰 고민 중 하나는 '영상 중독'이다. 하지만 이 문제에는 큰 오해가 있다. 과학적으로 영상 중독은 '영상 종류'에 따라 완전히 다르다.

보통 중독은 자극형 영상에서 비롯된다. 자극형 영상은 보통 빠른 편집, 반복되는 음향 효과, 높은 자극, 짧고 강한 클립을 특징으로 한다. 이런 영상은 도파민 시스템을 과도하게 자극해 뇌를 피곤하게 만든다. 중독성이 높고, 집중력을 방해한다. 유튜브가 위험한 이유는 아이에게 부적절한 영상을 알고리즘이 추천하기 때문이다. 교육이 목적이 아니라 조회 수를 올리기 위해 기획된 영상들이 그렇다.

반대로 언어 기반 이해형 영상은 중독이 아니라 '환경'이다. 좋은 영상은 호흡이 느리고, 스토리가 있고, 상황이 명확하고, 감정 흐름이 자연스러우며, 반복되는 패턴이 있다. 이런 영상은 오히려 아이의 정서 안정과 언어 습득에 긍정적이다. 실제로 좋은 애니메이션은 정서 치료에도 사용된다.

부모는 종종 "또 봐?", "왜 이것만 계속 봐?"라고 걱정하지만, 아이는 이렇게 말하고 있는 것이다. "이해되는 환경이 좋아요.", "이 상황이 안전해요.", "이 영상이 제 수준에 맞아요." 하고 말이다. 이런 반복은 뇌의 언어 습득을 수월하게 돕는 안정화 과정이다. 여기서 핵심을 다시 한번 정리하면 영상은 영어 교재가 아니라 영어 노출 환경을 만들어 주는 최고의 도구라는 점이다.

교재는 언어를 설명하는 도구다. 하지만 영상은 언어가 살아 숨쉬는 '세계'를 보여 준다. 아이 뇌는 환경 속에서 언어를 익히도록 구조화되어 있다. 그래서 영상은 자연스럽고 강력한 언어 환경을 만든다.

엄마가 설명하지 않아도 되고, 문장을 만들어 주지 않아도 되고, 단어 뜻을 외우지 않아도 되고, 문법을 가르치지 않아도 된다. 아이 뇌는 그저 반복되는 상황들을 보며 영어를 하나의 '환경 정보'로 받아들인다. 그리고 어느 순간 입이 트이고 읽기가 열리고 문장이 길어지고 사고력이 확장된다. 이것이 영상 기반 영어 습득의 본질이다.

유튜브 vs OTT

유튜브의 가장 큰 장점은 '살아 있는 영어'를 제공한다는 것이다. 학원에서 사용하는 교재는 아무리 잘 만들어도 이미 출판된 순간부터 과거의 언어가 된다. 하지만 유튜브에는 지금 이 순간 영어권 국가에서 실제로 쓰이는 표현, 최신 트렌드, 문화적 맥락이 실시간으로 반영된다. 아이들은 교과서에서는 접하기 어려운 자연스러운 영어를 배운다. "Let's do this!", "No way!", "That's so cool!"과 같은 일상 표현들이 적절한 상황 속에서 자연스럽게 들어온다.

더 중요한 것은 다양성이다. 전 세계 크리에이터들이 만드는 수백만 개의 채널 중에서 우리 아이의 관심사에 딱 맞는 콘텐츠를 찾을 수 있다. 공룡을 좋아하면 'National Geographic Kids'의 공룡 다큐멘터리를, 요리에 관심이 있으면 'Tasty' 채널을, 과학 실험을 좋아하면 'SciShow Kids' 같은 채널을 볼 수 있다. 교육적이진 않지만 장난감 언박싱이나 게임 소개 영상도 아이들의 눈과 귀를 사로잡는다. 영어 유치원에서는 정해진 커리큘럼을 따라야 하지만, 유튜브에서는 아이가 흥미를 느끼는 것부터 시작할 수 있다. 흥미가 있을 때 언어 습득은 가속화된다.

또한 유튜브는 '반복'의 힘을 극대화한다. 아이가 좋아하는 영상은 수십 번을 반복해서 볼 수 있다. 처음에는 그냥 보다가, 두 번째는 따라 하고, 세 번째는 대사를 외우며, 네 번째는 완전히 자기 것으로 만든다. 학원에서는 수업이 지나가면 다시 돌아갈 수 없지만, 유튜브에서는 언제든 재생 버튼을 누르면 된다. 이 반복 속에서 언어는 자연스럽게 내재화된다.

무엇보다 유튜브는 무료이다. 영어 유치원에서는 월 154만 원, 1년이면 거의 2천만 원이 든다. 유튜브에서는 단 한 푼도 쓰지 않고 세계 최고 수준의 영어 콘텐츠에 접근할 수 있다. 유튜브 프리미엄을 구독해도 월 1만 원대이다. 이것은 단순히 비용 절감의 문제가 아니다. 영어 교육이 경제력에 따라 차별받지 않게 된다는 의미이다. 강남에 살든, 지방 소도시에 살든, 부모의 소득이 얼마든, 모든 아이가 동일한 영어 입력을 받을 수 있게 된 것이다.

하지만 유튜브에도 한계는 있다. 규제가 없다 보니 조회 수 경쟁이 과열되고, 자극적인 영상들이 쏟아진다. 크리에이터가 즉흥적으로 만든 콘텐츠는 교육적으로 체계적이지 않을 때가 많다. 물론 처음부터 전문가 팀과 함께 치밀하게 설계한 채널도 있지만, 그렇지 않은 채널들도 있다. 그래서 부모의 선별과 관찰이 반드시 필요하다.

OTT 플랫폼은 바로 이 지점에서 의미가 있다. 유튜브 기반 시리즈 중에서도 검증된 것들만 골라 내고, 의미 있는 테마를 가진 영상들을 시리즈로 구성해 제공한다. 대표적인 예가 'StoryBots'이다. 'JibJab' 창업자 형제가 만든 교육용 콘텐츠 브랜드로, 유튜브에서 시작해 넷플릭스 오리지널 시리즈 '스토리봇에게 물어보세요(Ask the StoryBots)'로 발전했다. 2019년 5월 넷플릭스는 'StoryBots'를 인수하며 창업자 형제와 전속 계약을 체결했다. 현재는 'Netflix Jr.'라는 채널로 리브랜딩되어서 넷플릭스의 키즈용 콘텐츠를 홍보하는 채널로 이용되고 있다. 유튜브에서 검증받은 콘텐츠가 OTT로 확장된 사례이다. 'Cocomelon', 'Blippi', 'Ms. Rachel', 'Meekah', 'Bebefinn', 'Little Angel' 같은 채널들도 모두 유튜브에서 시작해 이제는 넷플릭스에서도 만날 수 있다. 유튜브의 다양성과 OTT의 검증이 결합된 결과이다.

더 나아가 OTT 플랫폼이 직접 제작한 오리지널 콘텐츠는 교육적 가치와 재미를 동시에 잡는다. 넷플릭스 오리지널 중에는 'Ada Twist, Scientist'(호기심 많은 과학자 Ada의 모험), 'Waffles + Mochi'(미셸 오바마가 제작한 요리와 문화 탐험 프로그램), 'Octonauts'(바다 생물과 탐험 이야기) 같은 작품들이 있다. 이 작품들은 단순히 재미만 추구하지 않고, STEM 교육, 문화적 이해, 과학적 사고를 자연스럽게 녹여 낸다.

디즈니플러스에서는 'Bluey'(호주 애니메이션으로 전 세계 부모들에게 극찬받는 가족 이야기), 'Spidey and His Amazing Friends'(마블 캐릭터 기반의 유아용 슈퍼히어로 시리즈), 'Mickey Mouse Clubhouse'(문제 해결과 수학적 사고를 담은 클래식), 'The Lion Guard'(라이온 킹 세계관의 생태계 모험) 같은 오리지널을 만날 수 있다. 특히 'Bluey'는 부모들도 함께 보며 공감하고 배우는, 진정한 가족 콘텐츠로 평가받는다.

유튜브와 OTT는 경쟁 관계가 아니다. 유튜브는 다양성과 접근성을, OTT는 검증된 품질과 체계성을 제공한다. 이 두 가지를 조합하면, 조기 유학이나 영어 유치원 없이도 집에서 충분히 풍부한 영어 노출 환경을 만들 수 있다. 거실의 큰 TV를 통해 아이가 편안하게 영상을 보는 동안, 부모는 관찰하고 선별하며 상호 작용 할 수 있다. 월 154만 원 대신, 넷플릭스와 디즈니플러스를 합쳐도 월 2만 원 남짓이면 된다. 게다가 아이는 가족과 함께, 가장 편안한 공간에서, 불안 없이 영어를 습득한다.

EFL 환경의 한계는 예전만큼 절대적이지 않다. 기술이 새로운 가능성을 열었다. 이제 선택은 부모의 몫이다. 조기 유학과 영어 유치원이 만들어 주던 환경을 이제는 집에서도 만들 수 있게 되었다. 현서가 9년 동안 보여 준 것처럼, 집에서도 충분하다.

미디어 노출 가이드

아이에게 미디어를 어떻게 보여 줘야 할까? 많은 부모님들이 가장 궁금해하지만, 동시에 가장 혼란스러워하는 부분이기도 하다. 다행히도 미국 소아과 학회AAP를 비롯한 여러 아동 발달 전문가들은 연령별로 꽤 명확한 가이드를 제시하고 있다. 그런데 이 가이드를 자세히 들여다보면, 미디어 자체가 문제가 아니라 '어떻게 보느냐'가 핵심이라는 사실을 알 수 있다. 특히 우리나라처럼 아이를 혼자 두고 영상을 보게 하는 문화에서는 이 차이가 더욱 중요하다.

0~18개월: 영상 통화 외 모든 미디어는 피하라

생후 18개월 이전에는 아이의 뇌가 아직 화면 속 정보를 현실로 연결해 이해할 준비가 충분히 되어 있지 않다고 알려져 있다. 그래서 전문가들은 영상 통화처럼 사람과 상호 작용 하는 경우를 제외하고는 모든 영상 노출을 피할 것을 권장한다. 이 시기에는 화면보다 부모의 얼굴, 목소리, 실제 사물 경험이 훨씬 더 중요하다.

18~24개월: 보여 준다면 선정된 콘텐츠를 부모와 함께 보라

18개월 이후에는 제한적으로 디지털 미디어를 보여 줄 수 있지만, 부모가 옆에서 함께 보며 설명해 주고 아이의 수준에 맞는 고품질 콘텐츠를 선택해야 한다. 즉, 화면을 틀어 놓는 것이 목적이 아니라 아이의 이해를 도와주는 상호 작용이 핵심이다.

2~5세: 하루 1시간 이내, 고품질 영상을 부모와 함께 보라

전문가들은 이 시기 아이들에게 '무작정 보여 주지 말라.'가 아니라 '보여 주되 하루 1시간 이내로, 꼭 함께 보라.'라고 말한다. 왜일까? 아이들은 언어를 이미지, 맥락, 소리를 통해 배운다. 부모가 옆에서 "저게 왜 저렇게 된 거지?", "얘는 지금 어떤 기분일까?" 같은 질문만 던져 줘도 아이의 이해와 언어 연결이 훨씬 깊어진다. 영상의 문제는 혼자 보게 될 때 생긴다. 단순 자극 소비로 끝나기 때문이다.

6세 이후: 시간보다 중요한 건 '경계 설정'이다

6세가 지나면 영상 시청 시간보다 경계 설정이 중요해진다. 우선 미디어가 수면, 식사, 신체 활동을 방해하지 않아야 한다. 식탁, 침실처럼 '미디어 없는 공간'을 만드는 것도 중요하다. 또한 부모와 아이가 미디어 사용 규칙을 함께 정하는 것도 좋다.

특히 전문가들은 시간을 분 단위로 통제하려 하기보다, 아이 스스로 조절하는 경험을 돕는 것이 더 중요하다고 말한다. 미디어는 무조건 피해야 하는 것이 아니다. 단지 아이의 이해를 돕고, 실제 경험과 연결해 주는 어른의 역할이 필요할 뿐이다. 아이와 함께 보며 이야기하고 화면 속 경험을 현실 세계와 연결해 주는 순간 영상은 아이의 언어와 사고를 넓혀 주는 훌륭한 '이해 가능한 입력' 도구가 된다.

〈 9장 핵심 요약

핵심 요약	내용
① 영상 = 이해 가능한 입력	영상은 소리, 표정, 제스처, 배경, 상황으로 맥락 제공.
② 자극형 vs 환경형	문제는 '영상'이 아니라 '자극형' 영상. 언어 환경형 영상은 '안정감'과 '학습' 제공.
③ 함께 보기가 핵심	부모와 공동 시청, 대화, 현실 연결이 영상을 학습 도구로 바꿈.

실전 로드맵 & 도구

10장
영어 노출 1년 차: 노래로 영어와 친해지기

현서네 방법으로 막상 시작을 하려고 해도 구체적으로 뭐부터 틀어 줘야 할지 막막할 것이다. 주변에서는 "페파 피그가 좋다더라.", "코코멜론 보여 줘라." 등 말들이 많지만, 왜 그걸 보여 줘야 하는지, 어떤 순서로 보여 줘야 하는지는 명확히 알려 주지 않는다.

1년 차는 영어 학습이 아니라 영어와 친해지는 시기이다. 아이가 영어 소리를 낯설어하지 않고, 영어 영상을 보는 것을 즐거운 일상으로 받아들이게 만드는 것이다. 가장 이상적인 시작 시기는 36개월부터 48개월까지지만 늦어도 괜찮다. 초등학교 1학년이나 2학년 아이도 충분히 가능하다.

이미 시작했지만 체계 없이 마구잡이로 해 왔다면 지금부터라도 정리해야 한다. 앞서 언급했듯 36개월 정도면 모국어 발화가 시작되는 시기다. 한 문장씩 말하기 시작하고, 1년이 지나면 모국어가 거의 완성된다. 바로 이때가 영어 노출을 시작하기 최적의 시기이다. 모국어가 완전히 자리 잡기 전, 영어 소리가 자연스럽게 스며들 수 있는 마지막 기회이기 때문이다. 물론 그 이후에 시작해도 늦지 않다. 다만 아이가 우리말로 보고 싶다며 거부감을 보일 가능성이 높아진다는 것뿐이다.

1년 차 목표

1년 차에 해야 할 일은 세 가지다. 이것만 집중하면 된다.

1. 영어와 친해지기

익숙한 노래로 영어를 만만하게 느끼게 하는 것이다. 영어는 공부가 아니라 재미있는 노래라는 인식을 심어 주는 것이 목표이다.

2. 기본 단어 300개 익히기

이맘때 아이들은 생활 반경이 넓지 않고, 그 안에서 듣고 말하는 단어와 표현은 굉장히 제한적이다. 수, 색깔, 도형, 동물, 감정, 음식 이름, 기본 동사, 'Sight Words' 등이 그것이다. 슈퍼심플송이나 코코멜론 같은 영상을 1년 동안 꾸준히 보여 주면, 기본 단어 300개는 자연스럽게 아이의 머릿속에 들어간다. 이런 단어들이 반복적으로 나오기 때문에 엄마가 따로 가르치지 않아도 아이는 자연스럽게 알게 된다.

3. 취향 저격 채널 찾기

이것이 가장 중요하다. 현서도 6년 동안 매일 한 시간씩 영어 영상을 봤다. 이것이 지속 가능한 방법이어야 한다는 뜻이다. 지속 가능하려면 무엇보다 아이는 정말 즐거워야 하며, 엄마는 쉽고 편해야 한다. 엄마가 매번 영상을 찾아 주고, 아이를 설득하고, 억지로 앉혀 놓는 방식은 절대 오래갈 수 없다. 아이가 좋아하는 채널, 아이 취향에 맞는 영상을 찾아야 한다. 그것이 1년 차의 가장 중요한 과제이다.

초반에는 엄마가 아이와 함께 영상을 보면서 우리 아이가 어떤 영상을 좋아하는지 관찰해야 한다. 취향을 파악하는 것이다. 엄마가 함께할 때 아이들은 정서적으로 안정감을 갖는다. 불안이 낮은 환경을 만들어 아이가 온전히 영어 영상에 집중할 수 있도록 해 주어야 한다. 아이가 특히 좋아했던 영상이 있다면 저장해 두고 그 채널을 구독해라. 그리고 기록해라.

하루 루틴(영어 1시간 + 한글 책 15분)

영상 노출: 하루 1~2시간

매일 한두 시간 정도 영어 영상을 보여 준다. 나이가 많을수록, 한국어 영상 노출이 많을수록 거부감은 심할 것이다. 처음부터 한 시간을 채우려고 하지 말고, 아이가 즐겁게 볼 수 있는 만큼만 하면 된다. 시작은 15분짜리 영어 영상 한두 편이어도 좋다. 가능하면 매일 하는 것이 중요하다. 그래야 아이도 루틴으로 인식하고 습관이 된다. 조금씩 보다 취향 저격하는 채널을 찾으면 영어 소리가 익숙해질 것이고, 영상 보는 시간을 조금씩 늘려도 거부하지 않을 것이다.

잠자리 독서: 하루 15분 이상

혹시 아직 잠자리 독서를 하지 않는다면, 오늘부터라도 시작하기를 권한다. 한글 책으로 하루 한 권, 15분 이상 읽어 주는 것은 영어를 습득하는 것보다 훨씬 더 중요하다. 아이의 정서, 문해력, 사고력을 키우는 가장 강력한 방법이기 때문이다.

잠자리 독서를 과제로 여기지 마시기 바란다. 많은 책을 읽어 주는 것이 본질이 아니다. 빨리 읽어 주려고 마음이 조급해지면 안 된다. 한 권을 읽더라도 아이와 정서적인 교류를 하면서 아이의 속도에 맞춰 읽어 주는 것이 중요하다. 아이와 최소한의 대화를 하고 기분 좋게 잠자리도 들 수 있도록 해 주어야 한다. 정서가 최우선이다.

1년 차 추천 채널 TOP 3

1년 차에는 영어 교육을 목적으로 만든 채널을 보여 줘야 한다. 이런 채널들은 아이들이 가장 많이 듣고 말하는 기본 단어와 표현 위주로 구성되어 있기 때문이다. 책의 부록에 훨씬 많은 채널들을 추천했으니 그중에서 아이의 취향을 저격하는 채널을 찾으면 된다.

1. 코코멜론 Cocomelon

최근 가장 인기 있는 채널이며, 구독자가 거의 2억 명이다. 그만큼 전 세계 대부분 아이들의 취향을 저격하는 영상이라는 뜻이다. 화면 전환이 빨라 다소 자극적이라 느낄 수 있지만, 집중 기간이 짧은 아이들에게 학습 효과를 높이기 위한 방법이라고 이해하면 된다.

2. 슈퍼심플송 Super Simple Songs

나는 개인적으로 슈퍼심플송을 가장 좋아한다. 현서도 처음 시작할 때 이 채널을 가장 좋아했다. 익숙한 멜로디, 중독성 강한 노래, 그리고 명확한 발음이 특징이다.

일본에서 영유아 아이들을 가르쳤던 캐나다 출신 선생님들이 만드신 채널이라 교육적인 측면에서 가장 효과가 좋다. 채널의 제목에서도 알 수 있듯이 노래가 아주 단순하고 정말 쉬운 단어, 표현을 재미있게 반복적으로 노출시킨다.

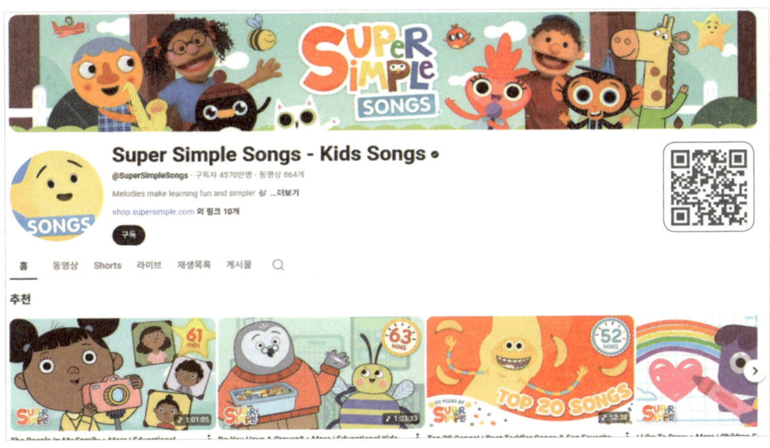

3. 스티브 앤 매기 Steve and Maggie

4~5세에 시작하면 코코멜론이나 슈퍼심플송이 좋지만, 초등 1~2학년처럼 좀 늦게 시작한 아이들은 유치하다며 거부할 수 있다. 그럴 땐 '스티브 앤 매기' 같은 채널이 좋다.

솔직히 엄마들 눈에는 '병맛'이다. 아저씨 목소리도 좀 별로다. 하지만 아이들은 좋아한다. 스티브 아저씨도 실제로 아이들과 현장에서 많은 수업을 해 와서 아이들의 웃음 포인트를 정확히 알고 있다. 표정, 말투, 동작 하나하나가 우스꽝스러워서 아이들이 빵빵 터진다.

그리고 이 채널을 가만히 보고 있으면 교육적으로 굉장히 잘 설계되어 있는 것을 알게 될 것이다. 정말 유용한 표현들을 상황에 맞게 잘 이해시키고, 반복시킨다. 좀 '매운맛'이지만, 7세 이상 아이들에게는 딱 맞는 수준이다.

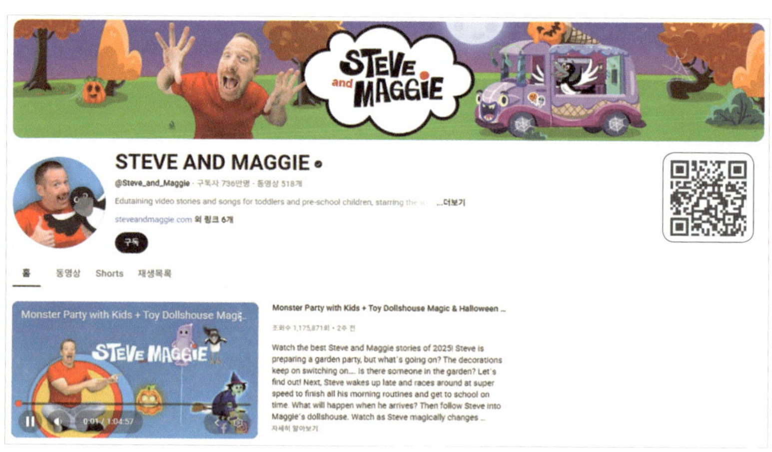

동요 영상부터 시작하는 이유

1. 익숙하거나 중독성 강한 노래

멜로디가 단순하고 중독성이 강해 아이들이 영상을 보지 않을 때도 흥얼거린다. 일부 노래는 아이들이 익숙한 멜로디를 개사했기 때문에 접근성이 아주 좋다. 유치원이나 어린이집에서 한 번쯤은 들어 본 노래들이 많아 더욱 익숙하다. 기분 좋을 때 노래를 따라 부르고, 자기도 모르게 입에서 나온다. 이것이 바로 습득이다.

2. 기본 단어와 표현 위주

코코멜론 같은 채널이 지금과 같은 구독자를 모으기 위해 얼마나 치밀하게 기획했을까? 채널별로 출신은 다르지만 진짜 영어 교육 전문가들이 모여서 아이들 인지 수준에 맞게, 아이들 일상에서 가장 자주 쓰이는 단어와 표현을 선별해서 체계적으로 만든 콘텐츠이다. 아이들이 꼭 알아야 하는 습관이나 안전, 규칙, 매너 같은 것들도 다양하게 다룬다. 부모님들은 그냥 믿고 틀어 주기만 하면 된다.

3. 이해 가능한 입력: 그림으로 의미를 설명

소리가 어떤 의미인지를 그림으로 다 보여 준다. 엄마가 해석해 주지 않아도 아이는 이해한다. 'Apple'이라는 단어가 나올 때 사과 그림이 나온다. 'Jump'라고 하면 캐릭터가 뛴다. 이것이 바로 크라센 박사가 말한 '이해 가능한 입력'이다.

4. 반복이 핵심

언어는 결국 암기이다. 장기 기억으로 넘어가야 습득이 된다. 같은 단어, 같은 표현이 다양한 형태로 반복되면 아이 뇌에서 자연스럽게 장기 기억으로 이동한다. 영상 하나를 보면 그 안에 정해진 표현들이 계속 반복되기 때문에 아이들은 그냥 자연스럽게 익힌다.

기본 단어와 표현을 익히고 나서야 비로소 아이가 좋아하는 페파피그, 블루이, 까이유 같은 TV 시리즈를 볼 수 있다. 그 전에 보여 주면 아이는 이해를 못 한다. 그림만 보고 웃을 뿐, 무슨 말을 하는지 정확히 이해하지 못한다. 그래서 1년 차는 조급하게 다음 단계를 생각하지 말고, 영어와 친해지는 것, 기본 300단어를 익히는 것, 아이 취향을 파악하는 것에만 집중하면 된다.

늦게 시작해서 동요 영상은 유치하다면서 안 보려는 아이들이 있다. 가장 안타까운 경우이긴 하지만 어쩔 수 없다. 영어 영상을 보고 귀가 트여야 앞으로도 '이해 가능한 입력'을 제대로 이어갈 수 있다. 동요 영상이 유치하다면 아이들한테 선택권을 주면 된다. 유치하지만 이런 영상들을 볼지, 아니면 엄마와 함께 기본 단어 300개를 익힐 수 있는 교재를 사서 매일 공부를 할지 말이다.

공부보다는 유치한 동요를 선택할 것이고, 사실 보다 보면 그리

유치하지만은 않다는 것을 아이들도 알게 될 것이다. 부록에 소개한 채널들 중에서 덜 유치하고, 아이 취향에 맞는 채널을 찾아 보여주면 된다. 그렇게만 되면 늦게 시작한 친구들도 2년 차부터는 같은 순서로 하면 된다. 그러면 2년 차부터는 아이가 스스로 영상을 찾아보고, 영어가 자연스럽게 들리기 시작한다. 조급해하지 마라. 1년 차는 씨앗을 뿌리는 시기이다. 꽃이 피려면 아직 시간이 필요하다.

〈 **10장 핵심 요약** 

1년 차, 이것만 기억하세요!

①1년 차는 '가르치는 시기'가 아니라 '친해지는 시기'

→영어 = 재미있는 노래/놀이로 인식시키기

②기본 단어 300개는 노출만으로 자연스럽게 습득

→슈퍼심플송, 코코멜론 등 반복 영상 하루 1시간

③아이 취향 채널을 찾아 지속 가능한 루틴 만들기

→아이 즐거움 + 엄마 편함 = 성공의 핵심

11장
영어 노출 2년 차: 스토리 속으로 들어가기

1년이 지나면 아이들의 변화가 눈에 보이기 시작한다. 슈퍼심플 송을 흥얼거리고, 'Apple', 'Red', 'Jump' 같은 단어를 자연스럽게 내뱉을 것이다. 하지만 여전히 뭔가 부족하다고 느끼기 마련이다. 페파 피그를 틀어 줬더니 그림만 보고 웃을 뿐, 무슨 말을 하는지는 잘 모르는 것 같다는 의심이 드는 것이 당연하다.

1년 차는 영어 소리에 익숙해지고 기본 단어와 표현을 익히는 시기였고, 2년 차부터는 일상의 소재를 구어체로 표현하는 TV 시리즈 등 다양한 영상을 보여 줄 시기이다.

1년 정도 영어 노출을 했고, 기본 단어 300개 정도를 알고 있는 아이들에게 필요하다. 만 3세쯤 영상 노출을 시작했다면 이 시기 아이들은 모국어가 거의 완성된 상태이다. 1년을 했다면 지금쯤 모국어로 복잡한 문장도 만들고, 자기 생각을 온전히 표현할 수 있을 것이다.

50개월을 넘어서면 아이들에게 인지 발달 측면에서 중요한 변화가 일어난다. 인과 관계를 이해하기 시작하는 것이다. 이때부터는 단순 반복되는 동요 영상을 오래 보지 못하고, 줄거리가 있는 영상에 몰입하기 시작한다. 그 전에는 줄거리가 있는 TV를 봐도 기승전결을 이해하며 보는 게 아니라, 그냥 장면 장면이 재미있어서 보는 것이다. 아이에게 "무슨 내용이었어?"라고 물어보면 스토리를 요약하지 못한다.

하지만 50개월을 넘어서면 다르다. 동요만 한 시간 이상 보는 건 이제 힘들다. 여섯 살 아이들은 더욱 그렇다. 하지만 줄거리가 있는 영상은 한 시간 이상도 집중해서 볼 수 있다.

2년 차 목표

2년 차의 목표는 간단하다.

1. 스토리가 있는 영상에 익숙해지기

보통 스토리가 있는 영상의 길이는 5분에서 15분 정도이다. 페파 피그 한 에피소드가 5분, 블루이가 7분, 맥스 앤 루비가 10분 정도이다. 이런 영상들을 즐겁게 볼 수 있도록 만드는 것이 목표이다.

2. 취향 저격 채널 찾기

1년 차에 이어 2년 차에도 여전히 아이 취향을 파악하는 것이 중요하다. 아이마다 취향이 다르기 때문에 페파 피그를 좋아하는지, 블루이를 좋아하는지, 까이유를 좋아하는지 파악해야 한다. 우리 아이가 뭘 좋아할지는 보여 주기 전까지는 모른다. 엄마의 취향이나 엄마가 원하는 아이의 취향이 아니라, 아이가 직접 선택한 채널이어야 한다.

3. 듣기 노출 700시간 채우기

매일 1시간씩 꾸준히 영어 영상을 보기를 2년 채우면 대략 700시간이 된다. 집중하고 잘 봤다면 분명 아는 단어도 700개는 충분히 될 것이다.

2년 차 채널 선택 기준

2년 차 영상 선택의 핵심은 일상을 소재로 한 구어체 표현이 많은 영상이다. 구어체가 왜 중요할까? 우리 아이들이 실제로 말하기를 하려면 대화문Dialogue을 익혀야 한다. 리딩 교재에 나오는 문장들, 그걸로 선생님하고 대화하는 건 한계가 있다. 물론 응용할 수는 있겠지만, 실제로는 구어체 표현을 많이 써야 한다.

우리가 많이 아는 페파 피그, 까이유, 맥스 앤 루비 같은 영상들은 모두 구어체로 되어 있다. 대화문으로 연결되어 있다. 질문하고 답하고, 설명하고, 묘사하고, 부탁하고, 거절하는 식의 일상 대화들이 계속 나온다. 그래서 이런 영상들을 많이 봐야 실제로 아이들이 일상에서 쓸 수 있는 표현들을 배우게 된다.

페파 피그 영상에서는 어떨 일들이 벌어질까? 동생과 싸우는 장면, 친구들이랑 놀다가 생기는 문제, 학교에서 벌어지는 일들, 부모님과의 갈등 등 아이들이 실제로 겪는 일상이 벌어진다. 그래서 아이들은 굉장히 관심 있게 본다. “어? 나도 저런 적 있는데!” 하면서 공감한다. 그리고 그 상황에서 어떻게 말하는지, 어떻게 문제를 해결하는지를 자연스럽게 배운다. 이것이 바로 체계적으로 보여 줘야 하는 이유이다.

2년 차 추천 채널 TOP 6

1. TV 시리즈

- **페파 피그** Peppa Pig : 5분짜리 에피소드, 일상 소재, 영국식 영어
- **블루이** Bluey : 7분짜리 에피소드, 가족 이야기, 호주식 영어
- **까이유** Caillou : 4세 남자아이의 일상
- **맥스 앤 루비** Max and Ruby : 남매 이야기

2. 블록 유니버스 Blocks Universe

넘버 블록스Numberblocks 와 알파 블록스Alphablocks 를 합쳐 놓은 채널이다. 넘버 블록스는 수학 개념을, 알파 블록스는 파닉스를 가르쳐 준다. 영상을 보면서 자연스럽게 숫자와 알파벳을 익힐 수 있다.

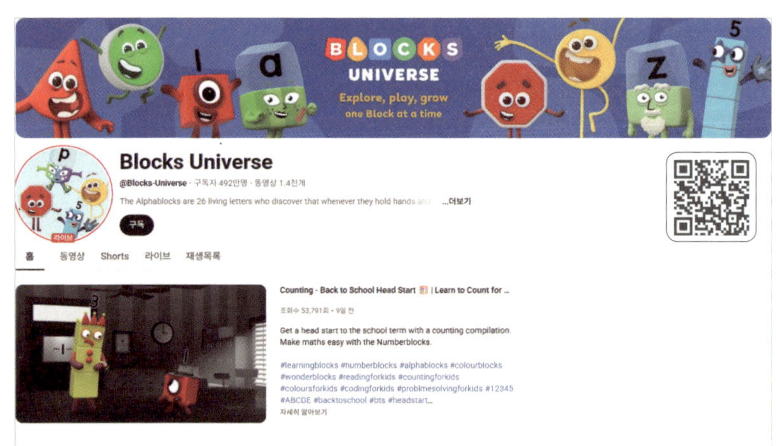

3. 아트 포 키즈 허브 Art for Kids Hub

아이들이 그림 그리는 걸 좋아한다면? 이 채널은 아이들이 좋아하는 인기 캐릭터나 장난감을 그림으로 그려 주는 채널이다. 그림을 그리면서 계속 영어로 설명을 해 준다.

- "Now, let's draw the eyes. Two big circles. Good!"
- "Next, we're going to add the ears. Like this!"

그림을 보면서 듣기 때문에 이것 역시 훌륭한 '이해 가능한 입력'이 된다.

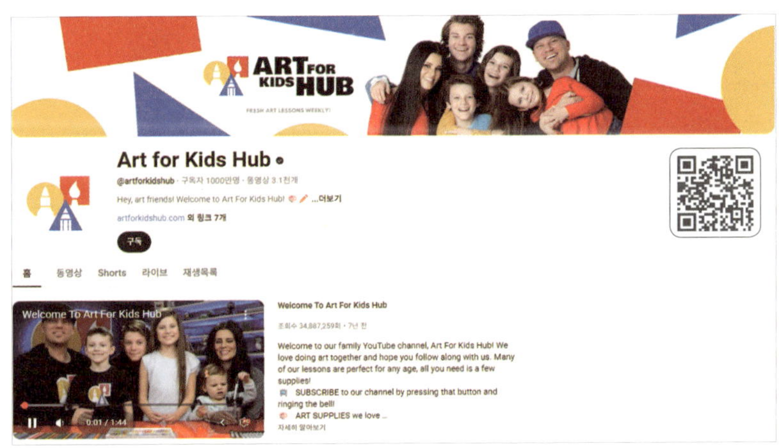

2년 차 커리큘럼: 생활 주제 + 사회 정서 학습 + 좋은 습관

1년 차는 기본 단어 300개를 익히는 것이 주제였다면, 2년 차는 아이들이 어린이집이나 유치원에서 배우는 생활 주제, 사회 정서 학습, 좋은 습관을 영어 영상과 연계시킨다.

생활 주제 Life Themes

우리나라 유치원과 어린이집에서는 만 3~5세 유아를 대상으로 '누리 과정'이라는 국가 수준의 공통 교육·보육 과정을 운영한다는 것은 부모라면 다 알 것이다. 누리 과정의 핵심 특징 중 하나는 '생활 주제Life Themes' 중심의 통합 교육이다. 생활 주제란 유아의 일상생활과 밀접한 주제를 중심으로 5개 영역(신체 운동·건강, 의사소통, 사회관계, 예술 경험, 자연 탐구)을 통합적으로 경험하게 하는 교육 방식이다. 흥미롭게도 전 세계 아이들이 사랑하는 영어권 유아 TV 시리즈 페파 피그, 까이유 역시 이러한 생활 주제를 중심으로 에피소드가 구성되어 있다. 테마를 분류해 보면 다음과 같다.

- New Year and Seasons (새해와 계절)
- Clothes and Tools (옷과 도구)
- Family and Friends (가족과 친구)
- Food and Health (음식과 건강)

- Transportation (교통수단)
- Community ana Jobs (동네와 직업)
- Animals and Nature (동물과 자연)

사회 정서 학습 Social-Emotional Learning, SEL

AI가 대부분의 인간이 하던 일을 대체하게 될 미래에는 로봇이나 기계가 할 수 없는, 인간만이 할 수 있는 능력이 더 중요해진다. 그게 바로 사회 정서 역량이다. 자기 감정을 이해하고 컨트롤할 수 있고, 상대방을 이해하고, 갈등을 해소하는 사회 정서 역량을 키우는 것을 사회 정서 학습이라고 한다. 이 사회 정서 학습의 중요성은 앞으로 점점 더 커질 것이다.

- Sharing and Caring (나누기와 배려하기)
- Being a Good Friend (좋은 친구 되기)
- Understanding Emotions (감정 이해하기)
- Problem Solving (문제 해결하기)

이런 영상들을 보면서 아이들은 "화가 날 땐 어떻게 말해야 하지?", "친구가 슬퍼할 때 뭐라고 해야 하지?" 같은 것들을 자연스럽게 배운다.

좋은 습관 Good Habits

어린이집 유치원에서도 지도를 해 주지만, 내가 좋아하는 캐릭터가 이런 좋은 습관을 지키는 모습을 보면 왠지 더 따라 하고 싶다. 아이들에게 이런 롤모델이 생기면 긍정적인 결과를 이끌어 낼 수 있다. 아이가 떼를 쓸 때 함께 봤던 영상의 내용을 언급하면 아이가 잘하고 싶다는 의지가 불끈 생길 수 있다.

- Brushing Teeth (양치하기)
- Table Manners (식사 예절)
- Eating Healthy Food (건강한 음식 먹기)
- Crossing the Street Safely (안전하게 길 건너기)

명작 동화와 전래동화

위 3가지 학습 주제 외에 하나 더 추천하자면, 우리가 한글 책으로도 읽어 주는 유명한 동화들이 있다. 신데렐라, 백설공주, 잭과 콩나무, 헨젤과 그레텔 등 이런 명작 동화와 전래동화를 영어 영상으로 본다. 아이는 한글로 이미 알고 있는 이야기를 영어로 다시 들으면서 "아, 이게 영어로는 이렇게 말하는구나!"를 자연스럽게 익힌다. 내용을 이미 알고 있기 때문에 영어를 다 알아듣지 못해도 크게 불편하지 않다. 그러면서 영어 소리의 의미는 더 잘 이해하게 된다.

좋은 채널들은 영상 제작 전부터 이런 학습 목표를 가지고 영상을 기획한다. 각 채널의 재생목록을 살펴보면 이런 주제들로 잘 분류해 놓은 채널들이 있으니 이들을 활용하면 된다. 혹은 현서 아빠가 커리큘럼에 맞게 찾아 놓은 영상들을 받아 봐도 된다.

하루 루틴(학습 30분 + 자유 30분)

"아이가 자꾸 엄마가 선택한 영상보다, 자극적이거나 말도 빨라서 도저히 알아듣지 못할 것 같은 영상들을 보려고 해요."

엄마들이 가장 궁금해하는 질문이다. 답은 간단하다. 학습 영상과 아이가 보고 싶어 하는 영상, 둘 다 보여 주면 된다. 총 1시간에서 1시간 반 정도 노출해 주면 된다.

- **학습 영상 30분**: 엄마가 찾은 영상이나 현서네 영어에서 추천하는 영상
- **아이가 좋아하는 영상 30분**: 아이가 보고 싶어 하는 영상들

학습 앱 추가

2년 차부터는 놀이식 학습 앱을 15분 정도 추가해 주는 것도 좋다. 왜냐하면 영상은 상호 작용이 별로 없기 때문이다. 아이가 화면을 터치하고, 반응하고, 참여할 수 있는 학습 콘텐츠들을 함께 활용하면 효과가 더 좋다. '칸아카데미 키즈'는 무료지만 웬만한 유료 앱보다 잘 만든 학습 앱이다. 빌 게이츠가 투자한 미국의 칸아카데미 재단에서 만 3세 이상 원어민 아이들의 알파벳, 읽기 문해력, 기초 수학 학습을 위해 만든 앱인데, 영어 영상 노출이 1년 이상 된 친구들이 해도 충분히 학습 효과를 볼 수 있다. 작은 스마트폰보다 큰 태블릿에서 하는 것을 추천한다.

2년 차는 스토리 이해의 시기

1년 차가 단어를 익히는 시기였다면, 2년 차는 스토리를 이해하는 시기이다. 아이는 이제 페파 피그를 보면서 "페파가 조지한테 화가 났구나.", "조지가 울면 페파가 미안하다고 할 거야."를 예측한다. 인과 관계를 이해하고, 감정을 읽고, 스토리 속으로 들어간다. 그리고 그 과정에서 구어체 표현을 자연스럽게 익힌다.

- "I'm sorry." (미안해.)
- "Can I play with you?" (나도 같이 놀아도 돼?)
- "That's not fair!" (그건 불공평해!)
- "Let me try!" (나도 해 볼래!)

이런 표현들이 아이 입에서 자연스럽게 나올 준비를 하는 시기인 것이다. 조급해하지 마라. 2년 차는 귀가 트이는 시기다. 아직 입이 터지지 않아도 괜찮다. 지금은 700시간을 채워 가는 중이다. 1,000시간이 되면, 그때 입이 터진다.

〈 **11장 핵심 요약** 

2년 차, 스토리 속으로!

① 2년 차는 스토리 이해의 시기

→ 5~15분 에피소드 영상으로 인과 관계, 감정, 맥락 파악

② 구어체 표현을 자연스럽게 습득

→ "I'm sorry.", "Can I play with you?" 등 일상 대화

③ 하루 루틴: 학습 영상 30분 + 아이 취향 영상 30분

→ 생활 주제, 사회 정서, 좋은 습관 3가지 학습 주제 연계

12장
영어 노출 3년 차: 1,000시간을 향해

3년 차가 되면 영상 보는 것이 완전히 루틴으로 자리 잡는다. 아이가 영어 영상을 보는 것을 보상으로 생각한다면 정말 최고의 결과이다. 숙제 등 다른 할 일을 다 하고 나면 아이가 좋아하는 영어 영상을 보면서 휴식을 취하는 것이 일상이 되는 것이다.

하지만 3년 차는 2년 차와는 다른 과제가 생긴다. 아이가 다섯 살을 넘어 여섯 살이 되면 호불호가 명확해진다. "이건 재미없어요.", "이건 유치해요.", "나 이거 안 볼래요."와 같은 말이 나온다.

그리고 이 시기부터는 규칙을 따르게 하는 것도 필요하다. 공부 습관도 길러야 하고, 싫어도 힘들어도 해야 하는 일이 생기기 때문이다. 그래서 엄마가 정해 준 학습 영상을 30분 보는 것부터 시작한다. 처음엔 투정을 부릴 수도 있다. 하지만 "이거 보고 나면 네가 보고 싶은 거 보자."라고 약속하면, 아이들은 따른다. 규칙이 생기는 것이다.

3년 차 목표

3년 차의 목표는 명확하다.

1. 기본 단어 1,000개 익히기

1년 차에 300개, 2년 차에 500~700개를 익혔다면, 3년 차에는 1,000개를 완성한다. 폴 네이션 교수가 말한 그 숫자이다. 1,000개 단어를 알면 일상 대화의 75%를 이해할 수 있다고 했다.

2. 기본 표현 익히기

단어만으로는 부족하다. "I want to ~.", "Can I ~?", "Let's ~.", "How about ~?" 같은 기본 표현Chunks도 함께 익혀야 한다. 이런 표현들이 아이 입에서 자연스럽게 나오도록 반복 노출한다.

3. 듣기 유창성 강화 & 듣기 노출 1,000시간 채우기

하루 1시간씩 보면 1년에 300시간, 3년이면 900시간이 된다. 그래서 3년 차가 끝날 즈음 1,000시간을 채우는 것이 목표이다. 1,000시간이 되면 아이의 귀가 완전히 트인다. 영어가 모국어처럼 들리기 시작한다. 물론 100%는 아니지만, 영어 영상을 봐도 우리나라 영상 보는 것처럼 50~70%, 심지어 80% 정도는 이해할 수 있게 된다. 그러고 나서야 비로소 아웃풋(말하기)이 터질 수 있다.

하루 루틴

- **학습 영상 30분:** 현서네 영어 추천 영상 (교육적 콘텐츠)
- **흥미 영상 1시간:** 아이가 보고 싶어 하는 영상 (취향 저격 채널)
- **학습 앱 30분 (선택):** 인터랙티브 학습 콘텐츠

3년 차가 되면 아이들 인지 수준도 높아지고, 다양한 지식도 조금씩 쌓이기 시작한다. 경험도 많아지고, 호기심도 폭발한다. 이제는 단순히 재미있는 스토리만으로는 만족하지 않는다.

"엄마, 공룡은 왜 멸종했어?", "엄마, 우주에는 뭐가 있어?", "엄마, 우리 몸속은 어떻게 생겼어?"와 같은 질문을 한다. 바로 이때, 픽션Fiction과 논픽션Nonfiction을 함께 보여 줘야 한다.

3년 차 추천 채널 TOP 5

1. 블리피 Blippi

엄마들 사이에서 블리피 채널에 대해서 한 번쯤은 들어 봤을 것이다. 블리피는 간접 체험virtual field trip 채널이다. 블리피 아저씨가 박물관, 소방서, 농장, 놀이터, 수족관 등 온갖 장소를 직접 돌아다니며 아이들에게 마치 현장에서 설명하듯 알려 준다. 특히 화면에 영어 캡션(단어)이 그대로 떠서 소리와 상황, 글자가 한 번에 매칭된다. 예를 들어, "Look at this big fire truck! Fire truck! Can you say fire truck?"이라고 말하면 바로 화면에 'Fire truck'이라고 뜨기 때문에 아이는 자연스럽게 따라 말하게 된다. 정말 즐겁게 간접 체험을 하며 욕구 해소도 하고, 영어 말하기도 조금씩 하게 될 것이다.

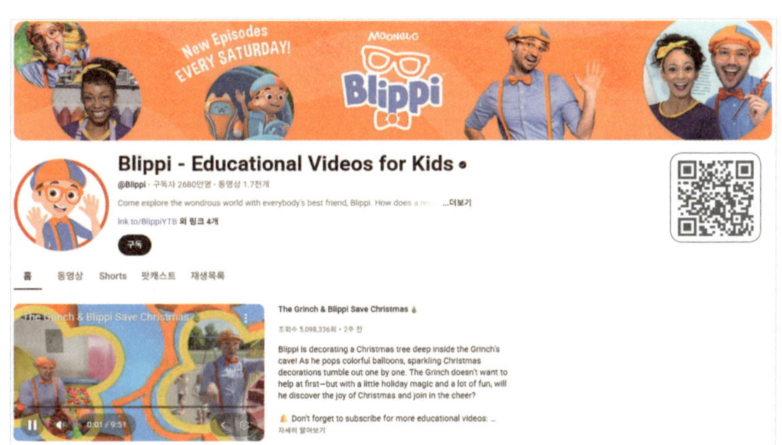

2. 피카부 키즈 Peekaboo Kidz

아이들의 호기심을 만족시키는 과학 지식 채널이다. 질문을 하고, 과학적 근거와 그림으로 단순하게 설명해 주기 때문에 '이해 가능한 입력 Comprehensible Input '이 잘 형성된다. 이런 채널을 좋아하는 아이들은 기본적으로 호기심이 많아 관련된 내용을 한글 책이나 영상으로 접했을 수 있다. 단어를 몰라 이해를 못할 우려는 하지 않아도 된다. 모든 이론이 그림으로 설명되기 때문에 충분히 추론이 가능하다. 대표 콘텐츠는 다음과 같다.

- "How Your Body Parts Work" (우리 몸은 어떻게 작동할까?)
- "What If We Swallow Hair?" (머리카락을 삼키면 어떻게 될까?)
- "What If No One Ever Died?" (아무도 죽지 않으면 세상은 어떻게 될까?)

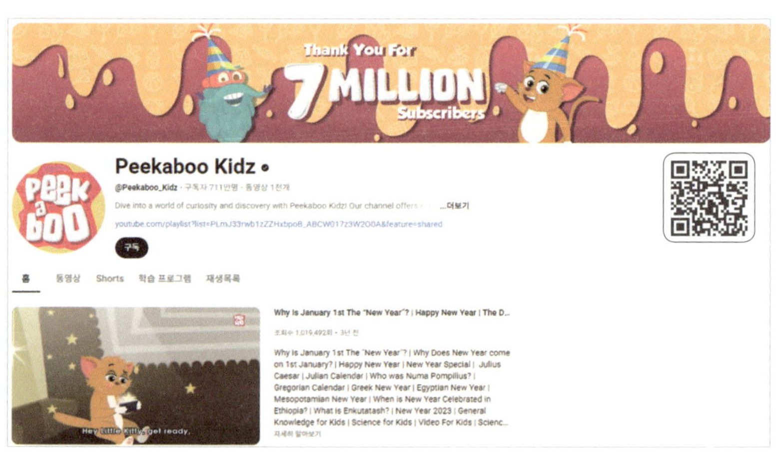

3. 스토리타임 앳 오니즈 하우스 StoryTime at Awnie's House

엄마들이 가장 좋아하는, 영어 그림책을 읽어 주는 리드 얼라우드Read Aloud 채널도 빠질 수 없다. 그중에서도 'Awnie's House'는 발음, 톤, 템포가 안정적이라 3년 차 아이들에게 특히 좋다. 오니Awnie 선생님이 그림책을 원어민 억양으로 읽어 주기 때문에 아이들은 알고 있는 이야기라도 전혀 다른 감각으로 즐기게 된다. 한글로 익숙한 책을 영어로 다시 경험하기 때문에 영어 문장 구조가 '입력'되는 속도가 훨씬 빠르다. 대표적으로 많이 보는 책은 다음과 같다.

- The Rainbow Fish
- Pete the Cat
- We're Going on a Bear Hunt

4. 라이언스 월드 Ryan's World

일명 '장난감 언박싱 채널'의 원조이다. 엄마들 입장에서 아이가 이런 채널을 본다면 다소 걱정될 수 있지만, 실제로 현서가 가장 즐겁게 본 채널 종류이기도 하다. 라이언Ryan 이 새 장난감을 열어 보고, 가지고 놀고, 리뷰하는 단순한 구조인데 아이들은 여기에 매우 강하게 몰입한다.

물론 시작부터 이런 채널 위주로 보여 주면 아이가 자극적인 콘텐츠만 찾는 편식이 생길 수 있으니 주의할 필요가 있다. 하지만 3년 차 정도 되어 듣기 기반이 충분히 쌓이고, 아이 나이가 여섯 살쯤 되었다면 취향 채널로 활용해도 무방하다. 아이는 재미있게 보고, 그 과정에서 영어 리듬과 패턴을 자연스럽게 들으면서 습득하게 된다.

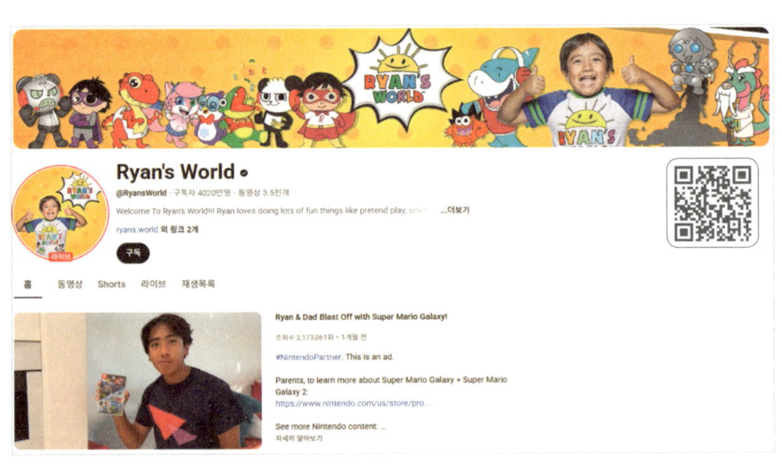

5. SV2 (축구 취미 채널)

SV2는 축구 기술, 챌린지, 게임, 리액션 영상 등을 다루는 취미 기반 영어 채널이다. 특히 축구를 좋아하는 아이들은 이 채널에 완전 몰입한다. 축구 기술 설명, 친구들과의 대화, 상황 묘사가 빠르고 자연스럽게 진행된다.

단순 재미를 넘어서 아이가 좋아하는 취미 속에서 자연스럽게 영어를 흡수할 수 있다. 현서네 영어 3년 차 이후처럼 듣기 기반이 잡힌 아이들에게 잘 맞는다. 이런 콘텐츠는 다음과 같은 효과가 있다.

- 자신이 좋아하는 주제라 집중도가 높다.
- 실제 원어민 아이들의 말하기 속도, 억양, 반응을 그대로 들을 수 있다.
- 흥분, 감탄, 장난기 등 다양한 감정 표현을 자연스럽게 접한다.

이 외에도 이 책의 뒷부분 부록에는 100개의 추천 채널을 분류별로 정리해 두었다. 아이 나이, 취향, 레벨에 맞춰 선택하면 훨씬 쉽고 빠르게 루틴을 만들 수 있다.

OTT 활용법 (넷플릭스·디즈니플러스)

3년 차가 끝나갈 무렵이면, 아이의 귀는 이미 많이 열려 있다. 유튜브 TV 시리즈와 픽션·논픽션 채널만으로도 거의 1,000시간 가까운 듣기 노출을 쌓았기 때문이다. 이때부터는 조금 더 긴 호흡의 스토리와 조금 더 넓은 세계관을 경험하게 해 줄 수 있다. 바로 넷플릭스와 디즈니플러스 같은 OTT 플랫폼을 활용하는 것이다.

1) 3년 차에 OTT를 시작하는 이유

유튜브의 가장 큰 장점은 접근성과 다양성이다. 하지만 다음과 같이 아쉬운 점도 있다.

- TV 시리즈의 전체 에피소드가 다 갖춰져 있지 않은 경우가 많다.
- 있다고 해도 시즌·에피소드 순서대로 이어서 보기가 쉽지 않다. 알고리즘이 추천하는 영상으로 계속 튀어 버리기 때문이다.

반면 넷플릭스와 디즈니플러스는 다음과 같은 장점이 있다.

- 시즌 1, 에피소드 1부터 순서대로 볼 수 있다.
- 다음 편으로 자동 재생 되기 때문에 아이가 한 세계관 속에서 맥락을 따라가며 몰입하기가 훨씬 쉽다.

3년 차 이후 아이는 이미 짧은 클립보다는 이야기 구조가 있는 시리즈에 더 끌린다. 그래서 OTT는 '유튜브로 기초 체력을 만든 아이'에게 딱 맞는 다음 단계라고 볼 수 있다.

2) 넷플릭스: 일상과 지식이 섞인 시리즈

넷플릭스에는 6~8세 전후 아이들에게 잘 맞는 교육, 호기심, 모험 요소가 섞인 시리즈들이 많다. 예를 들면 이런 식이다.

- **Ada Twist, Scientist** : 과학에 호기심 많은 소녀 에이다와 친구들이 "왜 그럴까?"라는 질문을 던지고 직접 실험하며 답을 찾아가는 시리즈. 과학 개념·탐구 태도·팀워크가 자연스럽게 담겨 있다.
- **Octonauts / Octonauts: Above & Beyond**: 바닷속과 자연환경을 탐험하는 팀 이야기. 해양 생물·지구 환경·탐험 관련 어휘를 자연스럽게 접할 수 있다.
- **StoryBots 시리즈 (StoryBots: Answer Time, StoryBots Super**

Songs 등): "Why is the sky blue?" 같은 아이들의 질문에 노래와 애니메이션으로 답해 주는 형식이라 호기심 많은 아이에게 적합하다.

- Puffin Rock, Llama Llama, Go! Go! Cory Carson 등: 친구 관계, 가족, 일상 속 작은 사건들을 다루는 시리즈들은 2년 차에 익힌 TV 시리즈에서 조금 더 긴 버전이라고 보면 된다.

이런 작품들은 한 편이 10~20분 내외라 유튜브에서 보던 5~7분짜리 에피소드보다 조금 길고, 내용과 어휘도 한 단계 올라간 i+1 수준이라서 보기 좋다.

3) 디즈니플러스: 감정·가족·모험이 강한 시리즈들

디즈니플러스에는 디즈니·픽사 애니메이션뿐만 아니라, 미취학·초등 저학년용 TV 시리즈가 매우 잘 정리되어 있다. 3년 차 이후 추천할 만한 라인업은 다음과 같다.

- Bluey: 7살 강아지 블루이와 가족의 일상을 그린 호주 애니메이션. 가족, 놀이, 상상력, 관계, 감정 표현이 잘 담겨 있다.
- Mickey Mouse Clubhouse / Mickey Mouse Clubhouse+ : 미키와 친구들이 기본 수학·문제 해결을 놀이처럼 풀어 가는 시리즈. 에피소드마다 명확한 문제와 해결 구조가 있어서 스토리 이해 연습에 좋다.
- Doc McStuffins, Sofia the First, Puppy Dog Pals 등 : 장난감 병원,

공주 이야기, 강아지 모험처럼 아이들이 좋아할 만한 소재 안에 책임감, 공감, 협력 같은 메시지가 들어 있다.

디즈니 시리즈의 장점은 감정선이 또렷하고, 가족, 우정, 도움 주고받기와 같은 사회 정서 학습 요소가 강하다는 점이다. 앞서 언급한 SEL(사회 정서 학습)을 영상으로 확장하는 데 딱 알맞다.

4) 장편 애니메이션: 여러 번 볼 수 있는 '좋은 영화' 고르기

장편 애니메이션은 길이가 90분 안팎이라 아이에게는 꽤 긴 여정이다. 그럼에도 우리가 장편을 추천하는 이유는 단순하다. 좋은 장편 애니메이션 한 편을 여러 번 보는 것이 짧은 영상 여러 개를 한 번씩 보는 것보다 훨씬 깊은 이해와 언어 입력을 남기기 때문이다.

예를 들어, 디즈니, 픽사의 대표적인 장편들(Frozen, Moana, Inside Out, Toy Story, Coco 등)은 스토리 구조가 탄탄하고, 감정선이 길게 이어지며, 노래, 대사, 상황이 반복되어 아이 머릿속에 오래 남는다. 여기서 한 가지 현실적인 팁을 알려 드리고 싶다.

- 처음부터 끝까지 영어로만 보게 해야 한다고 생각하지 않아도 된다.
- 어떤 영화는 처음 한두 번은 한국어 더빙으로 보게 해도 좋다.

아이가 스토리와 감정을 충분히 이해해야 그다음에 "영어 버전으로 또 보고 싶어."라는 말이 나온다. 즉, 한국어 더빙으로 1~2회 시청한 후 내용 및 감정을 완전하게 이해하고, 그 다음에 영어 음성과 영어 및 한글 자막으로 반복 시청을 하는 것이다. 이 순서를 타면, 아이 머릿속에서는 이미 알고 있는 장면, 대사와 영어 소리가 자연스럽게 매칭되면서 아주 강력한 '이해 가능한 입력'이 된다.

5) 유튜브와 OTT를 어떻게 같이 가져갈까?

3년 차 이후의 큰 그림은 이렇게 그리면 된다.

- **유튜브**: 매일 꾸준히 보는 '생활 루틴용'
  짧은 TV 시리즈, 교육 채널, 취미 채널 위주
- **넷플릭스·디즈니플러스**: 주말이나 여유 있는 저녁에 보는 '집중 시청용'
  시즌이 있는 TV 시리즈, 장편 애니메이션 위주
  가능하면 시즌 1, 에피소드 1부터 순서대로 보기

이렇게 하면 '유튜브로 기초 체력 + OTT로 깊이와 세계관 확장'이라는 아주 이상적인 조합이 된다.

1,000시간 완성 = 아웃풋 폭발

1년 차는 친해지는 시기였고, 2년 차는 스토리를 이해하는 시기였고, 3년 차는 1,000시간을 완성하는 시기다. 이제 영어가 귀에 익숙하다. 영어 영상을 봐도 "엄마, 이거 무슨 말이야?"라고 묻지 않는다. 그냥 웃고, 따라 하고, 이해한다. 그리고 어느 날, 아이 입에서 "Mom, can I have some water?"처럼 영어가 나온다.

처음엔 짧은 문장이지만 3년 동안 쌓아 온 1,000시간이 아웃풋으로 터지는 순간이다. 조급해하지 마라. 3년은 긴 시간이다. 하지만 그 3년이 지나고 나면, 아이는 영어를 모국어처럼 사용할 준비가 된다.

〈 **12장 핵심 요약** 

1,000시간 완성 = 아웃풋 폭발

① **3년 차 목표: 1,000시간 + 1,000단어 + 기본 표현(Chunks)**

→ **1,000시간 채우면 귀가 완전히 트이고, 아웃풋(말하기) 터짐**

② **하루 루틴: 학습 영상 30분 + 흥미 영상 1시간 (총 2시간)**

→ **픽션+논픽션 균형 (Blippi, Peekaboo Kidz, Read Aloud 등)**

③ **OTT 본격 활용: 넷플릭스, 디즈니+ (시즌 시리즈, 장편 애니)**

→ **유튜브(매일 루틴) + OTT(주말 집중) = 최고의 조합**

13장
하루 1시간 영어 노출 루틴 구축

거실에서 TV로 보는 게 최적의 노출 환경인 이유

많은 부모들이 이 질문을 간과하는데, 영어 노출 환경에서 '장소'와 '방식'은 생각보다 훨씬 중요하다. 같은 영상이라도 어디서 보느냐에 따라 아이의 집중도, 편안함, 학습 효과가 달라지기 때문이다.

스티븐 크라센 박사는 외국어 습득의 조건으로 '불안이 낮은 환경에서 이해 가능한 입력Comprehensible Input'을 강조했다. 여기서 많은 사람들이 '이해 가능한 입력'에만 주목하지만, 실은 '불안이 낮은 환경'이 먼저 충족되어야 한다. 아무리 좋은 콘텐츠를 제공해도 아이가 긴장하거나 불편한 상태라면 습득은 되지 않는다. 그렇다면 아이에게 가장 불안이 낮은 환경은 어디일까? 답은 명확하다. 거실이다.

대부분의 아이들에게 거실은 가장 편안한 공간이다. 가족이 모이는 곳이고, 엄마 아빠가 있는 곳이며, 놀이가 일어나는 곳이다. 아이는 거실에서 심리적으로 가장 안정된 상태를 유지한다. 반면 책상 앞에 앉아 태블릿이나 PC로 영상을 보는 것은 '학습'의 느낌을 준다. 자세도 경직되고, 공간도 제한적이며, 무엇보다 혼자다. 이것은 불안이 낮은 환경이 아니다.

거실에서 큰 화면으로 영상을 보여 주는 것이 이상적인 이유는 또 있다. 바로 엄마와의 상호 작용이 자연스럽게 가능하다는 점이다. 태블릿이나 스마트폰은 화면이 작아서 엄마와 아이가 함께 보기에 적합하지 않다. 엄마가 아이와 함께 작은 화면을 들여다보는 장면을 상상해 보라. 그림이 그다지 좋지 않다. 반면 거실의 큰 TV 앞에서는 엄마와 아이가 여유 있게 나란히 앉아 영상을 볼 수 있다. 엄마는 아이의 표정을 관찰할 수 있고, 아이는 엄마의 존재를 느끼며 안정감을 얻는다.

또한 스마트 TV에서 재생목록을 '모두재생' 하면 한 영상이 끝나도 추천 영상 화면이 뜨지 않고 다음 영상이 자동으로 이어진다. 이것은 집중도를 유지하는 데 큰 도움이 된다. 태블릿이나 PC에서는 영상이 끝날 때마다 추천 영상 목록이 화면을 가득 채우고, 아이는 자연스럽게 다른 영상에 눈길이 가거나 부모에게 "이거 볼래요."라고 요구하게 된다. 재생목록의 흐름이 끊기고, 영어 노출의 일관성이 무너지는 순간이다. 6세 전까지는 아이한테 선택권을 주지 않고 엄마가 선택한 영상을 연속해서 볼 수 있는 거실의 TV에서 보는 것이 최고이다.

상호 작용의 중요성

책을 읽어 줄 때건 영상을 볼 때건 부모가 상호 작용을 해 줘야 한다. 특히 수동적인 인풋만 하게 되는 영상에서는 상호 작용의 중요성이 훨씬 더 커진다. 여기서 중요한 것은 '상호 작용'의 의미를 정확히 이해하는 것이다. 상호 작용이라고 하면 많은 부모들이 아이가 영상을 보는 중간중간 끼어들어 아이와 대화를 하거나 질문을 하는 것으로 오해한다. "지금 저 사람이 뭐라고 했어?", "저 단어 무슨 뜻인지 알아?", "이해하고 있는 거 맞아?" 같은 질문들이다. 이런 개입은 오히려 역효과를 낸다. 아이의 몰입을 방해하고, 영어를 '학습'으로 인식하게 만들며, 답을 하지 못할 때 아이는 스스로를 자책한다. 엄마의 표정을 보면서 "내가 이해하지 못하고 있구나."라는 불안을 느끼게 되는 것이다.

진정한 상호 작용은 영상을 보기 전과 본 후에 일어난다. 영상을 보기 전에는 "오늘은 어떤 이야기를 볼까?", "페파가 비 오는 날 물웅덩이에서 노는 거야. 기대돼?"와 같은 가벼운 대화로 아이의 흥미를 끌어올린다. 영상을 본 후에는 내용에 대해 자연스럽게 이야기를 나눈다. 이때 중요한 것은 영어 단어의 뜻이나 해석을 묻는 것이 아니라, 스토리 자체에 대해 우리말로 질문하는 것이다. "페파가 뭐 하고 놀았어?", "조지는 왜 울었을까?", "너도 페파처럼 물웅덩이에서 놀고 싶어?", "어떤 장면이 제일 재미있었어?" 같은 질문들이다. 이런 질문은 아이가 영상의 내용을 이해했는지 확인하는 동시에, 아이가 스스로 생각하고 의견을 표현하도록 유도한다. 아이는 답할 수 있는 질문을 받았을 때 자신감을 얻고, 엄마와의 대화를 통해 영상 내용을 더 깊이 내재화한다. 영어 단어의 뜻을 묻지 않았지만, 아이는 영어로 들은 이야기를 우리말로 재구성하며 이해력을 키운 것이다.

물론 엄마가 아이의 영상 시청 시간 내내 곁에 있을 수는 없다. 그럴 필요도 없다. 중요한 것은 초반에 아이가 영상 보는 루틴을 잡을 때까지 함께해 주는 것이다. 습관이 형성되면, 엄마는 같은 거실 공간에서 다른 일을 해도 괜찮다. 주방에서 설거지를 하거나, 식탁에 앉아 책을 읽거나, 자신의 일을 하면 된다. 대신 아이를 관찰하는 것은 계속되어야 한다. 어떤 영상에서 집중도가 높은지, 어떤 장면에서 웃는지, 언제 지루해하는지를 파악하는 것이 아이의 최애 영상 재생목록을 개선하는 데 필수적이기 때문이다.

실제로 엄마가 같은 공간에 있을 때와 없을 때 아이의 집중도는 확연히 달라진다. 엄마가 옆방에 있으면 아이는 영상을 보다 말고 다른 것에 관심을 보이거나, 영상이 끝나기도 전에 "엄마, 나 이제 그만 볼래."라고 말한다. 하지만 엄마가 같은 공간에 있으면, 설령 엄마가 다른 일을 하고 있더라도, 아이는 훨씬 더 몰입한다. 엄마의 존재 자체가 정서적 안정을 주고, "이 시간은 중요한 시간이구나." 라는 인식을 심어 주기 때문이다.

반대로 엄마가 영상을 틀어 주고 나서 스마트폰을 보거나 완전히 자리를 뜨면, 아이는 무의식적으로 "이건 별로 중요하지 않은 일이구나."라고 받아들인다. 영상을 대충 보거나, 보다 말고 다른 놀이를 시작하거나, 집중하지 않게 된다. 영어 노출 환경은 단순히 영상을 틀어 주는 것이 아니라, 그 시간에 대한 부모의 태도와 환경 설계가 포함된 개념이다.

여섯 살까지는 이런 방식이 가장 효과적이다. 그 이후, 아이가 자기 주도성을 가지기 시작하면 태블릿이나 PC 같은 개인 기기를 선택지로 줄 수 있다. 하지만 그 전까지는 거실, 큰 화면, 엄마와 함께라는 세 가지 조건이 영어 습득의 토대를 만든다. 이것이 바로 스티븐 크라센 박사가 말한 '불안이 낮은 환경'이며, 현서가 9년 동안 영어를 자연스럽게 습득할 수 있었던 환경의 핵심이다.

상호 작용 하는 법

시기	올바른 방법
영상 보기 전	• 가벼운 기대감 대화 • "오늘은 페파가 뭐 하려나?" • "우리 어떤 이야기를 볼까?"
영상 보는 중	• 아무것도 하지 않기 • 아이가 몰입하도록 방해하지 않음 • 부모는 같은 공간에서 관찰만
영상 본 후	• 스토리, 느낌 중심 우리말 질문 • "페파가 왜 울었을까?" • "조지는 어떤 기분이었을까?" • "너라면 어떻게 했을 것 같아?"

하지 말아야 할 것
• 영상 보는 중 단어 묻기 ("이거 무슨 뜻이야?") • 영어 해석 강요 ("영어로 뭐라고 했어?") • 퀴즈·테스트 ("Apple은 영어로 뭐야?") • 정확성 압박 ("그게 아니고 이렇게 발음해야지!")

유튜브 활용 필수 팁

아이들이 초등학교에 입학할 무렵이 되면 아이 공부방을 어떻게 꾸며 줄지가 엄마들의 가장 큰 고민거리 중 하나가 된다. 특히 내 아이가 매일 몇 시간씩 앉아 공부해야 하는 책상과 의자의 선택은 여간 어려운 일이 아니다. 집중할 수 있도록 편안해야 하고, 아이의 자세도 흐트러지면 안 되니 무리를 해서라도 고가의 제품을 구매하게 된다.

영어 영상 노출도 매일 한 시간씩 6년 이상을 한다고 하면 그에 상응하는 최고의 환경을 만들어 줘야 하지 않을까? 그런데 영어 영상 보기를 시작할 때 많은 엄마들이 스마트폰이나 태블릿PC를 먼저 떠올리는 듯하다. 이런 작은 기기로 영상을 보면 목을 잔뜩 내밀고 꾸부정한 자세로 봐야 한다. 특히 나는 부모가 같이 봐야 한다고 강조하는데, 엄마와 함께 작은 화면 앞에 웅크리고 앉아 영상을 보는 모습은 전혀 이상적이지 않다.

캐스팅 설정

이런 이유로 앞에서 설명했듯 내가 생각하는 가장 좋은 환경은 거실에서 큰 TV 화면으로 보는 것이다. 여기서 '캐스팅'이라는 기능을 활용하면 정말 편하다. PC를 TV에 연결해서 보여 주는 방법도 있지만, 매번 선을 연결하고 설정하는 것이 번거로워 꾸준히 하기가 어렵다.

캐스팅은 간단히 말하면 엄마의 스마트폰이 리모컨이 되고, TV가 화면이 되는 것이다. 스마트폰의 유튜브 앱과 스마트 TV의 유튜브 앱을 무선으로 연결해서, 영상은 큰 TV에서 재생되고 스마트폰으로는 영상을 검색하고 선택하고 재생을 제어한다. 마치 TV 리모컨으로 채널을 바꾸듯, 스마트폰으로 영상을 선택하는 것이다.

비슷한 기능으로 '미러링'이라는 것도 있는데, 미러링은 스마트폰 화면 그대로가 TV에 똑같이 방송된다. 그래서 미러링을 하는 동안에는 스마트폰으로 다른 일을 할 수 없다.

반면 캐스팅은 영상만 TV로 보내고 스마트폰은 자유롭게 사용할 수 있다. 아이가 TV로 영상을 보는 동안 엄마는 스마트폰으로 전화를 받거나 카카오톡을 하거나 인터넷 검색을 해도 아무런 문제가 없다.

캐스팅의 또 다른 장점은 재생목록 활용이 쉽다는 것이다. 일반 TV 리모컨으로 유튜브를 조작하면 영상 하나가 끝날 때마다 추천 영상 화면이 뜨고, 아이들은 다음에 볼 영상을 고르느라 시간을 보낸다. 6세 이전 아이라면 TV 리모컨을 손에 쥐고 직접 선택하게 하는 것은 바람직하지 않다. 캐스팅을 활용하면 엄마가 미리 만들어 둔 재생목록을 전체 재생할 수 있다. 재생목록의 영상들이 모두 재생되는 동안은 중간에 다른 영상이 추천되지 않아서 아이가 몰입해서 볼 수 있다. 캐스팅을 하는 방법은 다음과 같다.

- **1단계: 같은 와이파이에 연결하기**

  엄마의 스마트폰과 스마트 TV가 같은 와이파이에 연결되어 있어야 한다. 집에 와이파이가 하나라면 자동으로 동일한 네트워크에 연결되어 있을 것이다.

- **2단계: 캐스팅 버튼 누르기**

  스마트폰에서 유튜브 앱을 실행하고 화면 오른쪽 상단을 보면 작은 TV 모양의 캐스팅 버튼이 보인다. 이 버튼을 누른다.

- **3단계: TV 선택하기**

  연결 가능한 기기 목록이 나오면 우리 집 스마트 TV를 선택한다. 그러면 TV에서 유튜브 앱이 자동으로 실행되고 스마트폰과 연결된다.

- **4단계: 영상 재생하기**

  이제 스마트폰에서 보고 싶은 영상이나 재생목록을 선택해 재생 버튼을 누르면, 영상이 TV 화면에서 재생된다. 이때 스마트폰은 리모컨처럼 사용하면 된다.

요즘에는 통신사에서 제공하는 셋톱박스에 유튜브 앱이 깔려 있어 캐스팅 기능 사용이 용이하다. 하지만 우리 집 TV가 스마트TV가 아니라면 어떻게 할까? 걱정할 필요 없다. '구글 크롬캐스트'나 '샤오미 TV스틱' 같은 작은 기기를 구매해서 TV의 HDMI 단자에 꽂으면 일반 TV도 스마트 TV처럼 사용할 수 있다. 이런 기기들은 대부분 3~5만 원 사이에 구매할 수 있고, 한번 설치하면 계속 사용할 수 있다.

캐스팅은 설정도 간단하고, 한번 연결해 두면 다음부터는 버튼 한 번만 누르면 바로 연결된다. 매일 아이와 영어 영상을 보는 시간이 번거롭지 않고 편안해야 꾸준히 할 수 있다. 캐스팅 기능을 활용하면 거실에서 가족이 함께 편안하게 영상을 보는 환경을 만들 수 있다. 다음 영상을 참조하기 바란다.

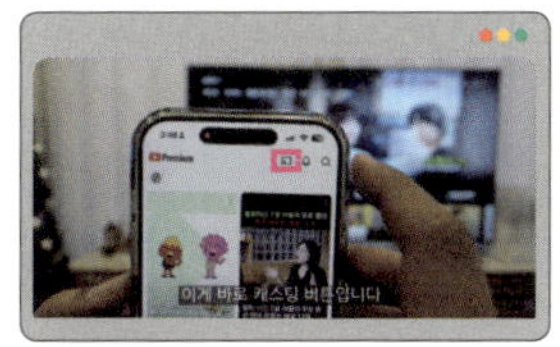

캐스팅 기능
활용 영상

아이 전용 계정 만들기

많은 부모들이 유튜브로 아이에게 영어를 노출하려고 시도하지만, 생각보다 잘 되지 않는 경우가 많다. 아이가 영어 영상을 보다가 갑자기 관심을 잃거나, 유튜브가 추천하는 영상들이 아이 수준과 맞지 않아 계속 영상을 찾아 재생해 줘야 하는 상황이 반복된다. 문제의 원인은 의외로 단순한 곳에 있다. 바로 부모의 계정으로 아이에게 영상을 보여 주고 있다는 것이다.

유튜브 알고리즘은 사용자의 시청 기록을 학습해서 다음에 볼 영상을 추천한다. 부모가 평소에 뉴스, 요리, 테크 리뷰, 운동 영상을 보다가 아이에게 기기를 넘겨주면, 알고리즘은 혼란스러워한다. 어느 순간은 성인 콘텐츠를, 어느 순간은 유아 콘텐츠를 시청하는 패턴을 어떻게 해석해야 할지 모르는 것이다. 결과적으로 아이가 페파 피그를 보고 있는데 다음 영상으로 경제 뉴스나 부모가 구독한 채널의 영상이 자동 재생 되는 일이 생긴다.

더 큰 문제는 알고리즘의 학습 효율이 떨어진다는 점이다. 유튜브는 시청 패턴을 분석해서 사용자의 수준과 관심사를 파악하고, 그에 맞는 콘텐츠를 점점 더 정교하게 추천한다. 하지만 부모와 아이의 시청 기록이 뒤섞이면 이 학습이 제대로 이루어지지 않는다. 아이에게 최적화된 영상 추천을 받으려면, 아이만의 독립적인 시청 기록이 필요하다.

해결책은 간단하다. 아이 전용 유튜브 채널을 별도로 만드는 것이다. 많은 부모들이 모르는 사실인데, 유튜브는 하나의 계정 아래 여러 개의 채널(부계정)을 만들 수 있는 구조를 제공한다. 각 채널은 독립적인 구독 목록과 시청 기록을 가지며, 알고리즘 역시 채널별로 따로 작동한다. 마치 같은 넷플릭스 계정 안에서 가족 구성원마다 프로필을 만드는 것과 같은 원리이다.

이렇게 하면 아이 전용 채널에서는 오직 아이가 본 영상만 기록되고, 알고리즘은 그 데이터만을 학습한다. 처음에는 부모가 직접 선별해서 보여 주지만, 시간이 지나면서 유튜브가 스스로 아이의 수준과 취향을 파악하고 적절한 영상을 추천하기 시작한다. 페파 피그를 좋아하면 블루이와 다니엘 타이거를 추천하고, 공룡에 관심을 보이면 'National Geographic Kids'의 공룡 다큐멘터리가 이어진다. 부모는 더 이상 일일이 다음 영상을 찾아 재생할 필요가 없고,

아이는 자연스럽게 이어지는 영상 속에서 영어에 노출된다.

또 하나의 실질적인 혜택은 프리미엄 구독의 공유이다. 부모가 메인 계정에서 유튜브 프리미엄을 구독하면, 그 아래 만든 모든 채널이 자동으로 프리미엄 혜택을 누린다. 광고 없이 영상을 보여 줄 수 있다는 것은 영어 습득 환경을 만드는 데 있어 중요한 조건이다. 아이가 영상에 몰입하는 순간 광고가 끼어들면 집중이 끊기고, 때로는 부적절한 광고가 노출될 위험도 있기 때문이다.

채널을 만드는 방법은 간단하지만, 한 가지 제약이 있다. 스마트폰 앱에서는 불가능하고, PC 웹 브라우저에서만 가능하다.

아이 전용 계정 만드는 법

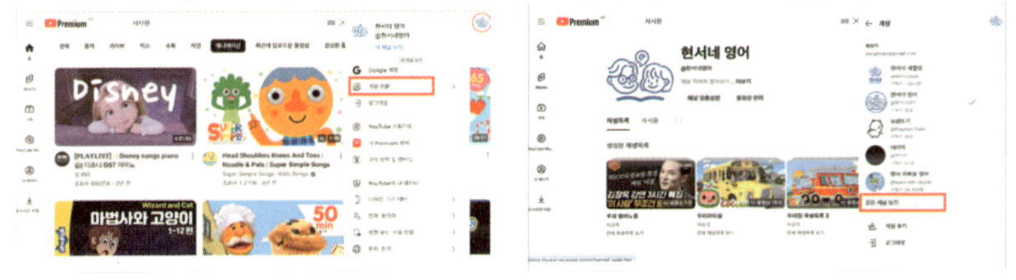

1. 유튜브 홈페이지에 접속한 후 오른쪽 상단의 프로필 사진을 클릭하면 메뉴가 나타난다.
2. 여기서 '계정 전환' 메뉴를 선택하면 현재 가지고 있는 채널 목록이 나타난다.
3. 맨 아래에 '모든 채널 보기'라는 옵션이 있다. 이것을 클릭하면 '채널 만들기' 버튼이 나타난다.

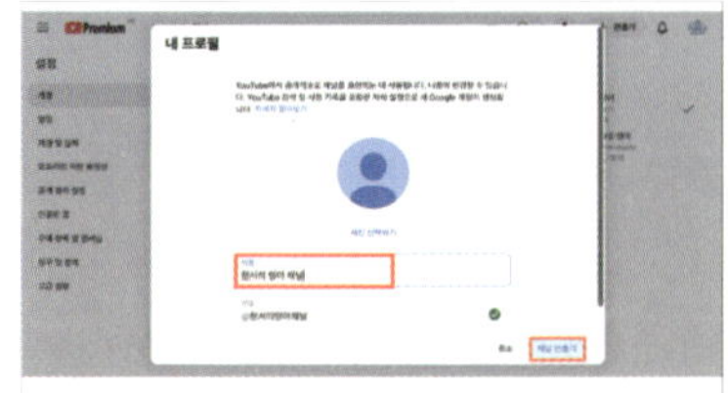

4. 여기서 채널 이름을 입력하고 약관에 동의하면 새로운 채널이 생성된다.
5. 채널 이름은 아이 이름을 활용하면 된다. '지율 TV', '채윤 채널' 같은 식으로 단순하게 지으면 된다.

채널 이름은 나중에 아이가 자신의 영상을 찍어 올리고 싶어 할 경우를 대비한다면 조금 더 창의적인 것으로 지어도 좋다. 채널에 올린 영상은 공개 범위를 설정할 수 있으므로, 비공개로 설정하면 가족만 볼 수 있는 영상 저장소로 활용할 수 있다.

아이 전용 채널을 만드는 것은 유튜브를 활용한 영어 환경 설계의 첫 번째 실천 단계이다. 이 단순한 설정 하나가 이후 모든 과정을 자동화하고 효율화한다. 알고리즘이 아이의 수준을 이해하고, 아이의 관심사를 추적하며, 아이에게 맞는 다음 영상을 예측하기 시작하면, 부모는 환경을 설계하는 역할에만 집중할 수 있다. 영어 습득은 그 환경 속에서 자연스럽게 일어난다.

맞춤 재생목록 만들기

아이 전용 채널을 만들었다면, 다음 단계는 아이가 좋아하는 영상들을 골라 나만의 재생목록을 만드는 것이다. 유튜브 알고리즘이 아이에게 맞는 영상을 추천하기 시작하더라도, 부모가 직접 선별하고 정리한 재생목록은 여전히 중요하다. 알고리즘은 때때로 예상치 못한 영상을 추천하기도 하고, 아이가 특정 주제에 집중해야 할 때는 부모가 만든 재생목록이 훨씬 효과적이기 때문이다.

재생목록의 가장 큰 장점은 아이가 좋아하는 영상을 체계적으로 모아 둘 수 있다는 점이다. 처음에는 여러 채널의 다양한 영상을 보여 주면서 아이의 반응을 관찰해야 한다. 어떤 영상에서는 집중력이 높아지고, 어떤 영상에서는 따라 부르기 시작하며, 어떤 영상은 반복 재생을 요구한다. 이렇게 아이가 좋아하는 영상들을 재생목록에 저장해 두면, 그것이 아이만의 보물 창고가 된다. 한 달, 두 달, 석 달이 쌓이면 수십 개, 수백 개의 영상이 모이고, 이것이 아이의 영어 습득을 위한 맞춤형 라이브러리가 되는 것이다.

재생목록은 주제별로 만들 수도 있고, 수준별로 구성할 수도 있다. 숫자를 배우는 영상들만 모은 '숫자 배우기' 재생목록, 노래 위주로 구성한 '영어 동요' 재생목록, 스토리텔링이 있는 '애니메이션' 재생목록 등으로 나눌 수 있다. 아이의 컨디션이나 상황에 따라 적절한 재생목록을 선택하면, 영어 노출이 더욱 효율적으로 이루어진다.

재생목록 확인 방법

1. 모바일 앱의 경우 재생목록은 '내 페이지'에서 확인할 수 있다.

2. '재생목록' 오른쪽의 '모두보기' 버튼을 터치하면 모든 재생목록을 볼 수 있다.

하지만 재생목록을 만드는 과정에서 많은 부모들이 난관에 부딪친다. 아동용 콘텐츠는 일반 영상과 달리 저장 기능이 제한되어 있기 때문이다. 영상을 재생하면서 '저장' 버튼을 누르면 "아동형 콘텐츠에는 사용이 중지된 작업입니다."라는 메시지가 나타난다. 이는 아이들을 상업적으로 이용하거나 과도하게 노출하는 것을 방지하기 위한 조치이다. 그러나 방법은 있다. 영상을 재생한 상태에서는 저장이 불가능하지만, 영상 목록 페이지에서는 가능하다.

맞춤 재생목록 만드는 법

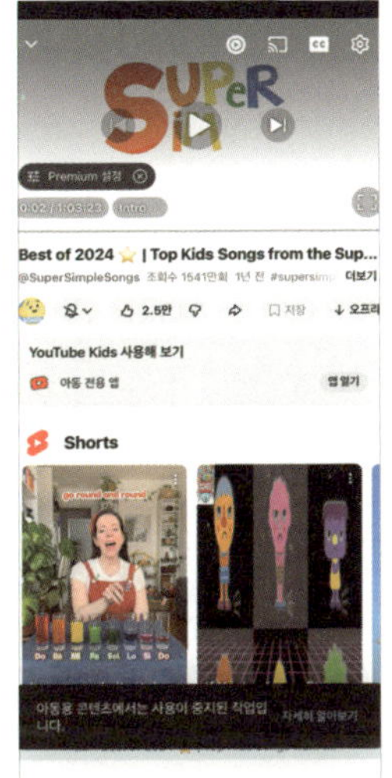

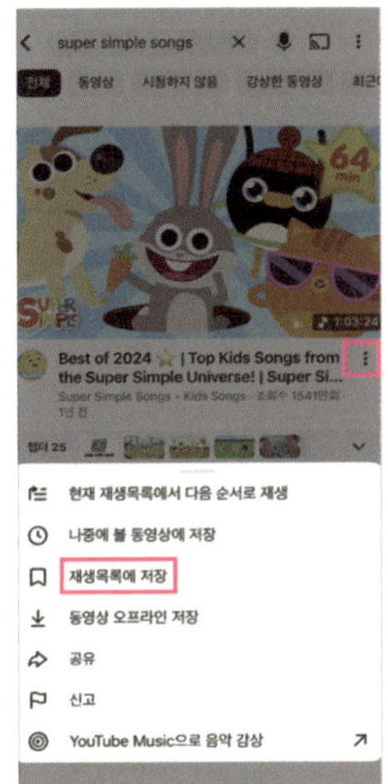

1. 채널에 들어가거나 검색 결과 페이지에서 영상 썸네일 옆의 점 세 개 버튼(더보기 메뉴)을 누르면 '재생목록에 저장' 옵션이 활성화되어 있다.
2. 여기서 원하는 재생목록을 선택하거나 새 재생목록을 만들어 저장할 수 있다.

예를 들어 슈퍼심플송 채널에 들어가서 아이가 좋아했던 'Baby Shark' 영상을 저장하려면, 영상을 클릭해서 재생하는 것이 아니라 채널의 영상 목록에서 해당 영상의 점 세 개 버튼을 누르면 된다. 그러면 '재생목록에 저장' 메뉴가 나타나고, 기존에 만들어 둔 재생목록에 추가하거나 새로운 재생목록을 만들 수 있다. 스마트폰 앱에서도 같은 방식으로 작동한다.

재생목록을 만들었다면 이제 관리가 필요하다. 스마트폰에서는 영상을 추가하는 것까지만 가능하고, 순서를 바꾸거나 삭제하는 등의 세부 관리는 PC에서 해야 한다. 유튜브 홈페이지에 접속한 후 프로필 사진을 클릭하면 '유튜브 스튜디오' 메뉴가 보인다. 여기에 들어가서 왼쪽 메뉴의 '콘텐츠' 탭을 클릭하면 상단에 '재생목록' 옵션이 나타난다.

재생목록 페이지에 들어가면 내가 만든 모든 재생목록이 보이고, 각 재생목록 오른쪽에 '유튜브에서 수정' 버튼이 있다. 이것을 클릭하면 재생목록 편집 화면으로 이동한다. 여기서는 영상의 순서를 드래그해서 바꿀 수 있고, 필요 없는 영상은 삭제할 수도 있다. 영상을 추가하고 싶다면 '동영상 추가' 버튼을 클릭한 후, 영상 URL을 붙여 넣거나 채널명 또는 영상 제목을 검색해서 추가하면 된다.

재생목록을 만들 때 하나 유념할 점은, 처음부터 완벽하게 구성하려고 하지 않아도 된다는 것이다. 아이가 영어에 노출되는 과정은 유동적이다. 처음에는 노래를 좋아하다가 나중에는 스토리가 있는 애니메이션을 선호할 수도 있고, 특정 캐릭터에 푹 빠져서 그 캐릭터가 나오는 영상만 보려고 할 수도 있다. 재생목록은 그 변화에 맞춰 계속 진화해야 한다. 아이가 좋아하는 영상을 발견할 때마다 추가하고, 더 이상 흥미를 보이지 않는 영상은 삭제하면서 지속적으로 관리하는 것이 중요하다.

오디오 트랙 영어 설정

2026년 기준, 전 세계 유튜브 채널 구독자 수 1위는 'Mr. Beast'이다. 4억 6천만 명이 넘는 구독자를 보유한 이 채널이 급성장하게 된 결정적인 계기가 있다. 바로 여러 언어로 더빙된 영상을 제공하기 시작한 것이다. 영어권 국가뿐 아니라 스페인어권, 포르투갈어권, 일본, 한국 등 전 세계 시청자들이 자신의 언어로 'Mr. Beast'의 영상을 볼 수 있게 되면서 구독자가 폭발적으로 증가했다.

'Mr. Beast'의 성공을 보며 유튜브는 이 다국어 더빙 기능을 플랫폼 차원에서 지원하기 시작했다. 최근 추가된 '오디오 트랙' 기능이 바로 그것이다. 크리에이터들이 영상을 업로드할 때 여러 언어로 더빙된 음성을 함께 올리면, 시청자는 자신이 원하는 언어를 선택해서 들을 수 있다.

문제는 유튜브 앱의 기본 설정이 '한국어'로 되어 있다는 점이다. 한국어 오디오 트랙이 있는 영상을 재생하면 자동으로 한국어 음성이 나온다. 아이에게 영어 영상을 보여 주려고 틀었는데 갑자기 한국어 더빙으로 나와서 당황한 경험이 있을 것이다. 원본 영상이 분명 영어인데 한국어가 나오니, 잘못된 영상을 재생한 것으로 오해하거나 채널이 바뀐 줄 알고 다른 영상을 찾느라 시간을 낭비하게 된다. 이럴 때는 오디오 트랙 설정을 확인해야 한다. 영상이 재생되는 동안 언제든 오디오 언어를 바꿀 수 있다. 오디오 트랙을 영어로 바꾸는 방법은 다음과 같다.

- **1단계: 영상 재생 중 설정 아이콘 찾기**

  영상이 재생되는 동안 화면을 한 번 터치하면 상단과 하단에 메뉴가 나타난다. 오른쪽 상단에 톱니바퀴 모양의 '설정' 아이콘이 보인다. 이것을 누른다.

- **2단계: 오디오 트랙 메뉴 선택**

  설정 메뉴가 열리면 '오디오 트랙' 또는 '오디오' 항목이 보인다. 현재 어떤 언어로 재생되고 있는지 표시되어 있다. 이 메뉴를 누른다.

- **3단계: 영어 선택하기**

  사용 가능한 언어 목록이 나타난다. 여기서 'English' 또는 'English(Original)'을 선택한다. 일부 영상은 'English(US)', 'English(UK)' 같은 세부 옵션이 있는데, 대부분 'Original'이나 'English'를 선택하면 된다.

- **4단계: 확인**

  언어를 선택하면 바로 영어 음성으로 전환된다. 영상을 처음부터 다시 볼 필요 없이 현재 재생 중인 위치에서 언어만 바뀐다.

PC나 스마트 TV에서도 같은 방식으로 설정할 수 있다. 이 기능을 불편해하는 사람들이 있어 기본 설정에서 원어로 나오게 하는 기능이 있으면 좋겠다는 요청이 많지만 아직은 구현되어 있지 않다. 불편하지만 지금은 영상마다 변경해 주어야 한다.

〈 **13장 핵심 요약**

환경이 90%다!

① 거실 TV = 최적의 영어 노출 환경

→ 편안함, 부모 동반, 큰 화면 = 불안 최소화 = 언어 습득 극대화

② 4단계 설정 가이드 (계정, 캐스팅, 재생목록, 오디오)

→ 한 번만 설정하면 평생 사용, 바쁜 엄마도 30분이면 완료!

③ 상호 작용은 영상 전후에만! (영상 중에는 방해 NO)

→ 스토리, 느낌 중심 우리말 대화 / 단어, 해석 강요 금지

14장
4년 차 이후, 우리 집 로드맵을 찾아가는 시간

앞에서 설명한 1~3년 차까지는 아이들 영상 취향만 맞춰서 루틴만 이어 가면 된다. 하지만 4년 차, 아웃풋 단계부터는 개인별로 좀 다르다. 같은 1,000시간을 채워도 어떤 아이는 말하기가 먼저 터지고, 어떤 아이는 읽기가 먼저 열린다. 어떤 아이는 문장이 길어지고, 어떤 아이는 단어만 말한다. 이 모든 것이 정상이다.

교육공학을 공부하면서 가장 절실히 느낀 것은 미래 교육에서 개인화 교육이 가장 중요한 방향성이라는 것이다. 그동안은 제조업 기반의 사회였고, 공장에서 일할, 말 잘 듣는 노동자를 길러 내는 것이 필요했다. 그러다 보니 개인의 적성, 관심사 등은 무시되고 기업에서 필요한 스펙을 쌓는 데 집중하는 교육이었다.

하지만 AI 등 기술의 발달로 이런 직업은 대부분 기계로 대체하게 될 것이고, 개인성이 중요하게 된다. 앞으로는 '나만 할 수 있는 것', '나만의 방식으로 생각하는 것'이 경쟁력이 된다. 교육도 그 방향으로 가야 한다.

엄마표 영어의 본질도 이것이다. 우리 아이에게 맞는 방향과 속도로 우리 집만의 방법을 찾는 것이다. 아웃풋이 나오는 시기부터는 더 다양해진다. 현서의 로드맵은 참고만 하고, 시기와 방법은 내 아이에 맞게 엄마가 아이와 함께 찾아가야 한다. 실패를 하게 되겠지만 찾을 때까지 하는 것이 핵심이다.

그리고 한 가지 더 중요한 것이 있다. 엄마표 영어는 엄마가 영어를 가르치는 것이 절대 아니다. 아이에게 영어 노출 환경을 만들어 주는 환경 코디네이터가 되어야 한다. 3학년이 넘어 학습식으로 갈 때는 학원이나 공부방, 화상 영어 등 전문가의 도움을 받으면 된다. 나도 영어 전문가지만 직접 가르치지 않고 앞의 로드맵에서 소개한 것처럼 많은 외주를 줬다. 부모가 직접 가르치면 관계에 문제가 생길 수밖에 없다고 느꼈기 때문이다.

4년 차 이후부터는 다양한 교육 상품을 활용하게 된다. 리더스, 화상 영어, 공부방, 학습 앱 등 선택지가 많다. 이때 부모들이 가장 많이 하는 실수가 '최고의 것'을 찾으려고 한다는 것이다. 하지만 요즘 시장을 보면 퀄리티가 상향 평준화되어 있다. 웬만한 업체들은 다 괜찮다. 특히나 지금처럼 과잉 공급이 되는 시장에서는 더욱 그렇다. 그래서 중요한 것은 최고를 찾는 것이 아니라 최악을 피하는 것이다. 그리고 다음 세 가지 기준으로 판단하면 된다.

- **교육 철학이 우리 집과 맞는가?** : 실용 영어를 목표로 하는지, 시험 영어를 목표로 하는지. 아이 중심인지, 성과 중심인지.
- **가격이 합리적인가?** : 비싸다고 무조건 좋은 것도, 싸다고 나쁜 것도 아니다. 우리 집 예산 안에서 지속 가능한 수준인지가 중요하다.
- **지속 가능한 방법인가?** : 아이가 즐거워하는지, 엄마가 관리 가능한지. 3개월, 6개월, 1년 이상 꾸준히 할 수 있는 방법인지.

그리고 실패를 각오하라. 해 보기 전에는 모른다. 아무리 좋다는 상품도 우리 아이한테 안 맞을 수 있다. 그게 정상이다. 현서네도 수없이 실패했다. 몇 번 바꿔 보고, 시행착오를 거쳐서 우리 집에 맞는 것을 찾은 것이다. 최고일 필요는 없고, 우리 아이한테 맞으면 된다. 이제 각 영역별로 어떻게 접근하면 좋을지 정리해 보겠다.

1. 읽기 Reading

읽기의 시작은 파닉스이다. 일반적으로 학원에서 파닉스는 영어 기초반이다. 영어를 접한 적이 없는 아이들에게 알파벳과 파닉스부터 시작한다. 하지만 현서네 방법으로 듣기 인풋이 충분히 된 아이들에게는 좀 다르다. 내가 알고 있는 소리를 글로 어떻게 쓰고, 영어로 된 글을 어떻게 내가 알고 있는 소리로 변환하느냐decoding의 문제이다.

현서는 감사하게도 호두잉글리시를 하면서 자연스럽게 읽기까지 하게 되었다. 엄마가 영어 그림책을 읽어 주거나 어린이집에서 방과 후로 하는 파닉스 수업을 받은 적이 있긴 하지만, 파닉스를 교재로 공부한 적이 없음에도 초등학교 1학년부터 읽기가 되었다.

파닉스는 한 번은 하는 것이 좋다. 좋은 교재도 많고 온라인 프로그램도 많다. 다만 파닉스는 너무 일찍 하기보다 6세 넘어서 한글을 어느 정도 읽은 후에 하는 것을 추천한다. 읽기를 할 때가 되면 영상을 볼 때도 영어 자막을 켜고 보면 도움이 된다. 문자 인식을 먼저 하면 읽기를 할 때 도움이 되기 때문이다.

이맘때 파닉스를 시작하면 동시에 영어 그림책이나 리더스를 읽어 주면 좋다. 처음에는 아이에게 읽게 하기보다 엄마가 읽어 주거나 원어민 성우가 읽어 주는 소리를 들으면서 책의 글을 보는 연습을 하면 좋다. 어느 정도 되면 아이가 직접 낭독해 보는 것이 큰 도움이 된다. 이때도 억지로 힘들게 시켜서는 안 된다. 불안이 낮은 환경을 만들어 주는 것이 중요하다.

리더스와 전자도서관

리더스Leveled Readers의 경우 현서는 전자도서관 형식의 '리딩앤 ORT 퓨처팩'으로 읽기를 했다. 시장에는 이 외에도 다양한 전자도서관 프로그램들이 있다. 가장 좋은 것은 종이책을 사서 엄마가 읽어 주는 것이겠지만 가격이 부담스럽다. 초기에는 도서관 대출을 이용해 보기도 했지만 분명 한계가 있었다.

그래서 전자책과 전자도서관 서비스를 이용하기 시작했다. 전자책은 가격적인 메리트도 있지만 다양한 멀티미디어 학습을 할 수 있다는 장점도 있다. 아이의 학습 기록도 남는다. 어느 책을 얼마나 봤는지, 문제 풀이에서는 어느 정도 맞았는지 등이 모두 기록되어 편리하다.

현서는 리딩앤 ORT 퓨처팩으로 정착하기 전에도, 'ePic'을 비롯한 몇 가지 전자책 서비스를 써 봤지만 오랜 기간 사용하진 못했다. 이 모두가 우리 집에 가장 맞는 것을 찾아가는 과정이었다고 생각하면 시간과 돈이 전혀 아깝지는 않았다. 여러분도 마찬가지이다. 처음부터 최선을 찾겠다는 욕심을 버리고 적당히 알아보고 우선 직접 사용해 보면서 찾아가길 바란다.

ELT Reading 교재

이후에는 점차 그림보다 글이 많아지는 책을 읽도록 해 주면 된다. 챕터북으로 넘어가도 되지만 현서처럼 'ELT Reading' 교재나 영자신문을 통해 읽기 문해력을 높이는 것도 방법이다.

현서는 아빠가 다니던 회사의 'Reading Future'라는 시리즈 교재로 했지만, 사실 서점에 가 보면 수없이 많은 교재들이 있다. 출판사별로 레벨별로 라인업이 잘 되어 있고 주제도 다양하다. 서점에 갈 때는 아이와 함께 가서 선택하는 것이 가장 좋다. 요즘은 선생님의 동영상 강의나 온라인으로 보충 학습을 할 수 있는 교재들도 많으니, 다양하게 살펴보면 좋은 교재를 얼마든지 찾을 수 있다. 다음은 대표적인 'ELT Reading' 교재 출판사와 대표 교재들이다.

- **웅진컴퍼스** → Future Literacy
- **Build & Grow** → Subject Link (융합형 사고력 리딩)
- **이퓨쳐** → Smart Reading (체계적 Fiction 리딩)
- **Bricks** → Bricks Reading (워드 카운트 기반 체계)
- **A*List** → Oxford Read and Discover (글로벌 논픽션)
- **Language World** → Flying Up English Reading (통합 솔루션)

2. 말하기 Speaking

현서는 호두잉글리시로 말하기 아웃풋을 시작했다. 그리고 읽기는 말하기를 시작하고 1년 정도 후에 본격적으로 시작했다. 하지만 무엇을 먼저 하는 것이 좋은지는 아이마다 다르다.

읽기와 말하기 중 무엇을 먼저 할지는 아이의 성향과 그동안의 영어 학습 방식에 따라 달라지니 엄마가 아이를 잘 파악해서 그에 맞게 선택하면 된다. 외향적이고 자존감이 높은 아이들은 말하기를 먼저 하는 것이 좋다. 하지만 완벽주의 성향이 있어 틀리는 것을 꺼려 하는 아이들은 말하기보다 읽기를 먼저 하는 것이 좋은 선택일 수 있다.

호두잉글리시

현서한테는 호두잉글리시를 한 것이 정말 신의 한 수였다. 나도 영어 아웃풋을 어떻게 하면 되는지 물어보는 엄마들에게 대부분 호두잉글리시를 추천하는 편이다. 그런데 게임 형식이라는 이유 때문에 선뜻 시작하지 못하는 분들이 많다. 호두잉글리시는 첫 번째 책에서도 소개했고, 그 이후로도 이를 대체할 프로그램을 찾으려고 애써 봤지만 아직까지 찾지 못했다. 호두잉글리시는 정말 최고의 말하기 유창성 강화 프로그램이라고 할 수 있다.

화상 영어

엄마들이 말하기를 위해 가장 많이 선택하는 것이 화상 영어이다. 앞서 1부에서 현서가 단계별로 사용했던 화상 영어 업체를 소개하긴 했지만, 한국의 모든 업체를 비교하고 체험해 본 것은 아니라 최고의 선택이라 할 수는 없다. 다만 단계별로 맞는 교육 방식이 있기에 그 점을 감안하고 후보군을 몇 개 정하고 선택하면 된다. 요즘은 무료 레벨 테스트나 체험이 있어 직접 수업을 받아보고 결정하면 된다.

화상 영어는 '빨리 시작하는 것'보다 언제, 어떤 상태에서 시작하느냐가 훨씬 중요하다. 아이가 아직 영어 영상을 거의 보지 않았는데, 엄마의 불안 때문에 곧바로 화상 영어부터 시작하면 대부분 실패한다. 낯선 외국인 어른과 20~30분 동안 마주 앉아 있는데, 선생님 말을 잘 알아듣지 못하고 대답도 못 하면 아이 입장에서는 매우 불편하고 당황스러운 경험이 된다. 이 경험이 반복되면 '영어는 곧 괴로운 것'으로 각인하게 되고, 영어 자체를 피하려는 거부감이 생길 뿐이라, 최악의 상황에서는 트라우마까지 남을 수 있다. 그래서 화상 영어의 출발선은 '말하고 싶은 준비가 된 아이'여야 한다. 기준을 정리하면 이렇다.

- 하루 1시간 안팎의 영어 영상 노출을 최소 2년 이상, 대략 600시간 이상 해 본 아이(현서는 인풋 1,000시간, 호두잉글리시 600시간 이용 후 시작했다.)

- 20분 정도는 의자에 앉아 수업에 집중할 수 있는 아이
- 선생님이 하는 간단한 질문을 대충이라도 알아듣고 Yes/No, 단답형 정도로는 답할 수 있는 아이

이 단계까지 듣기 인풋이 쌓인 뒤에 화상 영어를 시작해야, 수업 시간이 아이에게 '훈련'이 아니라 '대화 연습'이 된다. 이상적으로는 영상 1,000시간 이상, 그리고 호두잉글리시 같은 드릴링 프로그램으로 한 번 더 연습한 뒤 넘어가는 것이 부담이 적다.

또 하나 중요한 점은, 화상 영어가 말문을 억지로 터뜨리는 도구가 아니라는 것이다. 말문은 충분한 인풋이 쌓일 때 자연스럽게 열린다. 화상 영어의 역할은 '아이가 이미 머릿속에 갖고 있는 표현을 실제 사람과의 대화 속에서 꺼내 보고, 다듬어 가는 장'에 가깝다. 인풋이 거의 없는 상태에서 교재 문장을 읽히고 질문과 답만 반복하면, 단기적인 성취감은 있을 수 있겠지만 진짜 말하기 실력으로 이어지기는 어렵다.

업체 선택 기준

업체를 고를 때 가장 먼저 봐야 할 것은 '선생님'과 '수업 방식'이다. 아이가 편안해하는 표정과 톤으로, 천천히 또박또박 말해 주고, 그림, 사물, 몸짓을 활용해 의미를 설명해 주는 선생님이 좋다.

처음 드릴링 단계에서는 가격이 비교적 저렴한 필리핀 선생님도

충분하다. 일정 수준 이상 말할 수 있게 되면, 아이가 원할 때 북미나 영국 등 원어민 선생님으로 옮겨 가며 대화 폭을 넓혀 주면 된다. 선생님의 국적 자체보다 아이와의 궁합, 어린이 수업 경험 정도, 말 속도가 훨씬 더 중요하다.

회사 형태도 두 갈래로 나뉜다. '캠블리 키즈', 'VIPKid' 같은 해외 플랫폼형 업체는 수업 예약과 선생님 선택을 부모가 매번 직접 해야 하는 대신, 원어민 수업을 비교적 저렴하게 들을 수 있다. '토크스테이션' 같은 국내 운영 업체는 한국인 매니저의 상담, 진도 관리, 수업 리포트, 보조 학습 자료 등이 잘 갖춰져 있는 대신 가격이 조금 더 비싸다.

어느 쪽이든 정답은 없다. 여러 곳의 무료 체험 수업을 실제로 들어 보고, 아이가 가장 편안해하고 많이 웃는 곳, 그리고 '듣기 인풋을 충분히 주는 수업'을 고르면 된다. 그리고 교육 철학이 우리 집과 맞는지, 가격이 예산에 맞는지, 1년 이상 지속 가능한지를 따져 보면 된다.

마지막으로, 수업 시간은 주 2회 20~25분 정도가 가장 현실적이고 꾸준히 이어 가기 좋다. 주 3회 이상은 금세 지치고, 주 1회는 관성이 생기지 않는다.

요약하면, '먼저 2~3년간 영상으로 귀를 여는 것, 그 다음에 화상영어로 그 귀를 입과 연결해 주는 것'이 가장 안전하고 효율적인 순서이다.

3. 어휘 Vocabulary

현서는 영어 단어장을 따로 만들어 암기한 적이 없다. 물론 세부 영어 캠프를 갔을 때는 꽤 했다. 하지만 그때 외웠던 단어들도 시험을 본 후에는 대부분 까먹었다. 그런데도 어휘 수준이 상당히 높은 이유는 무엇일까?

사실 생각해 보면 우리가 아이들에게 우리말 단어장을 만들고 외우게 하지 않는다. 왜냐하면 일상에서 끊임없이 새로운 개념과 지식을 접하고 그와 관련된 어휘에 노출이 되다 보니 자연스럽게 어휘가 확장되는 것이다. 집에서 부모님, 형제, 자매들과 대화하거나 TV를 보면서, 어린이집, 유치원, 학교 등 기관에서 친구들, 선생님과 하면서 지속적으로 인풋이 쌓이기 때문에 가능한 것이다. 현서에게 영어 어휘도 그랬다. 매일 1시간씩 영어 영상을 보면서 꾸준히 자기 수준보다 조금 높은 새로운 단어들을 습득했던 것이다.

단어 교재를 사서 공부할 수도 있는데, 그런 단어들이 내가 보는 영상이나 책에서 나오면 좋지만 그렇지 않다면 금방 잊게 된다. 이것이 바로 맥락 없는 암기의 한계이다. 우리 뇌는 의미 있는 맥락 속에서 단어를 만날 때 장기 기억으로 저장한다. 단어장에 적힌 'apple = 사과'를 100번 외우는 것보다, 페파 피그가 "I love apples!"라고 말하는 장면을 한 번 보는 게 훨씬 효과적이다.

말해보카: 게임처럼 재미있게

현서는 초등학교 5학년 때부터 '말해보카'라는 앱을 중학교 때까지 3년간 꾸준히 했다. '말해보카'는 게임 형식으로 되어 있어 문제를 풀고 높은 레벨을 달성하는 것에 흥미를 느꼈던 것 같다. 학습적으로는 이미 알고 있는 표현들의 의미와 용도를 조금 더 정확히 알게 되었다. 새로운 단어를 배운다기보다는, 영상을 보면서 어렴풋이만 알고 있던 단어들의 뜻을 명시적으로 보면서 확실히 알게 된 것이다.

예를 들어, 'actually'라는 단어를 영상에서 몇 번 들었지만 뭔가 강조하는 느낌 정도로만 알고 있었다면, 말해보카를 통해 '사실은', '실제로는'이라는 정확한 의미를 확인할 수 있었다. 또한 단어가 다양한 문장에서 어떻게 쓰이는지 보면서 완전히 자기 것으로 만드는 것이다.

말해보카란?

- 영어 어휘·표현을 게임처럼 배우는 모바일 앱
- 원어민 음성으로 단어·표현을 듣고 4지선다 답변 또는 빈칸 채우기
- 맞히면 경험치 획득 → 레벨업 → 랭킹 경쟁
- 틀리면 반복 학습으로 자동 복습

현서가 사용한 방식

- **시기:** 초 5 ~ 중1 (약 3년간)
- **시간:** 하루 15~20분
- **언제:** 자투리 시간 활용
- **방법:** 하루 목표: 50~100개 문제
  틀린 문제는 자동으로 반복 출제됨
  일주일에 한 번 랭킹 확인 → 동기부여

효과

- 신규 단어 암기 X
- '어렴풋이 아는 단어' → '정확히 아는 단어'로 전환
- 동의어, 반의어, 콜로케이션(함께 쓰이는 단어) 자연스럽게 습득
- 게임처럼 재미있어서 억지로 시키지 않아도 스스로 함
- 발음도 함께 익힘 (원어민 음성 자동 재생)

어휘는 급하게 늘리는 것이 아니다. 꾸준한 노출 속에서 시간을 두고 쌓이는 것이다. 단어장을 만들고 외우게 하는 대신, 매일 영어 영상을 보고 책을 읽게 해 주는 것, 그것이 진짜 어휘력을 키우는 방법이다.

4. 문법 Grammar

엄마와 아이들이 가장 두려워하는 것이 문법일 것이다. 영어 내신 성적을 결정할 때 가장 까다롭고 어려워하는 것이 문법이기 때문이다. 결론적으로 현서는 중학생인 현재까지 한국식 문법을 학교 외에서는 공부해 본 적이 없다. 실용 영어가 어느 정도 된다면 학교 수업만 충실히 해도 충분히 따라갈 수 있을 거라는 믿음 때문이다.

학교의 문법 시험에서 높은 점수를 받기 위해서는 영어로 의사소통을 할 수 있는 능력만으로는 부족하다. 해외에서 살면서 영어가 한국어보다 편한 리터니Returnee 친구들도 한국식 문법은 어려워한다. 이때 필요한 것은 오히려 학습 능력이다. 수업에 집중해서 선생님의 설명을 잘 듣고, 선생님의 출제 유형을 파악해서 공부를 해야 하는 것이다. 영어 능력과는 별개의 능력이라고 생각한다.

화상 영어 수업이나 공부방에서 말하기나 쓰기에 필요한 문법들은 했을 것이다. 문장의 구조나 시제, 수(명사의 단수, 복수), 인칭(3인칭 단수 동사에 s, es), 그리고 기본적인 전치사 활용 등이 그것이다. 의사소통이 목적이라고 하면 그 외의 문법은 완벽하지 않아도 큰 장애가 되지 않는다. 아이들이 한국식 문법의 설명을 듣고 이해하려면 인지 수준이 꽤나 높아야 한다. 현서가 국어 문법 공부를 하는 것을 본 적이 있는데 한국어 문법도 이해하기가 녹록지 않았다. 영어는 오죽할까? 문법 공부로 인해 아이가 영어 거부자가 되게 만들지 마라.

5. 쓰기 Writing

영어 쓰기의 최종 목표는 자신의 생각을 서론, 본론, 결론으로 나누어 논리적으로 쓰는 에세이 작성Essay Writing 이지만, 시작은 알파벳 쓰기부터로 볼 수 있다. 현서는 5학년 때 높은 수준의 에세이를 쓸 수 있었지만, 쓰기를 빨리, 체계적으로 한 것은 아니다.

다음 영상은 현서가 8살 때 한 교수님과 'Creative Writing' 수업을 할 때의 모습이다. 말하기로 자신의 의사 표현은 자유롭게 하지만 단어의 스펠링도 모르고 기본적인 쓰기도 안 되는 걸 볼 수 있다.

Creative Writing 수업 모습

그렇다면 이 수업 이후로 별도의 쓰기 수업을 받은 적이 없었는데도 어떻게 5학년 때는 영어 에세이를 작성할 수 있었을까? 쓰기 관련해서 엄마들이 가장 많이 하는 질문 중 하나가 "우리 아이가 영어 쓰기가 안 된다."라는 것인데, 사실 그런 친구들은 한글로도 쓰기가 안 될 확률이 높다.

'Essay Writing'이나 'Creative Writing'은 자신의 생각과 의견, 논리가 있어야 쓸 수 있다. 그런데 아이들이 한국어 수업에서도 이런 걸 제대로 해 본 적이 없으니 영어 쓰기가 어려운 것이다. 문제는 스펠링이나 문법이 아니다. 본인의 의견이나 생각 자체가 없는 것이다. 실제로 많은 아이들이 "What do you think about ~?"라는 질문에 "I don't know."로 답한다. 영어를 몰라서가 아니라 자기 생각 자체가 없기 때문이다. 한국어로 물어봐도 마찬가지이다. 이런 상태에서 영어 쓰기 학원을 보내 봤자 소용없다.

인지 발달과 모국어 사고력이 우선

그래서 나는 아이가 아직 인지 발달이 안 된 너무 이른 시기부터 쓰기에 매달릴 필요는 없다고 말하고 싶다. 현서도 그렇게 체계적으로 쓰기를 하지 않았다.

대신 우리가 집중한 것은 모국어 책 읽기와 이를 바탕으로 자기 생각을 논리적으로 말해 보는 훈련이었다. 가장 좋은 방법은 책을 읽고 엄마와 대화를 하는 것이다. "왜 주인공은 그렇게 행동했을까?", "너라면 어떻게 했을 것 같아?", "이 이야기에서 가장 중요한 건 뭐라고 생각해?"와 같은 질문에 답하면서 아이는 자연스럽게 생각을 정리하고, 근거를 대고, 논리적으로 말하는 연습을 한다. 이것이 바로 쓰기의 토대가 되는 것이다.

현서도 이게 되었기 때문에 영어 'Essay Writing'도 어렵지 않게 할 수 있었다. 한국어로 논리적으로 생각하고 말할 수 있으면, 영어는 단지 번역의 문제일 뿐이다.

현서네 쓰기 로드맵

현서는 어떻게 쓰기를 했을까? 단계별로 정리하면 다음과 같다.

1단계: 알파벳 쓰기 (6~7세)

- 호두잉글리시 하면서 자연스럽게 익힘
- 그냥 게임을 하다 보니 알파벳이 눈에 익고 손에 익음

2단계: 단어 → 짧은 문장 (초1~2)

- 화상 영어 숙제로 간단한 문장 쓰기 시작
- "I like apples.", "My favorite color is blue." 정도 쓰는 수준
- ORT 읽으면서 문장 구조 자연스럽게 내재화

3단계: 문장 → 짧은 단락 (초3~4)

- ELT Reading 교재 내의 Writing 액티비티
- 영어 공부방에서 3~5문장 정도 쓰기
- "My weekend", "My favorite animal"과 같은 주제

4단계: 단락 → 에세이 (초5 이상)

- 바칼로레아 온라인 Essay Writing 첨삭 수업 (주 1회, 1년간)
- 주제에 대해 자료 조사 → 개요 작성 → 초안 쓰기 → 첨삭 → 수정
- 한 편의 에세이를 완성하는 데 2~3시간 소요

쓰기 실력이 급성장한 이유

쓰기는 절대 급하지 않다. 듣기, 말하기, 읽기가 탄탄하고, 한글로 생각이 정리되면, 쓰기는 자연스럽게 따라온다. 8살 때는 문장 하나도 제대로 못 쓰던 현서가 5학년 때 영어 에세이를 쓸 수 있었던 이유를 정리하면 다음과 같다.

1. 충분한 인풋 (듣기 + 읽기)

- 매일 1시간씩 영어 영상 노출 → 자연스러운 표현 습득
- ORT, ELT 교재 읽기 → 문장 구조 내재화

2. 말하기 먼저 (Speaking → Writing)

- 호두잉글리시 3년 + 화상 영어 3년
- 입으로 말할 수 있는 것은 쓸 수도 있다

3. 모국어 사고력 (한글 독서 + 대화)

- 16개월부터 6학년까지 매일 30분 이상 엄마가 한글 책 읽어 줌
- 책 읽고 엄마와 대화하며 자기 생각 정리하는 훈련

4. 적절한 시기 (인지 발달)

- 초 5(만 10~11세) 시기가 중요
- 이 시기가 되면 추상적 사고, 논리적 구성 능력이 발달

4부

부모의 지속적 전략

15장
꾸준함을 가로막는 3대 적: 불안·조급·완벽주의

《현서네 유튜브 영어 학습법》이 출간되고 바로 코로나가 터지는 바람에 더 많은 분들이 책에 관심을 가지게 되었다. 어차피 아이들과 하루 종일 집에 있는데 영상을 안 볼 수는 없고, 이왕 영상을 보여 줄 거라면 영어로 보여 주는 것이 낫겠다고 생각했던 분들이 많았다. 그럼에도 책을 읽고 현서네처럼 매일 1시간 영상 보기 루틴을 꾸준히 이어 간 분들은 생각보다 많지 않았다.

그래서 책을 내고 6개월 뒤부터 맘코칭이란 것을 시작했다. 당시 인스타그램 팔로워가 1.5만 명 정도였고 이를 바탕으로 교육 인플루언서 활동을 확대하기 위해 퇴사를 하고 시작한 첫 프로젝트였다. 책을 읽고도 실천이 안 되는 분들을 매월 50명씩 모집해 4주 동안 매주 2시간짜리 강연을 하고 함께 실천을 해 보는 과정이었다. 월요일에 들은 강연 내용을 바탕으로 엄마들은 아이와 영어 영상 노출 환경을 만드는 실천을 하고, 금요일 밤에 다시 줌에서 만나 2시간 정도 질의응답을 했다. 엄마들이 현서네 방법을 실천하는 데 실질적으로 겪는 어려움을 듣고 답을 찾아 드렸다. 그렇게 3년 동안 23회의 맘코칭을 통해 총 999명의 엄마들과 함께하면서 쌓은 경험이 나에게도 큰 도움이 되었다.

그런데 이 과정에서 발견한 문제가 있었다. 맘코칭 4주 동안 현서네 방법에 대한 확신을 갖게 되고, 영알못인 부모와 평범한 우리 아이도 할 수 있다는 자신감을 가지고 영어 영상 노출 환경을 만드는 데까지 성공을 했지만 가장 어려운 부분이 남아 있었다. 바로 매일 보여 줄 영상을 찾는 것이었다. 맘코칭에서도 100개의 유튜브 채널을 7개의 분류로 나누어 대표 채널들을 직접 보여 주며 소개를 했지만, 이 루틴을 꾸준히 이어 가는 분들은 반 정도밖에 되지 않았던 것이다.

그래서 이듬해에는 아예 매일 엄마들이 아이들한테 보여 줄 1시간 분량의 영상을 다 찾아서 드리기 시작했다. 3부에서 소개한 1~3년 차에 해당하는 영상을 직접 엄선해서 드리는 것이었다. 이때도 엄마들과 줌으로 끊임없이 소통을 하며 고민과 어려움을 해결해 드렸다.

최근에는 인스타그램도 팔로워가 12만 명이 되었고, 유튜브도 구독자가 6만 명에 가까워지면서 수많은 엄마들의 질문을 받고 답변을 해 드리게 되었다. 이 과정에서 성공적으로 현서네 방법으로 루틴을 이어 가는 분들의 공통점과 그렇지 못하는 분들의 공통점이 어느 정도 보이기 시작했다.

4부에서는 지난 5년간 수천 명의 부모들과 소통하면서 느끼게 된 것을 바탕으로 꾸준함을 방해하는 3가지, 성공하는 엄마들의 공통점, 시기별로 가장 많이 묻는 질문에 대해서 정리해 보려고 한다.

우선 엄마들의 꾸준함을 방해하는 3대 요소가 있다. 바로 불안함, 조급함, 그리고 완벽주의다. 이 각각의 원인과 주로 엄마들이 보이는 증상, 그리고 이것을 최소화할 수 있는 방법에 대해 정리해 보려 한다.

불안, 왜 이렇게 힘들까?

왜 엄마들은 이렇게 불안할까? 곰곰이 생각해 보면 답이 나온다. 우리는 평생 무한 경쟁 속에서 살았다. 학창 시절 내내 성적으로 줄 세워졌고, 열심히 살아야 성공해서 잘 살게 된다고 배웠다. 대학 입시도, 취업도, 승진도 전부 경쟁이었다. 남녀 구분 없이 똑같이 경쟁

했다.

그런데 아이를 낳는 순간 게임의 룰이 바뀐다. 이제는 '나'만 잘하면 되는 게 아니다. '내 아이의 미래'까지 내 어깨 위에 올라온다. 내가 잘못 선택하면 우리 아이가 뒤처질 것 같고, 내가 놓치면 우리 아이 인생이 꼬일 것만 같다. 불안함이 배가 되는 순간이다.

더 큰 문제는 선택의 딜레마이다. 워킹맘은 아이와 함께 있지 못해서 죄책감을 느낀다. 평생 경쟁에서 뒤처지지 않으려 열심히 살았는데 육아 때문에 경력이 단절되거나 승진에서 밀린다. 회사 일을 하면서도 지금 우리 아이는 뭐 하고 있을까, 엄마가 없어서 외로워하진 않을까 하는 생각에 마음이 무겁다. 퇴근 후 아이를 보는 시간은 고작 2~3시간에 불과하다. 그 짧은 시간에 밥 먹이고 씻기고 재우고 나면 아이와 제대로 놀아 줄 시간이 없다.

전업맘은 또 다르다. 경력 단절로 인한 불안함과 함께, 아이 교육을 제대로 하고 있는지에 대한 압박감을 온전히 혼자 짊어진다. SNS를 보면 부모가 알아야 할 것은 왜 그렇게 많은지, 뭘 모르면 부모 노릇을 제대로 못 하는 것과 같은 취급을 받는다. 엄마들에게 영어 영상 노출을 하루 1시간씩 해 줘야 한다고 하면 다들 그럴 시간이 없다고 말한다.

어떤 선택을 해도 불안하다. 이게 우리가 사는 세상의 현실이다. 여기서 중요한 걸 말하고 싶다. 이건 당신 잘못이 아니다. 이 사회가 구조적으로 불안을 만들어 내는 것이다. 평생 경쟁하라고 가르치고, 아이를 낳으면 선택의 딜레마에 빠뜨리고, 아이 교육의 책임은 엄마 혼자 지게 만든다. 개인에게만 책임을 떠넘기는 것이다.

그래서 작년부터 나는 부산 지역 교육 인플루언서 몇 분과 함께 '엄마들의 불안 콘서트'를 세 차례 진행했다. 강연을 하거나, 해결책을 제시하려는 게 목적이 아니었다. 그저 엄마들이 자신들이 느끼는 불안함을 솔직하게 이야기하는 시간이었다. 많은 엄마들이 참석했고, 서로의 불안함을 나누며 위로를 받았다. 이 시스템 안에서 불안하지 않기란 거의 불가능하다. 하지만 이 시스템을 이해하고 나면 조금은 달라진다.

불안의 3가지 얼굴

엄마들과 상담을 하면서 발견한 게 있다. 엄마들의 불안은 크게 다음 세 가지 모습으로 나타난다는 것이다.

1. 비교 불안 - "우리 애만 뒤처지는 것 같아요."

인스타그램을 열면 "우리 애가 10살인데 《해리포터》 시리즈를 원서로 읽어요.", "4살인데 벌써 영어로 문장을 말해요.", "5살인데 원어민이랑 자연스럽게 대화가 가능해요."와 같은 게시물들이 쏟아진다. 엄마들은 이런 게시물을 보면 마음이 요동친다.

어린이집 픽업 시간에 다른 엄마가 말한다. "우리 애는 파닉스 끝났어요. 벌써 3단계래요." 집에 돌아와 아직 알파벳도 모르는 아이를 보면 "내가 뭘 잘못 하고 있나?" 하는 생각이 든다.

그런데 SNS에 올라오는 것들은 대부분 성공한 순간만을 보여 주는 것이다. 그 뒤의 수백 번의 실패와 포기는 보이지 않는다. 남의 아이 100점짜리 순간과 우리 아이 50점짜리 일상을 비교하는 것이다. 이게 공정한 게임인가? 시작 시점, 아이 성향, 가정 환경도 다른데 결과만 보고 비교한다. 게다가 남들이 보여 주는 건 편집된 하이라이트이다. 실패와 좌절은 잘라 내고 성공만 보여 준다.

구독자 한 분은 "6개월 전 우리 아이 영상을 우연히 봤어요. 그때는 안 느는 것 같아 불안했는데, 당시 영상과 지금을 비교해 보니 엄청 늘었더라고요. 비교 대상을 남의 아이에서 과거의 우리 아이로 바꾸니까 불안이 반으로 줄었어요."라고 말했다. 이렇게만 생각해도 마음이 편안하다.

2. 정보 불안 - "자료만 1년째 모으고 있어요."

영어 교육을 시작한다고 하면 엄마들은 네이버 카페를 뒤지고, 인스타그램의 해시태그를 탐색하고, 유튜브 영상을 시청하고, 엄마표 영어 책을 주문한다. 하루에 2시간씩 정보 검색을 한다. 일단 완벽하게 준비하고 시작하려고 한다.

1개월이 지난 후, 수많은 정보를 모으고, 엑셀 파일에 영어 채널 100개, 연령별 커리큘럼, 하루 타임테이블까지 완벽하게 정리했다. 그런데 실행한 것은 하나도 없다.

왜 이렇게 될까? 정보를 찾는 행위 자체가 불안함을 잠시 덜어 주기 때문이다. 뭔가 하고 있다는 착각을 준다. 실제로 영상을 틀어 주는 것보다 영상 리스트를 만드는 게 훨씬 편하다. 아이가 거부할 일도 없고, 실패할 일도 없으니까. 하지만 리스트를 아무리 많이 만들어도 아이의 영어 실력은 늘지 않는다.

인스타그램 팔로워 Joy***님은 1년 동안 자료만 모았다고 한다. 누가 봐도 완벽하게 자료를 조사했다. 그런데 실제로 영상을 틀어 준 건 이로부터 1년 후였다. "그 1년의 시간이 너무 아깝습니다. 그냥 첫날 슈퍼심플송 틀어 줬으면 지금쯤 300시간은 채웠을 텐데요."라고 말하며 후회했다. 준비를 하는 것은 당연히 필요하다. 하지만 준비만 하다가 시작을 못 하면 무슨 소용인가? 정보 검색 2시간보다 실행 10분이 낫다.

3. 선택 불안 - "이게 맞나? 계속 흔들려요."

드디어 시작했다. 매일 영어 영상을 1시간씩 보여 준다. 루틴을 잡았다. 아침 식사를 하면서 20분, 저녁 간식 먹으면서 30분, 자기 전에 10분을 꾸준히 해서 3개월이 지났다. 그런데 아이가 아직 말을 안 한다. "이게 맞나?"라는 생각에 인터넷을 검색한다. 당장 학원 보내서 파닉스부터 시작하라는 글을 보면 흔들리게 된다.

머리로는 안다. 하지만 마음이 불안하다. "우리 아이는 영상만으로는 안 되는 아이인 건 아닐까?"라는 생각이 들어 결국 파닉스 학원에 가서 상담을 받기로 한다. 3개월 동안 쌓은 루틴이 무너지게 되는 것이다.

왜 이렇게 될까? 불안하니까 확신이 없고, 확신이 없으니까 조금만 안 풀려도 방법을 바꾸게 되는 것이다. 그리고 새로운 방법을 시작하면 또 3개월쯤 지나서 불안해진다. 이 악순환이 반복된다.

더 큰 문제는 엄마의 불안이 아이에게 그대로 전달된다는 점이다. 불안한 엄마는 아이의 작은 실수에도 한숨을 쉰다. "왜 아직도 못해?"라고 다그친다. 다른 아이와 비교도 한다. "옆집 민수는 벌써 하던데 너는 왜 이래?"라고 말하는 순간 아이는 엄마의 불안을 고스란히 느낀다. 영어를 압박으로 느끼고, 영어를 싫어하게 되고, 엄마는 더 불안해진다.

이 악순환을 끊지 못하면 3년은커녕 3개월도 못 간다. 엄마가 편안하면 아이도 편안하다. 엄마가 불안하면 아이도 불안하다. 영어 교육의 성공은 방법론 50%에 엄마의 심리 안정이 50%이다.

불안감을 줄이는 3가지 실천법

"불안해하지 마세요."라고 말하는 건 소용없다. 불안은 의지로 되는 게 아니다. 하지만 줄일 수는 있다. 불안을 완전히 없애는 게 아니라 불안과 함께 가는 법을 배우는 것이다. 내가 권하는 방법은 다음 세 가지이다.

1. 비교하지 마라(언팔, 과거 우리 아이와 비교)

비교가 문제라는 건 알겠는데 어떻게 안 할 수 있겠는가? 인스타그램을 열면 자동으로 남의 아이와 비교하게 된다. 그래서 나는 이렇게 권한다.

일단 '언팔'하라. 당신을 불안하게 만드는 계정들을 과감하게 끊어라. 중요한 정보를 놓칠까 봐 걱정 안 해도 된다. 정말 중요한 정보는 어차피 다른 경로로도 확인할 수 있다. 그동안 SNS를 언팔로우하고 나서 후회한 사람은 한 명도 못 봤다. 오히려 다들 마음이 편해졌다고 했다.

그리고 비교 대상을 바꿔라. 우리 아이를 남의 아이와 비교하지 말고, 3개월 전의 우리 아이와 비교하는 것을 권한다. 3개월마다 아이 영상을 찍어 놓고 6개월 전 영상과 비교해 보라. "우와, 6개월 전엔 알파벳도 몰랐는데 지금은 간단한 단어는 읽네!"와 같은 발견을 하게 될 것이다. 그 순간 불안이 줄어든다. 성장은 매일 눈에 보이진 않지만 3개월 단위로 보면 보인다.

2. 80% 확신이 들면 바로 시작하라 (완벽주의 버리기)

완벽한 방법은 없다. 100% 확신이 생길 때까지 기다리면 영원히 시작할 수 없다. 80% 확신이 들면 일단 시작하고, 나머지 20%는 하면서 조정하라.

정보 검색 2시간보다 실행 10분이 낫다. 완벽한 커리큘럼 만들기보다 불완전하게라도 시작하는 게 낫다. 시작하면 보인다. 우리 아이가 좋아하는 영상이 무엇인지, 어떤 시간대가 집중력이 좋은지, 얼마나 보여 줘야 하는지 알게 된다.

3. 혼자 하지 마라 (함께하는 커뮤니티의 힘)

앞서 언급한 두 가지는 혼자 실천하기는 어렵다. 주변에서 "영상만 본다고 영어가 돼?", "빨리 학원 보내!"와 같은 말을 들으면 아무리 확신이 있어도 흔들린다. 특히 워킹맘들은 더 힘들다. 낮에 아이를 볼 수 없으니 다른 엄마들과 정보를 나눌 기회도 적고, 어린이집 픽업 시간도 늦어서 다른 엄마들과 수다 떨 시간도 없다. 집에 오면 밥 먹이고 씻기고 재우기 바쁘다. 늘 혼자 고민하며 불안해한다.

그래서 나는 비슷한 교육관을 가진 엄마들의 커뮤니티에 속하는 것을 강력히 권한다. 혼자서는 버티기 어렵다. 하지만 같은 방향으로 가는 엄마들과 함께하면 훨씬 쉽다. 현서네 구독 서비스도 그런 커뮤니티 중 하나이다. 수백 가정이 함께 영어 영상 노출을 하고 있고 엄마들끼리 서로 경험을 나누고 격려한다. "우리 애가 드디어 첫 문장을 말했어요!", "오늘로 300시간을 달성했어요!", "힘들 때마다 다른 분들의 후기를 보며 버텼어요."와 같은 이야기들이 심심치 않게 올라온다.

현서네와 비슷한 철학을 가진 다른 커뮤니티들도 많다. 엄마표 영어 카페도 있고, 네이버 밴드도 있고, 인스타그램 소모임도 있다.

중요한 건 어디든 좋으니 혼자 하지 말라는 것이다.

엄마표 영어를 하는 엄마들, 특히 워킹맘들은 소속된 엄마 모임이 없어서 늘 정보가 부족하고 불안하다. 주변에 물어볼 사람도 없고, 검색해서 나오는 정보는 너무 많아서 뭐가 맞는지 모르겠고, 결국 혼자 끙끙 앓다가 포기하거나 학원으로 방향을 틀게 된다. 하지만 같은 길을 가는 엄마들과 함께하면 훨씬 덜 외롭고, 덜 불안하고, 더 오래 갈 수 있다.

마지막으로 이것만은 꼭 말하고 싶다. 당신은 이미 잘하고 있다. 아이를 걱정하는 마음, 더 나은 방법을 찾으려는 노력, 이 책을 펼쳐 여기까지 읽은 것 자체가 당신이 좋은 부모라는 증거이다. 죄책감 가질 필요가 없다. 워킹맘이든 전업맘이든, 일찍 시작했든 늦게 시작했든, 영상을 하루 1시간 보여 주든 30분 보여 주든, 당신은 이미 충분히 잘하고 있다.

불안한가? 다른 엄마들도 대부분 불안하다. 당신은 혼자가 아니다. 불안을 느끼는 것은 정상이고 아이를 사랑하는 증거이다. 다만 불안에 잠식되지는 말아야 한다. 불안을 인정하고, 불안을 조절하고, 불안 속에서도 꾸준히 걸어가라. 9년은 긴 여정이다. 불안을 완전히 없앨 순 없다. 하지만 불안과 함께 갈 수는 있다. 엄마들의 불안 콘서트에서 한 엄마가 이렇게 말했다. “저는 여전히 불안합니다. 하지만 더 이상 불안이 저를 멈추게 하지 않습니다.”

조급함 - '빨리빨리'가 만든 함정

팔로워 ***vely님이 상담 신청을 했다. 아이가 초등학교 1학년인데 영어 영상 노출과 영어 책 읽기를 1년간 했다고 한다. 대단하다고 생각했다. 그런데 상담 내용을 듣고 깜짝 놀랐다.

"선생님, 1년을 했는데 우리 애 AR 지수가 아직 1.5예요. 같은 학원 다니는 애는 벌써 3.0이래요. 제가 뭘 잘못 하고 있는 걸까요? 좀 더 어려운 책을 읽혀야 하나요? 아니면 학원을 상급반으로 옮겨야 하나요?"

1년을 꾸준히 했다는 것은 정말 대단한 것이다. 그런데 이 엄마는 AR 지수에만 집중하고 있었다. 아이가 즐겁게 영어를 하고 있는지, 영어에 대한 거부감이 없는지, 꾸준히 할 수 있는 루틴이 잡혔는지는 관심이 없었다. 오직 숫자로 보이는 성과만 보고 있었다.

또 다른 엄마는 "우리 애는 화상 영어 3개월을 했는데 아직도 선생님이 묻는 질문에 'Yes', 'No'밖에 못 해요. 더 비싼 프로그램으로 바꿔야 할까요? 아니면 주 4회로 늘려야 할까요?"라고 물었다.

이 엄마들의 공통점이 뭘까? 빠른 결과를 보고 싶어 한다는 것이다. 숫자, 레벨, 등급처럼 눈에 보이는 성과를 빨리 원하는 것이다. 이게 바로 조급함이다. 불안은 감정의 문제라면, 조급함은 시간의 문제이다. "우리만 뒤처지는 건 아닐까?" 하는 게 불안이라면, "언제까지 기다려야 해? 더 빨리 갈 수는 없어?" 하는 게 조급함이다.

왜 우리는 이렇게 조급할까? 한국은 빨리빨리의 나라이다. 압축 성장을 이룬 나라답게 모든 게 빠르다. 배달은 30분 안에 와야 하고, 승진도 빨리 해야 인정받고, 성공도 빨리 해야 한다. 느린 건 곧 뒤처지는 것이고, 뒤처지는 건 곧 실패로 여긴다. 교육도 예외가 아니다. 선행학습이 당연하고, 빨리 높은 레벨에 가는 게 실력이라고 생각한다. 하지만 더 근본적인 문제가 있다. 우리는 모두 하나의 사다리에서 경쟁하고 있다는 것이다.

토드 로즈는 그의 책《평균의 종말》에서 이렇게 말한다. 우리 교육 시스템은 '평균적인 학생'이라는 허상을 전제로 설계되어 있다. 모든 학생이 같은 속도로, 같은 방식으로, 같은 목표를 향해 가야 한다고 가정한다. 하지만 평균적인 학생은 존재하지 않는다. 모든 아이는 다르다. 학습 속도도, 흥미도, 강점도 모두 다르다.

그런데 우리는 아이 개개인을 보지 않는다. AR 지수, 학원 레벨, 학년별 진도라는 획일화된 기준에 아이를 맞추려고 한다. 우리 아이가 어떤 아이인지, 어떤 속도로 가는 게 맞는지는 중요하지 않다. 남들이 정해 놓은 기준에 빨리 도달하는 게 목표가 된다.

왜 이렇게 됐을까? 토드 로즈는《다크호스Dark Horse》(2018)에서 그 이유를 설명한다. 산업화 시대의 교육은 공장에서 말 잘 듣는 노동자를 길러 내는 게 목적이었다. 표준화된 교육, 획일화된 평가, 정해진 커리큘럼. 개인성은 무시됐다. 모두가 같은 사다리를 올라가야 했다. 빨리 올라갈수록 성공이었다.

하지만 이제 세상이 바뀌고 있다. AI와 기계가 표준화된 일을 대신한다. 이제 필요한 건 남들과 똑같이 빠르게 사다리를 오르는 사람이 아니라, 자기만의 사다리를 찾는 사람이다. 개인성을 바탕으로 자기 길을 가는 사람이다.

영어 교육도 마찬가지다. AR 지수가 몇인지, 몇 레벨 반인지가 중요한 게 아니다. 우리 아이가 영어를 즐기고 있는지, 꾸준히 하고 있는지, 자기 속도로 성장하고 있는지가 중요하다. 하지만 조급함은 이걸 보지 못하게 만든다.

조급함의 3가지 얼굴

수많은 엄마들과 소통하면서 조급함이 어떻게 나타나는지 패턴을 발견했다. 크게 다음 세 가지 형태이다.

1. 3개월마다 방법을 바꾼다

"영어 영상을 3개월 동안 봤는데 아직 말을 안 해요. 이 방법이 맞나요?"와 같은 질문을 정말 많이 받는다. 3개월 동안 하루 1시간씩 했다면 대략 90시간이다. 1,000시간의 9%에 해당한다. 고작 9%를 진행했는데 결과를 보고 싶어 한다. 그리고 결과가 안 보이면 방법을 바꾼다.

영상을 3개월 동안 보다가 효과가 없어 파닉스 학원 3개월을 다닌다. 역시 달라진 점이 없어서 화상 영어 3개월을 하다가 또 앱으로 전환해서 3개월을 한다. 역시 효과가 없어 다시 원점으로 돌아가게 된다. 이렇게만 해도 1년이 지났다. 근데 어떤 방법도 하나를 제대로 해 본 적이 없다. 각 방법을 3개월씩만 했으니 영어 실력은 제자리이다. 아이는 지치고 엄마가 계속 바꾸니까 혼란스럽다.

구독자 이○○님은 2년 동안 방법을 7번 바꿨다고 한다. 영상을 보다가, 학원으로 전환하고, 화상 영어를 시작했다가, 앱도 하고, 전집을 시도했다. 그러다 다시 학원을 보냈다가 결국 영상으로 돌아왔다고 한다. 2년 동안 어떤 것도 제대로 정착시키지 못했다. "지금 생각하면 그냥 하나를 2년간 꾸준히 했으면 훨씬 나았을 것 같아요. 계속 바꾸느라 시간만 낭비했어요."라고 후회한다. 조급함은 일관성을 무너뜨린다. 그리고 일관성 없이는 1,000시간을 채울 수 없다.

2. 아이를 재촉한다

조급한 엄마는 아이의 속도를 못 참는다. "왜 아직도 말을 안 해? 6개월을 했잖아.", "이 책은 너무 쉬운 거 아냐? 좀 더 어려운 거 읽어 봐.", "옆집 민수는 벌써 3레벨인데 너는 왜 아직 1레벨이야?"와 같이 아이를 재촉한다. 빨리 다음 단계로 가기를 원한다. 눈에 보이는 성과를 원한다.

현서네 구독자 중에 이런 경우가 있었다. 아이가 영상을 보다가 모르는 단어가 나오면 엄마한테 물어봤다고 한다. 엄마는 처음엔 설명해 줬는데, 어느 순간부터 "그것도 몰라? 벌써 열 번은 나온 단어잖아."라고 말하기 시작했다. 아이는 점점 질문을 안 하게 됐다. 모르는 게 있어도 엄마한테 혼날까 봐 그냥 넘어갔다. 3개월 후 이 아이는 영어를 싫어하게 됐다. 엄마는 그제야 본인의 조급함과 욕심 때문에 아이가 영어를 싫어하게 되었음을 깨달았다.

아이에게는 아이만의 속도가 있다. 어떤 아이는 500시간 만에 첫 문장을 말하고, 어떤 아이는 800시간이 걸린다. 어떤 아이는 읽기가 먼저 트이고, 어떤 아이는 말하기가 먼저 트인다. 모두 다르다. 하지만 조급한 엄마는 이걸 못 기다린다. 남들과 똑같은 속도 또는 더 빠른 걸 원한다.

3. 단계를 건너뛴다

조급함의 가장 위험한 형태이다. 아이의 현재 수준을 무시하고 다음 단계로 밀어붙인다. 500시간도 안 됐는데 읽기를 시킨다. "영상만 보면 언제 읽기를 하냐."라고 생각한다. 아직 말도 못 하는데 쓰기를 시킨다. AR 지수가 1.5인데 3.0짜리 책을 읽힌다. 빨리 높은 레벨로 가야 한다고 생각한다. 결과는 불을 보듯 뻔하다. 아이가 힘들어한다. 이해가 안 되니, 재미가 없고, 결국 포기한다.

구독자 김○○님은 아이가 300시간쯤 됐을 때 이제 읽기 시작해야 하는 거 아니냐고 물었다. 아직 아이가 문장을 말하지도 못할 때였다. 나는 "아직이에요. 최소 500시간은 영상을 더 보여 주세요. 입이 트이고 나서 눈을 트이게 하는 게 훨씬 쉽습니다."라고 말씀드렸다. 하지만 엄마는 조급했다. 결국 파닉스를 시작했다.

2개월 후 연락이 왔다. 아이가 영어를 너무 싫어하고, 파닉스를 하기 싫다고 울었다고 한다. 단계를 건너뛴 대가였다. '듣기 → 말하기 → 읽기 → 쓰기'의 순서를 무시하고 건너뛰면 반드시 문제가 생긴다. 하지만 조급한 엄마는 이 순서를 못 기다린다.

'기다림의 기술' 4가지 원칙

그럼 어떻게 해야 할까? 조급함을 완전히 없앤다는 건 불가능하다. 나도 조급할 때가 있었다. 하지만 조급함을 조절할 수는 있다. 조급함과 함께 가는 법을 배울 수 있다. 내가 권하는 방법은 다음 네 가지이다.

1. 6개월 원칙을 지켜라

어떤 방법을 선택하든 최소 6개월은 유지하라. 이게 가장 중요하다. 왜 6개월인가? 언어 습득은 느리다. 뇌가 새로운 언어 회로를 만드는 데는 시간이 걸린다. 3개월은 너무 짧다. 겨우 시작하는 단계이다. 6개월은 지나야 변화가 보이기 시작한다.

현서도 그랬다. 슈퍼심플송을 처음 틀어 줬을 때 현서는 그냥 멍하니 봤다. 3개월이 지나도 별 반응이 없었다. 5개월쯤 됐을 때 조금씩 따라 부르기 시작했다. 7개월쯤 됐을 때는 혼자서도 흥얼거렸다. 만약 3개월 만에 포기했다면 현서의 변화를 볼 수 없었을 것이다.

6개월 원칙은 간단하다. 어떤 방법을 선택하든, 최소 6개월은 바꾸지 않는다. 6개월 전에는 효과를 판단하지 않는다. 단, 아이가 심하게 거부하고 스트레스 받으면 즉시 중단한다. 하지만 단순히 눈에 보이는 성과가 없다는 이유로 바꾸지는 않는다.

'2026년 12월 31일까지는 절대 안 바꾼다.'와 같이 달력에 표시해 두면 좋다. 그리고 그 기간 동안은 다른 방법을 검색하지도 마라. 조급함을 참는 연습이다.

2. 성장 저널을 써라

성장은 그 과정이 매일 보이는 것은 아니다. 어제와 오늘을 비교하면 차이가 없다. 변화가 없는 것 같아 조급해질 수 있다. 하지만 3개월 단위로 보면 변화가 보인다. 6개월 단위로 보면 확연히 다르다. 그래서 기록이 필요하다. 성장 저널은 간단하다. 3개월마다 다음과 같이 기록해 보라.

- **오늘 날짜:** 2026년 4월 1일
- **누적 시간:** 약 200시간
- **아이 변화:** 영상 볼 때 가끔 단어 따라 말함. 'apple', 'banana' 등
- **느낀 점:** 아직 문장은 말하지 못하지만 예전보다 집중해서 봄

다음과 같이 영상으로 촬영하는 것도 방법이 될 수 있다.

- 영어 영상 보는 모습
- 좋아하는 장면 따라 하는 모습
- 영어 책 보는 모습 (시작했다면)

6개월 후 저널을 다시 보거나, 3개월 전 영상을 다시 본다. 그럼 변화가 보인다. 구독자 최○○님은 성장 저널을 1년간 썼다. "저널을 쓰면서 느꼈어요. 아이가 매일 조금씩 자라고 있구나. 당장 눈에 안 보여도 분명 성장하고 있구나. 그 후로 조급함이 많이 줄었어요."라고 말한다. 이것이 성장 저널의 힘이다. 과거와 현재를 비교하게 만든다. 남의 아이가 아니라 우리 아이의 과거와 현재를 비교하면 조급함이 줄어든다.

3. 타임라인을 넓게 잡아라

조급한 엄마는 대부분 타임라인이 짧다. "3개월을 했어요.", "벌써 6개월이나 했어요.", "1년을 했는데 왜 안 돼요?"라고 말한다.

타임라인을 넓혀라. 3개월이 아니라 3년을 보라. 1년이 아니라 9년을 보라. 현서는 9년 걸렸다. 36개월에 시작해서 초등학생이 되었을 때 비로소 영어 좀 잘한다는 소리를 들었다. 이 기간이 길다고 생각하는가?

우리는 한글을 배우는 데 얼마나 걸렸는지 생각해 보라. 태어나서부터 초등학교 졸업까지 최소 12년이다. 그것도 매일 8시간 이상 한글에 노출된다. 영어는 하루 1~2시간 노출로 9년이면 충분하다. 오히려 빠른 것이다. 1년 후를 보지 말고 3년 후를 보라. 3년 후를 보지 말고 9년 후를 보라. 그럼 조급함이 줄어든다.

4. 루틴을 고정하라

조급함을 이기는 가장 강력한 방법은 루틴이다. 루틴이 고정되면 생각할 필요가 없다. 현서도 매일 저녁을 먹고 나면 1시간씩 영어 영상을 봤다. 정해져 있으니까 그냥 한다. “오늘 뭐 볼까?”, “효과 있나?”, “다른 방법은 없나?”와 같은 생각은 안 한다. 루틴의 힘은 생각을 멈추게 만든다는 것이다. 생각이 멈추면 조급함도 멈춘다. 양치질하듯이 그냥 기계적으로 한다. 루틴을 만드는 법을 정리하면 다음과 같다.

- **시간 고정:** 매일 같은 시간 (저녁 식사 후 등)
- **장소 고정:** 매일 같은 장소 (소파, 식탁, 아이 방 등)
- **방법 고정:** 매일 같은 방식 (TV로, 태블릿으로, 유튜브로 등)

3개월간 고정하라. 그럼 루틴이 습관이 된다. 습관이 되면 안 하는 게 더 이상하다. 현서는 9년간 거의 같은 루틴으로 했다. 아침 20분, 저녁 30분. 주말 1시간의 루틴이다. 이게 습관이 되니까 조급할 이유가 없었다. 루틴은 조급함을 이긴다.

마지막으로 이것만은 꼭 전하고 싶다. 느리게 가도 괜찮다. 토드 로즈는 《다크호스》에서 성공한 사람들의 공통점은 '빠르게 간 것'이 아니라 '자기 길을 간 것'이라고 했다. 남들이 정한 사다리를 빨리 오른 게 아니라, 자기만의 사다리를 찾은 것이다. 그들은 남들과 속도 경쟁을 하지 않고 대신 자기 속도로 갔다.

영어 교육도 마찬가지이다. AR 지수, 학원 레벨이 빨리 오르는 게 중요한 게 아니다. 우리 아이가 영어를 즐기면서, 자기 속도로, 꾸준히 가는 게 중요하다. 하나의 사다리에서 속도 경쟁을 하지 마라. 우리 아이만의 사다리를 찾아라. 그 사다리를 자기 속도로 올라가게 하라. 빨리 가는 것보다 즐겁게 가는 게 중요하다. 1등으로 도착하는 것보다 웃으면서 도착하는 게 중요하다. 조급함을 내려놓으면 우리 아이가 얼마나 잘하고 있는지, 얼마나 성장했는지, 우리 아이만의 속도가 얼마나 완벽한지 보인다.

완벽주의: '정답'을 찾는 사람들

"초등학교 1학년 아이한테 가장 좋은 영어 영상이 뭔가요?"

상담할 때 가장 많이 받는 질문이다. '가장 좋은' 영상, 즉 정답을 찾는다. 나는 이렇게 답한다. "아이마다 달라요. 어떤 아이는 페파 피그를 좋아하고, 어떤 아이는 블리피를 좋아해요. 일단 몇 개 보여 주시고 아이의 반응을 보세요." 그러면 이렇게 다시 묻는다. "그럼 몇 개나 보여 줘야 하나요? 순서는 어떻게 해야 하나요? 하나를 계속 보여 줘야 하나요, 아니면 여러 개를 섞어야 하나요?"

또 정답을 찾는다. 완벽한 답을 찾으며, 그것을 찾을 때까지 시작을 안 한다. 이처럼 우리 교육은 늘 정답을 찾는 교육이었다. 수학 문제에는 정답이 하나 있고, 국어 시험에도 '작가의 의도'라는 정답이 있고, 영어 문법에도 '맞는 것'과 '틀린 것'이 명확히 구분된다. 우리는 평생 정답을 찾도록 훈련받았다. 내 생각보다는 정답을 찾으려고 한다. 완벽하게 해야 한다고 생각한다. 영어에서도 그렇다.

내가 강연할 때 늘 엄마들에게 묻는다. "영어로 자기소개 1분만 할 분 계세요? 일어서 보세요." 아무도 안 일어선다. 강연에서 수천 명을 만났지만, 기억나는 건 딱 한 번뿐이다. 단 한 분만 일어섰다.

왜 그럴까? 영어를 못해서? 아니다. 강연에 오는 엄마들 중 일부는 영어를 곧잘 할 것이다. 대학 때 토익 900점 넘게 받은 사람도 있고, 회사에서 영어로 이메일을 주고받는 사람도 있을 것이다. 그런데 일어서지 않는다.

우리 모두 그 이유를 안다. 영어도 완벽하게 해야 한다는 강박을 가지고 있기 때문이다. 누군가 일어서서 영어로 말하는 순간, 사람들은 문법적으로 틀린 게 없는지, 발음은 얼마나 정확한지 귀를 쫑긋 세우고 들을 거라는 걸 모두가 알고 있기 때문이다. 영어를 곧잘 하는 사람도 본인의 발음이나 문법이 원어민만큼 완벽하지 않다는 생각에 많은 사람들 앞에서는 영어를 하려고 하지 않는다. 완벽하지 않으면 차라리 안 한다. 이게 우리가 배운 것이다.

완벽주의 부모의 4가지 특징

부모님들 중에도 이런 완벽주의 성향을 가지신 분들이 눈에 보인다. 나에게 질문할 때도 늘 정답을 찾으신다. 사실 육아에는 정답이 없다. 아이에 맞춰 저마다의 해답이 있을 뿐이다. 우리는 그 해답을 찾을 때까지 수없이 새로운 시도를 하면서 실패를 해야 한다. 이걸 못 하면 더 불안하고 조급한 마음이 들게 된다. 완벽주의 부모들이 보이는 행동은 크게 다음 네 가지이다.

1. 정답을 찾으려고 끝없이 정보를 수집한다

"초등학교 1학년 아이한테 가장 좋은 영어 영상이 뭔가요?", "파닉스는 언제 시작하는 게 정답인가요?", "화상 영어는 주 몇 회가 최적인가요?"와 같은 질문으로 정답을 찾는다. 그 답을 찾을 때까지 시작을 안 한다.

구독자 김○○님은 오랫동안 정보만 수집했다고 한다. 네이버 카페 10개 가입, 엄마표 영어 책 15권 구매, 유튜브 영상 100개 저장, 인스타그램 계정 50개를 팔로우하며 완벽하게 준비하려고 했다. 하지만 "나중에야 깨달았어요. 정답은 없다는 걸. 그냥 시작했어야 했는데. 시간만 허비했어요."라고 뒤늦게 후회를 한다. 완벽주의자는 확신을 가지고 완벽하게 준비될 때까지 시작을 하지 않는다. 하지만 완벽한 준비는 영원히 오지 않는다.

2. 작은 실수나 변화에도 크게 흔들린다

드디어 시작했다. 슈퍼심플송을 매일 보여 주기로 했다. 계획대로 하루 1시간씩 말이다. 그런데 3일 만에 아이가 "오늘은 안 볼래."라고 한다. 완벽주의 엄마는 흔들린다. 계획이 틀어졌다며 당황하게 된다. 다음 날 다시 시작한다. 그런데 이번엔 아이가 영상 중간에 다른 걸 하고 싶다고 한다. 그럼 또 흔들린다. 완벽주의자는 계획대로 안 되면 불안하다. 작은 변화에도 크게 흔들린다.

구독자 박○○님은 아이가 하루 영상을 안 본 날 밤잠을 설쳤다고 한다. "루틴이 깨진 것 같아서 너무 불안했어요. 이러다가 다 무너지는 건 아닐까 걱정했어요." 하지만 영상을 하루 안 본다고 무너지지 않는다. 일주일에 5일을 하면 충분하다. 매일 완벽하게 안 해도 된다. 하지만 완벽주의자는 이걸 못 받아들인다.

3. 계획을 지나치게 촘촘하게 세운다

완벽주의자는 계획을 아주 상세하게 세운다.

- 06:30 기상
- 06:40 세면
- 06:50~07:10 아침 식사 + 영어 영상 (슈퍼심플송 3편)
- 07:10~07:20 이 닦기
- 07:20~07:30 옷 갈아입기
- 19:00~19:20 저녁 식사
- 19:20~19:50 영어 영상 (Peppa Pig 2편)
- 19:50~20:00 정리
- 20:00~20:30 목욕
- 20:30~21:00 한글 책 읽기
- 21:00 취침

완벽한 계획이다. 하지만 현실은 다르다. 우선 아이가 아침에 일어나지 않는다. 계획은 6시 30분인데 7시에 일어난다. 이미 30분 틀어졌다. 영상 볼 시간이 없다. 저녁에 친구가 놀러 온다. 계획에 없던 일이다. 그래서 영상을 못 본다. 주말에는 할머니 집에 간다. 계획이 또 어긋나게 된다.

결국 일주일에 3일만 계획대로 되고 나머지는 망쳤다는 생각에 완벽주의 엄마는 좌절한다.

구독자 최○○님은 "계획을 너무 빡빡하게 세웠어요. 10분 단위로. 근데 아이는 계획대로 안 움직이더라고요. 당연한 일인데 저는 그게 스트레스였어요. 결국 3개월 만에 포기했어요."라고 말했다. 계획은 필요하다. 하지만 너무 완벽한 계획은 독이 된다.

4. 결과를 수시로 확인하려 한다

완벽주의자는 결과를 자주 확인한다.

- 영상 노출 1개월 차: "우리 아이 뭔가 달라진 것 같아요?"
- 영상 노출 2개월 차: "아직도 말을 안 하는데 정상인가요?"
- 영상 노출 3개월 차: "이 방법이 맞나요? 효과가 있긴 한 건가요?"

매달 결과를 확인한다. 변화를 찾는다. 성과를 측정한다. 눈에 보이는 걸 원한다. 하지만 언어 습득은 느리다. 3개월에 눈에 보이는 변화가 있으면 그게 이상한 것이다. 보통 6개월은 지나야 변화가 보이기 시작한다.

완벽주의자는 이걸 못 기다린다. 매주, 매달 확인한다. 그리고 변화가 안 보이면 불안해한다. 구독자 이○○님은 아이 영어 발화를 매일 기록했다고 한다. '오늘 새로운 단어 3개 말함', '오늘은 아무것도 안 말함'과 같이 기록했다. 그러다 일주일 동안 새로운 발화가 없으면 불안해졌다. 하지만 언어 습득은 계단식이다. 한동안 변화가 없다가 갑자기 확 는다. 매일 체크하면 이 패턴을 놓친다. 오히려 불안만 커진다.

불완벽하게 시작하는 3가지 원칙

그럼 어떻게 해야 할까? 완벽주의를 버려야 한다. 불완벽하게 시작하는 법을 배워야 한다.

1. 60점으로 시작하라

완벽한 계획을 세우지 마라. 60점짜리 계획으로 시작하라. '하루 1시간 영상 노출'을 목표로 정했다면, 첫날부터 1시간을 하지 마라. 첫날은 15분이면 충분하다. 영상 한 편만 봐도 된다. 영어 영상 노출 루틴을 제대로 잡는 데는 상당한 시간이 걸린다. 이걸 받아들이지 못하면 너무 힘들어한다.

1주차: 하루 15분 (영상 1편)

2주차: 하루 20분 (영상 1~2편)

3주차: 하루 30분 (영상 2편)

4주차: 하루 40분 (영상 2~3편)

2개월 차: 하루 1시간

천천히 늘려라. 완벽하게 시작하려고 하지 마라. 60점으로 시작해서 천천히 80점으로 만들어라. 구독자 박○○님은 "처음엔 하루 10분만 했어요. 그것도 매일 못 했어요. 일주일에 4~5일? 근데 3개월 후엔 자연스럽게 하루 1시간을 하게 되더라고요. 천천히 늘리니까 아이와 저 모두 부담 없었어요."라고 말했다.

2. 80% 성공을 목표로 하라

100% 완벽하게 하려고 하지 마라. 80%면 충분하다. 일주일에 7일을 다 하려고 하지 마라. 5~6일이면 된다. 하루 1시간 대신 40~50분만 해도 괜찮다. 80%면 충분한 것이다.

완벽주의자는 하루라도 못 하면 망했다고 생각한다. 하지만 며칠 못 했다고 망하지 않는다. 일주일에 5일 했으면 성공이다.

구독자 김○○님은 "80% 룰을 정하고 나니까 마음이 편해졌어요. 하루 못 해도 괜찮으니 주 5일만 하자는 생각으로 넘어갈 수 있었어요."라고 말했다.

3. 결과 확인은 3개월에 한 번

매일 결과를 확인하지 마라. 매주 체크하지 마라. 3개월에 한 번만 확인하라.

1월 1일: 시작

4월 1일: 첫 번째 확인

- **누적 시간:** 약 100시간
- **변화:** 가끔 단어 따라 말함
- **평가:** 잘하고 있음

7월 1일: 두 번째 확인

- **누적 시간:** 약 200시간
- **변화:** 노래 따라 부르기 시작
- **평가:** 순조로움

3개월에 한 번, 그 사이에는 그냥 한다. 체크하지 않고, 걱정하지 않는다. 그냥 루틴대로 한다. 구독자 이○○님은 "3개월마다 체크하니까 변화가 확실히 보였어요. 매일 체크할 땐 안 보이던 게 3개월 단위로 보니까 이렇게 달라질 수 있나 싶더라고요."라고 말했다. 자주 확인하면 불안만 커진다. 3개월에 한 번이면 충분하다.

완벽한 부모는 없고, 완벽한 영어 교육도 없다. 완벽한 계획도, 완벽한 루틴도, 완벽한 결과도 없다. 완벽하지 않지만 꾸준한 부모, 즐거운 영어 교육, 계속 가는 루틴이 있을 뿐이다.

육아에 정답은 없다. 아이마다 다른 해답만 있을 뿐이다. 그 해답은 완벽한 계획에서 나오지 않는다. 수많은 시도와 실패 속에서 나온다. 불완벽을 받아들여라. 그리고 시작하라. 60점으로 시작해서 80점으로 가는 불완벽한 부모가, 100점을 준비하다가 시작도 못 하는 완벽주의 부모보다 훨씬 낫다. 불완벽하게, 하지만 용기 있게 시작하라. 그게 가장 완벽한 시작이다.

〈 15장 핵심 요약 

꾸준함을 방해하는 3대 적과 해결법

① 불안함: 비교, 정보, 선택 불안
해결법: 비교 끊기 + 80% 확신이면 시작 + 혼자 하지 말기
(남의 아이가 아닌 '과거 우리 아이'와 비교 / 정보 검색보다 실행 / 커뮤니티 참여)

② 조급함: 방법 자주 바꿈 + 아이 재촉 + 단계 건너뜀
해결법: 6개월 원칙 + 성장 저널 + 넓은 타임라인 + 루틴 고정
(최소 6개월 유지 / 3개월마다 성장 기록 / 9년 장기 플랜 / 밥 먹듯이 루틴화)

③ 완벽주의: 정답 강박 + 작은 실패에 좌절 + 계획 집착 + 결과 확인
해결법: 60점 시작 + 80% 성공 목표 + 3개월 단위 확인
(불완벽하게 시작해도 OK / 주 5일만 해도 성공 / 매일 체크 금지)

16장
2년 이상 꾸준히 하는 엄마들의 5가지 비결

2년 이상 꾸준히 하는 사람들

지금까지 수천 가정과 함께하면서 늘 궁금했다. 왜 어떤 가정은 3년을 완주하고, 어떤 가정은 3개월 만에 포기할까? 왜 어떤 엄마는 아이가 영어를 즐기게 만들고, 어떤 엄마는 아이가 영어를 싫어하게 만드는 걸까? 방법의 차이일까? 아니었다. 같은 방법을 쓰는데도 결과는 달랐다. 슈퍼심플송을 보여 주는 건 똑같은데, 어떤 아이는 1년 후 문장을 말하고, 어떤 아이는 3개월 만에 거부한다.

시간의 차이일까? 그것도 아니었다. 하루 1시간씩 똑같이 하는데 결과는 달랐다. 어떤 아이는 즐겁게 보고, 어떤 아이는 억지로 본다. 도대체 차이는 뭘까? 3년간 관찰하고, 수백 번 상담을 하고, 성공한 가정들을 인터뷰하면서 발견했다. 차이는 엄마의 마음가짐과 태도에 있었다. 2년 이상 꾸준히 하는 엄마들에게는 다음과 같은 다섯 가지 공통점이 있었다.

1. 정신적 여유 - 60~70%만 써도 충분

tvN 예능 프로그램 '알쓸신잡'에 나오는 김영하 작가의 말 중 기억에 남는 것이 있다. 사람은 자기 능력의 100%를 사용해선 안 된다는 말이었다. 60~70%만 쓰고 절대로 최선을 다하지 말라는 것이다. 어떤 일이 일어날지 모르니 그 일을 대비하기 위해서라고 했다.

세상에는 중요한 일과 급한 일이 있는데 바쁘게 사는 우리는 주로 급한 일에 더 많은 에너지를 쓴다. 그럼 정작 중요한 일에 쓸 에너지가 없어서 중요한 일을 무기한 미루게 된다.

성공하는 엄마들은 이걸 안다. 그래서 에너지를 아낀다. 구독자 김○○님(워킹맘, 초 2 엄마)은 이렇게 말했다. "예전엔 완벽하게 하려고 했어요. 영어 영상도 하루 1시간 정확히 채워야 하고, 아이가 집중 안 하면 계속 주의를 주고, 새로운 단어 나오면 설명해 주고. 진짜 에너지를 다 썼어요. 3개월 만에 지쳐서 포기했죠." 이렇게 실패를 하고 나서 방향을 바꿨다. "다시 시작할 때는 달랐어요. 그냥 매일 영상을 틀어 주기만 했어요. 집중하든 말든, 50분만 보든 1시간을 보든, 신경을 안 썼어요. 제 에너지를 아꼈죠. 그랬더니 3년을 했어요. 지치지 않더라고요."라고 하며 에너지 아끼는 법에 대해서 얘기했다. 정신적 여유가 있는 엄마들은 다음과 같은 특징이 있다.

1. 아이 영어에 올인하지 않는다

영어는 아이 교육의 일부일 뿐이다. 한글 책도 읽히고, 놀이터도 가고, 친구도 만나고, 여행도 간다. 영어는 그중 하나인 것이다. 그래서 영어가 하루 잘 안 되었다고 해서 망했다고 생각하지 않는다. "오늘은 놀이터 갔으니까 영어는 패스. 내일 하면 돼."라는 생각으로 여유롭다.

2. 아이 아웃풋에 집착하지 않는다

"언제 말할까?", "왜 아직도 안 할까?"와 같은 생각을 안 한다. 묵은지 묵히듯이 그냥 기다린다. 매일 한 시간씩 즐겁게 보고 있으면 잘 되고 있다고 생각한다. 때가 되면 말할 거라고 믿는다.

구독자 박○○님은 이렇게 말했다. "아이가 1년 동안 아무 말도 안 했어요. 근데 저는 불안하지 않았어요. 매일 즐겁게 보잖아요. 웃으면서 보잖아요. 그럼 된 거죠. 언젠간 말할 거라고 믿었어요. 14개월째 되던 날 갑자기 문장을 말하더라고요."

3. 본인 삶도 챙긴다

아이 영어 때문에 본인 삶을 포기하지 않는다. 하루 30분 책 읽는 시간, 친구 만나는 시간, 운동하는 시간 등 개인적인 일과를 모두 지킨다. 엄마가 행복해야 아이도 행복하다는 걸 아는 것이다.

구독자 최○○님은 "저는 매일 아침 30분 명상해요. 아이 영어보다 제 명상이 우선이에요. 제 마음이 편안해야 아이한테도 여유롭게 대하거든요. 제 삶을 포기하면 아이한테 집착하게 되더라고요."라고 말했다.

정신적 여유, 이것이 9년을 완주하는 첫 번째 비결이다. 현서네 방법으로 영어 영상을 보여 주면서 최대한 에너지를 아껴라. 매일 한 시간씩 즐겁게 보고 있으면 잘 되고 있다고 생각하고 그냥 기다리면 된다. 60~70%의 에너지만 쓰고 나머지는 본인 삶을 위해, 다른 중요한 일을 위해 아껴 두어라.

2. 아이 마음이 우선 - 관찰하고 공감하기

성공하는 엄마들은 아이를 잘 관찰한다. 그리고 아이 마음을 먼저 챙긴다.

구독자 이○○님의 이야기이다. "어느 날 아이가 영상을 보다가 울었어요. 페파 피그인데 무섭다는 거예요. 알고 보니 그날 유치원에서 친구한테 싫은 소리를 들었대요. 기분이 안 좋으니까 평소에 좋아하던 영상도 무섭게 느껴진 거죠. 예전 같았으면 뭐가 무섭냐며 그냥 보라고 했겠지만 그날은 엄마랑 같이 놀자고 했더니 아이가 웃더라고요. 그래서 그날은 영어 안 하고 같이 놀았어요. 다음 날 아이가 먼저 페파 피그를 보겠다고 하더라고요. 마음을 먼저 챙겨 주니까 아이가 스스로 다시 시작하더라고요."

성공하는 엄마들은 아이의 욕구를 잘 파악하고 그걸 우선 들어준다. 어찌 보면 잘 이용하는 것이다. 아이들이 세상 무엇보다 바라는 것은 부모님의 사랑, 관심, 칭찬, 인정이다. 이걸 우선 채워 주면 아이들은 부모를 믿고 따른다. 부모의 욕심과 바람이 앞서면 안 된다.

구독자 정○○님은 이렇게 말했다. "저는 매일 아이 표정을 봐요. 유치원에서 돌아올 때 표정이 어두우면 안아 줘요. 그리고 '오늘은 영상 안 보고 그냥 쉴까?' 하고 물어보면 대부분 아이가 보겠다고 해요. 마음을 먼저 돌봐 주니까 아이가 협조적이에요."

반대로 실패하는 엄마들은 아이 마음보다 계획을 우선한다. "오늘은 무조건 1시간 채워야 해.", "기분이 안 좋아도 해야지. 루틴이 잖아.", "힘들어? 그래도 봐. 안 보면 안 돼."라고 한다. 그러면 아이의 마음은 엉망이 된다. 영어는 곧 엄마가 강요하는 것이 되고, 내 마음과는 상관없이 해야 하는 것이 된다. 결국 영어를 싫어하게 된다. 성공하는 엄마들은 아이 마음이 편안해야 영어도 잘된다는 것을 안다. 그래서 마음을 먼저 돌본다.

3. 상호 작용 - 하루 5분 대화의 힘

꾸준히 하는 엄마들은 아이와 대화를 많이 한다. 특히 영어 영상을 본 후에 말이다. 다음은 구독자 한○○님의 루틴이다.

"영상을 보고 나면 아이에게 꼭 물어봐요. 오늘 뭐가 제일 재미있었는지요. 아이가 페파가 진흙 웅덩이에 빠진 것이 제일 재미있었다고 하면 이에 대해서 대화를 시작해요. 왜 진흙 웅덩이에 빠졌는지, 이런 상황에서 너라면 어떻게 했을지 등 5분 정도 대화하는데, 이게 되게 중요하더라고요. 아이가 영어 영상을 그냥 보는 게 아니라 생각하면서 보게 돼요. 그리고 저랑 대화하는 게 즐거우니까 다음 날에도 보고 싶어 해요." 상호 작용은 다음과 같은 힘이 있다.

1. 아이가 생각하게 만든다

그냥 보기만 하면 수동적이다. 하지만 "왜 재밌었어?", "너라면 어떻게 했을 것 같아?"와 같은 질문을 받으면 생각하게 된다. 능동적으로 본다. 영어 영상이 단순한 시청이 아니라 사고의 자극이 된다.

2. 신뢰 관계가 형성된다

엄마가 내 생각을 물어보고, 내 대답을 인정해 주고, 내 의견을 존중해 주면 아이는 엄마가 완전히 내 편임을 느낀다. 신뢰가 쌓이는 것이다.

구독자 송○○님은 이렇게 말했다. "처음엔 귀찮았어요. 영상 틀어 주고 저는 쉬고 싶은데, 아이가 같이 보자고 하면 짜증 났거든요. 그런데 어느 날부터 같이 보면서 대화했더니 아이가 영어를 더 좋아하더라고요. 같이 보는 시간이 좋으니까요. 그리고 저도 아이가 뭘 좋아하는지 알게 됐어요. 다음에 뭘 보여 줄지도 알게 되고요."

책을 읽거나 TV나 영화를 본 후에도 아이와 이에 대한 대화를 나눈다. 주로 아이의 생각을 물어보고 인정을 많이 해 준다. 그럼 아이와 신뢰 관계가 형성된다. 성공하는 엄마들은 상호 작용에 시간을 투자한다. 그게 영어 실력보다 더 중요하다는 걸 안다.

4. 환경 코디네이터 - 가르치지 말고 환경 만들기

성공하는 엄마들은 직접 가르치지 않는다. 대신 환경을 만들어 준다. 다음은 구독자 윤○○님의 이야기이다. "아이가 페파 피그를 정말 좋아했어요. 매일 봤어요. 그래서 페파 피그 인형을 사 줬어요. 아이가 너무 좋아하더라고요. 인형 안고 영상 보고, 인형이랑 놀고, 자기 전에 인형이랑 자고. 그다음엔 페파 피그 식판을 샀어요. 밥 먹을 때마다 페파랑 같이 먹자고 하니까 아이가 좋아했어요. 연필, 지우개, 공책도 페파 피그로 샀어요. 유치원 갈 때마다 페파랑 같이 가자고 했죠. 영어를 가르친 적은 없어요. 근데 아이 주변이 온통 영어 캐릭터였어요. 자연스럽게 영어가 일상이 됐죠. 페파가 하는 말을 따라 하고, 페파 노래를 부르고. 제가 시킨 적도 없는데 아이가 스스로 했어요." 환경 코디네이터의 역할은 명확하다.

하는 것:

- 아이가 좋아하는 캐릭터 관련 굿즈 사 주기
- 영어 영상 플레이리스트 만들어 주기
- 루틴 잡아 주기 (같은 시간, 같은 장소)
- 성취에 의미 부여하기 ("300시간 달성! 대단해!")

하지 않는 것:

- 직접 영어 가르치기
- 발음 교정하기
- "이게 뭐야?" 물어보며 테스트하기
- 아이 틀린 거 지적하기

구독자 강○○님은 이렇게 말했다. "예전엔 영상을 보다가 '이게 영어로 뭐지?' 하고 물어봤어요. 아이가 모르면 엄마가 알려 줄 테니 따라 해 보라고 했어요. 그런데 아이가 점점 영상 보기를 싫어하더라고요. 엄마가 계속 테스트를 하니까요. 이제는 안 그래요. 그냥 같이 보기만 해요. 아이가 뭔가 말하면 대단하다고 칭찬해 줘요. 틀려도 지적 안 해요. 그랬더니 아이가 스스로 엄청 많이 말해요. 제가 안 가르쳐도 알아서 배우더라고요."

아이가 정말 영어 영상에 몰입하고 영어를 좋아할 수 있는 환경을 만들어 준다. 학습으로 시키지 않고, 확인하기 위해 평가를 하지 않는다. 아이가 좋아하는 캐릭터나 TV 시리즈가 생기면 관련된 굿즈를 사 준다. 장난감이나 학용품, 생활용품, 책도 그 캐릭터와 관련된 것들을 산다. 루틴을 잡고 아이의 성취에 의미를 부여한다. 성공하는 엄마들은 선생님이 아니라 환경 코디네이터이다. 아이가 영어를 사랑할 수밖에 없는 환경을 만든다.

5. 자율성 부여 - 선택권을 주는 용기

대한민국 모든 부모가 가장 바라는 자식의 모습 중에 '자기주도적인 사람'이 있다. 이런 사람이 되려면 어릴 때부터 스스로 결정하고 책임지도록 해야 한다. 실패를 하면서 다시 일어서서 도전하는 그릿Grit 을 길러 줘야 한다.

그런데 많은 부모들이 아이의 시행착오를 줄이기 위해 답을 알려주고 실패할 기회를 충분히 주지 않는다. 결정권이 없는 아이는 결국 엄마가 시키는 것만 하는 수동적인 사람이 된다. 사회에 나가서도 윗사람이 정해 주지 않으면 일을 진행하지 못한다. 반대로 성공하는 엄마들은 아이에게 선택권을 준다.

다음은 구독자 조○○님의 루틴이다. "매일 저녁 6시 30분이 영어 시간이에요. 근데 제가 정하지 않아요. 오늘 뭐 볼지 아이가 정해요. 가끔은 오늘은 안 보고 싶다고 하기도 해요. 처음엔 불안했어요. 아이한테 맡기면 안 할 것 같아서요. 그런데 신기하게도 아이가 스스로 해요. 하루이틀 안 보다가도 사흘째 되면 또 보겠다고 해요. 스스로 조절하더라고요. 1년 후 느꼈어요. 아이가 자기주도적으로 변했다는 걸. 영어뿐만 아니라 다른 것도요. 오늘 뭐 입을지, 뭐 먹을지 스스로 정해요. 결정하는 연습을 했으니까요." 통제하는 엄마와 자율을 주는 엄마, 9년 후 차이는 엄청나다.

통제받은 아이 (중학생):

- "엄마, 오늘 영어해야 돼?"
- 엄마가 안 시키면 안 함
- 영어 = 엄마가 시키는 것
- 자기주도성 제로

자율 받은 아이 (중학생):

- 스스로 영어 공부 지속
- "이 강의 들어 보고 싶어요."
- 영어 = 내가 선택한 것
- 평생 학습자

구독자 나○○님은 이렇게 말했다. "우리 아이가 지금 중학교 2학년이에요. 제가 영어 공부하라고 한 적은 한 번도 없어요. 그런데 스스로 해요. 넷플릭스를 영어 자막으로 보고, 유튜브에서 관심 있는 주제를 영어로 찾아보고, ChatGPT로 영어 에세이를 써요. 초등학교 때 선택권을 줬던 게 지금 빛을 발하는 것 같아요."

반대로 실패 사례도 봤다. 초등학교 때 영어를 강제로 시킨 아이는 중학생이 되니까 완전 거부했다. "엄마, 이제 안 할래요. 초등학교 때 억지로 해서 이제 질렸어요."

아이를 내 뜻대로 통제하려 하지 않는다. 스스로 결정하게 한다. 실패할 기회도 준다. 그래야 자기주도적인 사람으로 자란다. 성공하는 엄마들은, 지금 통제하면 편하지만 나중에 아이가 아무것도 못 한다는 것을 안다.

성공의 핵심 - 엄마의 태도가 9년을 만든다

수많은 가정을 관찰하면서 찾은 공통점이다. 성공하는 엄마들은 다음과 같은 공통점이 있다.

- 정신적 여유가 있다 (60~70% 에너지만 쓴다)
- 아이 마음을 먼저 돌본다 (계획보다 아이 마음 우선)
- 상호 작용 한다 (같이 보고, 대화하고, 인정한다)
- 환경을 만든다 (가르치지 않고, 환경을 디자인한다)
- 통제하지 않는다 (선택권을 주고, 자율을 준다)

방법이 중요한 게 아니었다. 엄마의 마음가짐과 태도가 중요했다. 같은 슈퍼심플송을 보여 줘도, 여유 있게 보여 주는 엄마와 조급하게 보여 주는 엄마의 결과는 달랐다. 9년을 완주하는 비결은 완벽한 방법이 아니다. 여유롭고, 따뜻하고, 상호 작용하고, 환경을 만들고, 자율을 주는 엄마의 태도이다.

여유를 가지고, 아이 마음을 먼저 챙겨라. 대화하고, 환경을 만들고, 통제하지 마라. 그럼 된다. 9년 후 당신 아이도 영어를 잘하게 될 것이다. 그리고 자기주도적이고, 실패를 두려워하지 않고, 스스로 배우는 아이로 자랄 것이다.

〈 **16장 핵심 요약** 

9년을 완주하는 엄마들의 5가지 비결

① **정신적 여유: 60~70%만 써도 충분** (완벽주의 내려놓기)

② **아이 마음 우선: 관찰하고 공감하기** (성과보다 마음)

③ **상호 작용: 하루 5분 대화의 힘** (영상 전후 가볍게)

④ **환경 코디네이터: 가르치지 말고 환경 만들기** (선생님 아닌 디자이너)

⑤ **자율성 부여: 선택권을 주는 용기** (자기주도성 응원)

17장
시기별 위기로 풀어 보는 부모들이 가장 많이 하는 질문

아이의 영어 여정을 함께하다 보면, 부모라면 누구나 비슷한 지점에서 고민하고 흔들린다. 이번 장에서는 지난 5년간 5천 명이 넘는 부모님들과 상담하며 가장 많이 들었던 질문을 현서네 9년 로드맵의 '시기별 위기' 흐름에 따라 정리하였다.

아이의 나이, 발달, 성향에 따라 부모가 겪는 고민의 종류는 달라도 흐름은 대부분 비슷하다. 여기 있는 질문들은 그 흐름에서 만나게 될 '대표적인 위기들'이다.

시작 1~4주 차

Q1

아이가 영어 영상을 못 알아듣는 것 같은데, 너무 집중해서 봐요.

매우 정상적인 상황이며, 걱정할 필요가 없다. 이 시기는 '언어 이해 단계'가 아니기 때문이다. '소리 적응 단계'이다. 아이 뇌가 지금 무엇을 하고 있는가? 낯선 소리의 리듬, 억양, 강세를 받아들이고 있다. 뇌가 낯선 언어를 받아들이는 데는 최소 2~6주가 걸린다.

너무 집중해서 봐서 걱정인가? 괜찮다. 오히려 감사할 일이다. 아이의 뇌는 지금 엄청나게 바쁘게 일하고 있다. 새로운 언어의 소리 단위를 분석하고, 패턴을 찾고, 리듬을 익히고 있다. 이 과정이 끝나면 표정과 집중도가 달라진다. 이 시기를 넘기지 못하고 중단하는 경우가 많은데, 절대 중단해선 안 되는 가장 중요한 시기임을 잊지 말자.

Q2

하루 1시간이 적당하다고 했는데, 정확히 몇 분이 좋나요?

하루 1시간을 목표로 하되, 처음에는 15~30분부터 시작해도 괜찮다. 핵심은 시간의 양이 아니라 일관성이다. 매일 30분만 봐도 언어 회로는 단단해진다. 짧고 편안한 노출이 장기적으로 가장 효과적이다. 억지로 1시간을 채우려다 아이가 스트레스 받으면 오히려 역효과가 발생한다. 다만 1,000시간을 채워야 침묵기가 끝난다는 것은 변하지 않는다. 여기에는 지름길이 없다. 매일 1시간이면 3년, 30분이면 6년이 걸린다.

Q3
반복이 좋은가요? 다양한 영상을 보는 게 좋은가요?

반복은 언어 습득의 핵심이다. 어린아이들은 같은 영상을 10번, 20번, 심지어 50번도 본다. 어른 눈에는 "또 저거?" 싶지만, 아이 뇌에서는 매번 새로운 정보가 처리되고 있다. 첫 번째는 그림을 보고, 두 번째는 소리를 듣고, 세 번째는 상황을 이해하고, 네 번째는 단어를 연결하고, 다섯 번째는 문장을 따라 하는 식으로 반복할 때마다 언어의 다른 층위를 배운다.

그렇다고 억지로 반복해서 보게 할 필요는 없다. 어차피 아이들이 보는 영상에서 나오는 단어들은 제한적이다. 반복이냐, 다양하게 보느냐보다 더 중요한 것이 아이가 원하는 대로 하는 것이다.

Q4
TV로 봐야 하나요? 태블릿이나 핸드폰으로 봐도 되나요?

가능하면 TV로 보여 주는 게 좋다. 화면 크기가 언어 습득에 영향을 준다. 큰 화면은 아이가 표정, 입 모양, 상황을 더 잘 파악하게 해준다. 작은 화면은 집중력을 오히려 떨어뜨릴 수 있다.

그렇다고 태블릿이나 휴대폰이 절대 안 되는 건 아니다. 외출할 때, 차 안에서, 여행 갈 때는 태블릿도 괜찮다. 하지만 집에 있을 때는 가능한 한 TV로 보여 주는 게 좋다. 아이가 소파에 편하게 앉아서, 자연스러운 거리에서, 큰 화면으로 보는 게 가장 이상적이다. 핸드폰은 추천하지 않는다. 화면이 작고, 눈의 피로도가 높다. 무엇보다 핸드폰을 손에 쥐는 습관이 생기면 나중에 통제가 어려워진다.

Q5

자막은 켜야 하나요, 꺼야 하나요?

한글을 능숙하게 읽는 아이가 한글 자막을 켜고 보는 것은 의미가 없다. 한글 자막을 켜면 귀가 아니라 눈으로 언어를 배우게 된다. 자막을 읽는 순간 뇌는 '듣기'를 멈춘다. 우리 목표는 듣기 능력을 키우는 것이다. 자막에 의존하면 듣기 회로가 발달하지 않는다.

다만 장편 영화를 여러 번 반복해서 볼 때는 종종 한국어 더빙판이나 한글 자막을 켜고 봐도 좋다. 내용을 이해해야 반복해서 보고 그래야 학습 효과가 좋기 때문이다.

영어 자막은 초기에는 방해가 된다. 아직 읽기가 안 되는 아이에게 영어 자막은 그냥 노이즈이다. 오히려 집중을 방해한다. 그럼 언제 영어 자막을 켜야 하는가? 아이가 읽기를 시작하고, 스스로 자막을 보려고 할 때이다. 대략 초등학교 2~3학년쯤이 된다. 그 전까지는 자막 없이 귀로만 듣는 게 가장 좋다.

1~3개월 차

Q6
아이가 영어 영상 보기를 거부해요.

그동안 관찰한 바를 보면 영어 영상을 거부하는 이유는 보통 세 가지이다. 첫째는 엄마가 골라 준 영상이 재미가 없어서이다. 아이가 원하는 재미있는 영상을 보게 해 주면 된다.

둘째는 영상을 못 알아듣기 때문이다. 주로 초등 입학 후 늦게 시작한 친구들이 그렇다. 조금 더 레벨이 낮고 관심이 가는 영상을 찾아 주면 된다. 아이한테도 시간이 지나면 점점 더 알아들을 수 있다고 목표 설정을 해 주면 도움이 된다.

세 번째 이유가 가장 중요한데, 아이가 지금 하고 싶은 다른 게 있기 때문이다. 보고 싶은 다른 영어 영상, 한국어 영상이 있는 것이다. 아니면 지금은 다른 놀이를 하고 싶을 수도 있다. 아이의 이 욕구를 우선 해결해 주면 된다.

Q7
1시간 확보가 어려운데 20~30분씩 나눠서 보여 줘도 되나요?

물론 된다. 하지만 한 번에 집중해서 보는 것이 몰입도와 학습 효과면에서는 효과적이다. 우리가 일을 하거나 공부를 할 때도 새로운 것으로 전환하게 되면 집중하는 데 시간이 걸린다. 영상 보는 것도 마찬가지이다. 무엇을 더 중요하게 생각하느냐 하는 우선순위의 문제이다. 영어 영상 노출이 정말 중요하다면 다른 스케줄을 조정해서라도 정해진 시간에 길게 집중해서 보는 환경을 만들어 줄 것을 추천한다.

Q8

주중에는 못 보는데, 주말에 몰아서 보면 안 될까요?

워킹맘들은 실제로 주중에는 시간이 부족하다. 퇴근하고 저녁 먹이고 씻기면 어느새 자야 할 시간이다. 저녁 먹고 조금이라도 영상을 보게 하고, 부족한 시간은 주말을 활용하는 것도 좋은 방법이다. 그런 방식으로라도 3년에 1,000시간을 채우면 좋겠다.

낮 시간에 친정 엄마 등 돌봐 줄 사람이 있는 상황이라면 간단하게 영어 영상을 틀어 줄 수 있도록 준비를 해 놓는 것도 좋은 방법이다.

Q9

아이가 특정 채널이나 콘텐츠만 고집해요. 이렇게 편식해도 괜찮나요?

전혀 문제없다. 다만 부모 입장에서는 불안할 수 있다. 아이는 지금 최고의 학습을 하고 있는 것이다. '편식 → 친숙함 → 안정감 → 반복 → 언어 패턴 축적'의 과정을 자연스럽게 겪고 있기 때문이다. 실제로 언어 습득은 반복과 안정감 위에서 자란다.

아이가 페파 피그만 100번 본다고 해 보자. 어른 눈에는 “저것만 보면 어휘가 제한되는 거 아냐?”라고 생각할 수 있지만, 아이는 그 100번 동안 페파 피그의 모든 문장 패턴, 단어 조합, 억양을 완벽하게 체화하고 있다. 이게 나중에 다른 콘텐츠로 넘어갔을 때 폭발적인 확장으로 이어진다.

다만 특정 시리즈에서는 쓰이는 어휘나 표현이 제한적일 수밖에 없다. 그러니 아이가 자라면서 지속적으로 새로운 채널을 노출시켜 주면서 경험과 관심을 확장시켜 주는 것이 좋다.

Q10

아이가 영상을 보다가 딴짓을 해요. 집중을 안 하는데 효과 있나요?

효과가 있다. 집중 안 하는 것처럼 보여도 귀는 듣고 있다. 아이들은 놀면서도 듣는다. 레고 만들면서도, 그림 그리면서도, 간식 먹으면서도 귀는 열려 있다. 실제로 언어 습득 연구를 보면 ‘배경 노출’도 효과가 있다는 결과가 나온다. 당연히 집중해서 보는 것보다는 효과가 떨어지지만, 전혀 안 하는 것보다는 훨씬 낫다.

물론 그냥 틀어만 놓고 방치하라는 말이 아니다. 가능하면 함께 보는 게 좋다. 하지만 아이가 가끔 딴짓을 한다고 해서 포기할 필요는 없다는 것이다. 중요한 건 루틴이다. 매일 같은 시간에 영상이 나오면, 아이는 자연스럽게 그 시간을 영어 시간으로 인식한다. 100% 집중하지 않아도 괜찮다.

Q11

한국어 영상은 끊어야 하나요?

영어 영상 위주로 보여 주면 한국어 영상 비중은 줄어들게 된다. 그렇다고 한국어 영상을 억지로 끊으면 오히려 영어에 대한 반감이 커진다. "영어 때문에 내가 좋아하는 뽀로로를 못 보네." 하는 순간, 영어는 적이 된다. 그럼 안 된다. 아이에게 영어는 항상 친구가 되어야 한다.

한국어 영상이든, 아이가 좋아하는 자극적인 영어 영상이든 규칙을 정하고 따르도록 해 주면 좋다. 엄마와 약속한 영어 영상을 다 보면 보상으로 원하는 영상을 보도록 하는 것이다.

사실 영어 영상이 훨씬 종류가 다양하고 재미있는 영상이 많다. 웬만큼 영어가 들리면 굳이 한국어 영상을 찾지 않을 것이다.

Q12

다자녀 가정인데 첫째한테 맞춰서 보여 주면 되겠죠?

보통 초등학생이 되어서 늦게 시작한 첫째에 맞춰서 보여 주려 하는데, 이런 경우는 첫째보다 동생의 수준에 맞춰서 시작하는 것이 좋다.

첫째는 분명 거부가 심할 것이다. 반면 잘 안 들리는 영어 영상을 보는 것이 불편한 첫째에 비해 동생들은 재미만 있으면 영어 영상이어도 잘 본다. 동생보다 더 관심 받고 사랑받고 싶은 첫째는 처음에는 거부하다가 동생들이 보는 모습을 보고 경쟁심도 생기고 승부욕도 생겨 관심을 보이기 시작하고, 어느 순간 동생들 옆에서 함께 보고 있을 것이다. 첫째부터 하면 엄마도 성취감을 느끼기가 쉽지 않지만, 동생들은 훨씬 수월하게 되니, 동생들부터 우선 공략하기 바란다.

3~6개월 차

Q13

북미 발음이 아니어도 되나요? 영국 및 호주 영어가 섞여도 괜찮나요?

전혀 문제없다. 오히려 좋다. 영어는 단일한 발음이 아니라 글로벌 언어이다. 미국 영어, 영국 영어, 호주 영어, 뉴질랜드 영어, 캐나다 영어 모두 자연스러운 '세계 영어'이다. 다양한 발음에 노출된 아이가 오히려 단단한 청취력을 갖게 된다.

페파 피그는 영국 영어로 되어 있고, 블루이는 호주 영어를 사용한다. 아이 뇌는 어른보다 훨씬 유연해서 여러 발음을 자연스럽게 받아들인다. 나중에 실제 세계에 나가면 다양한 발음의 영어를 듣게 된다. 그때 적응력이 높은 게 훨씬 유리하다. 북미 발음만 고집하는 건 오히려 아이의 가능성을 제한하는 것이다.

6개월~1년 차

Q14

'아무 말 대잔치'처럼 엉뚱한 영어를 하는데 고쳐 줘야 하나요?

절대 고치지 마라. 이건 축하해야 할 일이다. 이것은 언어 습득의 자연 단계인 'Self-Talk'이다. 아이 스스로 언어 회로를 테스트하고 있는 과정이다. "I go to park yesterday.", "She don't like it."과 같이 문법이 틀려도 괜찮다. 아이 뇌가 지금 규칙을 만들고 있다.

만약 이때 틀린 부분을 교정하려고 하면 어떻게 될까? 뇌의 '자기 조절 능력'이 방해받는다. 아이는 틀릴까 봐 입을 닫는다. 입을 닫으면 'Self-Talk'가 멈추고, 'Self-Talk'가 멈추면 언어 발달도 멈춘다.

교정하려고 하지 말고 그냥 들어 줘라. "Oh, you went to the park yesterday? That's great!"와 같이 자연스럽게 올바른 문장으로 응답해 주면 된다. 고치는 게 아니라, 올바른 모델을 보여 주는 것이다. 아이는 그걸 듣고 스스로 조정한다.

Q15

아이가 단어만 말해요. 문장으로 말하도록 도와줘야 하나요?

도와줄 필요가 없다. 단어에서 문장으로 이어지는 자연스러운 발달 과정이다. '단어 → 단어+제스처 → 짧은 문장 → 긴 문장'으로 이어지는 것이 언어 발달 과정이다. 'Apple →I want →I want apple →I want to eat an apple'과 같이 자연스럽게 확장된다.

이때 문장 말하기를 유도하면 어떻게 될까? 부모의 기대가 아이의 부담이 된다. "왜 문장으로 안 해?" 하는 순간 아이는 압박을 느낀다. 그럼 입을 닫는다. 그냥 기다려라. 인풋이 쌓이면 자연스럽게 문장이 나온다.

Q16
한국어를 섞어 쓰는데 괜찮나요?

완전히 정상이다. 이건 '코드 스위칭'이라고 부르는 자연스러운 현상이다. 아이 뇌에는 지금 한국어 창고와 영어 창고, 이렇게 두 개의 언어 창고가 있다. 말하고 싶은 게 있는데 영어 창고에 그 단어가 없으면 한국어 창고에서 꺼내 쓴다. "I want 물."과 같이 말하는 것이다. 이건 언어 능력이 부족해서가 아니라, 두 언어를 자유롭게 오가는 능력이 발달하고 있다는 증거이다.

굳이 수정을 할 필요는 없다. 그냥 두면 된다. 시간이 지나면 영어 창고에 'water'가 채워지고, 그럼 자연스럽게 "I want water."라고 말하게 된다.

억지로 "한국어 쓰지 말고 영어로만 해."라고 하면 오히려 말하기 자체를 멈춘다. 코드 스위칭은 이중언어 사용자의 자연스러운 능력이다.

Q17

해석은 안 해 줘도 되나요? 아이가 의미를 물으면 어떻게 해야 하나요?

아이가 단어의 의미를 묻는다면 간단히만 말해 주고 끝내면 된다. 예를 들어, 아이가 "엄마, hungry가 뭐야?"라고 물으면 "배고프다는 뜻이야." 하고 끝내라. 길게 설명할 필요가 없다. "hungry는 배고프다는 뜻인데, 영어에서는 배고플 때 I'm hungry라고 말하고……"와 같이 길게 설명하면 아이는 흥미를 잃는다. 그런데 대부분의 부모들은 아이의 질문에 대해서 본인이 아는 범위 내에서 최대한 자세히 설명해 주려고 한다.

중요한 건 '해석'이 아니라 '맥락'이다. 언어는 해석으로 배우는 게 아니라 맥락으로 이해된다. 영상에서 캐릭터가 배를 움켜쥐고 "I'm hungry."라고 말하면, 아이는 자연스럽게 "아, hungry는 배고프다는 거구나." 하고 이해한다.

억지로 해석을 안 해 주려고 할 필요도 없고, 억지로 해석을 해 주려고 할 필요도 없다. 아이가 물으면 간단히 답하고, 안 물으면 그냥 두면 된다.

1~3년 차

Q18

사이트워드는 외워야 하나요?

외우지 않아도 된다. 자연스럽게 노출되면 저절로 익힌다. 사이트워드sight words는 'the', 'is', 'are', 'you' 같은 고빈도 단어들을 말한다. 이 단어들은 영상과 책에서 수없이 나온다. 억지로 외우지 않아도 반복 노출로 자연스럽게 익혀진다.

가끔 플래시카드로 학습하는 경우도 있는데, 이렇게 외우는 건 효과가 없고 재미도 없다. 아이는 '공부'라고 느낀다. 그럼 영어가 싫어진다.

대신 책을 많이 읽어라. 'ORT', 'I Can Read' 시리즈 같은 쉬운 책들을 반복해서 읽다 보면 사이트워드는 저절로 익혀진다. 자연스러운 맥락 속에서 배우는 게 가장 효과적이다.

Q19

아이가 읽기는 하는데 뜻은 몰라요. 괜찮은가요?

괜찮다. 초기 읽기는 '소리 연결 단계'이다. '문자 → 소리 → 의미'가 읽기의 3단계이다. 처음에는 문자를 보고 소리를 내는 것만 한다. 'cat'을 보고 '캣'이라고 읽는다. 그게 고양이인지는 아직 모르지만 괜찮다.

의미 이해는 듣기, 말하기 기반이 단단해지면서 자연스럽게 따라온다. 아이가 'cat'이라는 소리를 영상에서 수백 번 들었고, 그 소리가 고양이를 가리킨다는 걸 맥락으로 알고 있다면, 글자로 'cat'을 읽을 때도 "아, 고양이구나." 하고 자연스럽게 연결된다.

단, 듣기가 부족한 상태에서 읽기만 하면 문제가 된다. 소리는 낼 수 있는데 의미는 모르는 '앵무새 읽기'가 된다. 그래서 읽기 전에 듣기가 충분히 쌓여야 한다.

미래 교육

18장
영어 그 이후: AI 시대, 우리 아이 미래 준비

전문가가 아니어서 오히려 자유로웠다

나는 전통적인 교육 전문가가 아니다. 지방 대학을 나왔고, 중소기업에서 15년 동안 일했다. 현서에게 영어 노출 환경을 만들어 주기로 결심했을 때도 학원 강사나 교육학 교수가 아니라 그냥 '아빠'였다.

그런데 지금 돌이켜 보니, 전문가가 아니었기 때문에 오히려 자유로울 수 있었던 것 같다. 요즘 엄마들과 이야기를 나눠 보면, 다들 비슷한 고민을 한다. 육아서, 교육서를 읽고, 교육 유튜브 영상을 보면, 하고 싶은 게 많아져서 할 일 목록이 계속 늘어난다. 각 분야 전문가들은 자기 분야에서 중요한 과정과 꼭 해야 할 일을 강조한다. 그게 전부 틀린 말은 아니니다. 하지만 그걸 모두 다 하는 것은 불가능하다. 많은 엄마들이 그 사이에서 조급함, 불안함, 죄책감을 느낀다고 한다.

나는 운이 좋았다. 영어 교육 전문가이긴 했지만, 동시에 아빠였기 때문에 "지금 현서에게 가장 필요한 게 뭘까?"를 늘 고민했다. 그게 바로 '적기 교육適期敎育'이다. 모든 것을 다 하려고 하지 않았다. 대신 그 시기에 꼭 필요한 것만 골라서 했다.

- **3세~6세:** 영어 듣기 (하루 1시간 영상 노출)
- **16개월~초 6:** 한글 독서 (자기 전 30분 책 읽어 주기)
- **초 1~초 6:** 자존감 (좋아하는 한 가지에 올인)

위의 세 가지가 핵심이었다. 물론 현서도 학원을 다녔다. 피아노, 태권도, 미술 같은 예체능 위주였고, 하루에 2개 이상은 보내지 않으려고 했다. 수학 선행은 전혀 하지 않았다. 그래서 현서는 지금 중학교 2학년인데 수학 때문에 고생하고 있다. 주변 친구들은 이미 중학교 2학년 또는 3학년 과정을 끝낸 경우도 많다. 하지만 이것이 큰 문제라고 생각하지는 않는다.

대신 현서는 영어로 세계 최고 수준의 콘텐츠에 접근할 수 있고, 한글 책 독서를 통해 깊이 있게 생각하는 힘을 키웠다. 또한 자신이 좋아하는 그림에 올인하며 자존감을 키웠다. 그래서 현서는 '자신은 잘하는 아이'라는 정체성이 형성되어 있고 자존감이 높아서, 본인이 부족한 부분은 스스로 깨닫고 이것을 보충하기 위해 노력하면서 아주 잘 자라고 있다.

나는 영어 교육 전문가이지만, 영어만 잘하라고 강조하지는 않는다. 오히려 '영어, 한글 독서, 자존감'이라는 세 가지 축을 어떻게 균형 있게 발전시키는지, 그 과정에서 무엇을 뒤로 미루고 무엇에 집중했는지를 솔직하게 이야기하려고 한다. 그 선택이 옳았는지는 9년이 지난 지금, 조금씩 보이고 있다.

공교육의 기원 - 왜 아직도 200년 전 시스템인가?

2013년, 나는 37살에 영국 맨체스터 대학교로 유학을 갔다. 교육공학Digital Technologies, Communication and Education 석사 과정이었다. 주변 사람들은 단순히 석사 학위를 따러 갔다고 생각했지만, 내가 진짜 얻은 건 학위가 아니라 '미래 인재 교육이란 무엇인가'에 대한 통찰이었다.

유학 중 가장 충격적이었던 순간은 세계적인 교육학자 켄 로빈슨경Sir Ken Robinson의 강연 영상을 본 때였다. 그는 다음과 같이 말했다.

"현재의 공교육 시스템은 계몽주의 시대와 산업혁명 시기에 설계되었다. 우리는 여전히 200년 전, 완전히 다른 시대를 위해 만들어진 학교 시스템을 운영하고 있다."

산업혁명 이후, 공장에서는 정해진 시간에 출근해서, 정해진 매뉴얼에 따라 일하고, 상사의 지시를 잘 따르는 노동자가 필요했다. 그래서 학교는 이런 공장을 본떠 만들어졌다는 것이다.

- **나이별 일괄 처리**: 학생들을 나이로 묶어서 같은 교실에 앉힌다
- **종소리 시스템**: 공장의 교대조 벨처럼, 종이 울리면 수업 시작 및 종료
- **표준화된 커리큘럼**: 모든 학생에게 동일한 내용을 가르친다
- **품질 관리** : 시험으로 '합격·불합격'을 판정한다

켄 로빈슨은 "우리는 여전히 아이들을 나이별로 묶어서 가르친다. 5세에 시작해서 18세에 끝낸다. 그리고 품질 관리 시스템인 표준화된 시험을 본다. 마치 공장의 교대조 근무와 검사 과정처럼 말이다."라고 지적했다. 이 시스템은 산업 사회에서는 완벽했다. 실제로 이 시스템에 따른 교육을 받은 사람들이 전 세계 경제를 일으켰다.

하버드 교수가 밝힌 '평균'이라는 허상

하버드대학교 교육대학원 교수인 토드 로즈Todd Rose는 《평균의 종말The End of Average》(2016)에서 우리 사회 구조와 교육에 대해서 비슷한 시선으로 분석한다. 토드 로즈 자신도 고등학교 중퇴생이었다. ADHD 진단을 받았고, 최저임금 일자리를 전전했다. 전형적인 '평균 이하' 학생이었다. 하지만 그는 결국 하버드 교수가 되었다. 그리고 연구를 통해 '평균적인 사람'이란 존재하지 않으며, 평균이라는 기준 자체가 산업 시대의 유물임을 깨달았다. 그의 연구에 따르면, 평균주의의 기원은 19세기로 거슬러 올라간다. 당시 과학자들이 대량 생산을 위해 '평균적인 인간'을 상정했다. 그리고 학교에서는 '평균적인 학생'을 기준으로 커리큘럼을 만들었다. 하지만 실제로는 아무도 평균이 아니다. 모든 아이는 각기 다른 재능과 속도를 가지고 있는 것이다.

토드 로즈는 '들쭉날쭉의 원칙The Jaggedness Principle'을 제시하며, 인간은 다차원적 존재임을 강조했다. 수학은 잘하는데 글쓰기는 못하고, 암기는 약한데 창의력은 뛰어날 수 있다. 즉, 능력이 들쭉날쭉하다는 것이다. 이걸 '평균 점수' 하나로 평가하는 순간, 그 아이의 진짜 재능은 사라진다.

특히 한국은 이 시스템을 극한까지 활용했다. 1953년 한국전쟁 이후, 대한민국은 세계 최빈국이었다. 1인당 GDP가 67달러로, 아프리카 가나보다 가난했다. 그 상황에서 국가 주도로 제조업을 키우려면, 말 잘 듣고, 시키는 대로 열심히 하는 인재가 필요했다. 그래서 우리 교육은 '성실함', '근면', '복종'을 강조했다. 그리고 그 결과 세계 10대 경제 대국에 올랐고, 삼성, 현대, LG 같은 글로벌 기업을 키웠으며, K-POP, K-드라마 같은 문화 콘텐츠를 수출하기까지 이르렀다. 우리는 성공했지만 그 대가도 컸다. 청소년 자살률 OECD 1위(10만 명당 7.3명, 2022년 기준), 출산율 세계 최저(0.72명, 2023년), 행복 지수 OECD 최하위권(36개국 중 35위)이라는 오명을 쓰게 되었다.

7080 세대 부모들은 물질적 풍요를 누리고 있지만 행복하지 않다. 늘 불안에 시달리고, 아이 교육 때문에 스트레스를 받는다. 이렇게까지 해야 하나 싶지만 멈출 수가 없다. 왜 이렇게 됐을까? 우리가 그동안 배운 교육 방식이 여전히 우리 머릿속을 지배하고 있기 때문이다.

산업은 4차 혁명, 교육은 1차 혁명

켄 로빈슨은 또 "틀릴 준비가 되어 있지 않으면, 절대 독창적인 것을 만들 수 없다. 하지만 우리는 아이들에게서 혁신 능력을 교육시켜 없애 버리고 있다."고 지적했다. 그의 연구에 따르면, 확산적 사고Divergent Thinking 능력은 5세의 98%가 '천재 수준'이지만, 10세 때에는 이 수치가 32%로 하락하며, 15세에는 10%로 급락한다고 한다. 즉, 학교를 다닐수록 창의력이 떨어지는 것이다. 이제 제조업은 베

트남, 중국, 인도가 더 경쟁력이 있다. 인건비도 싸고, 인구도 많다. 대한민국이 살아남으려면 반도체, AI, 바이오와 같은 기술 기반 산업이나 K-POP, 웹툰, 게임과 같은 문화·콘텐츠 산업처럼 부가가치가 높은 산업으로 가야 한다. 이런 산업에서 필요한 인재는 '시키는 대로 잘하는 사람'이 아니다. '새로운 것을 만들어 내는 사람'이다. 스스로 문제를 정의하고, 창의적인 해결책을 찾고, 팀과 협업하고, 실패해도 다시 시도하고, 끊임없이 배우는 사람이 살아남는다. 또 켄 로빈슨은 "우리는 아직 존재하지 않는 직업을 위해 학생들을 준비시켜야 한다. 빠르게 변하는 세상에서 창의적이고 적응력 있는 인재를 길러야 한다."라고 강조하기도 했다.

그런데 우리 교육은 여전히 '정답을 빨리 찾는 훈련'을 시킨다. 더 심각한 건, 대부분의 부모들이 이걸 알면서도 예전에 했던 방식만 생각한다는 것이다. 이제는 빨리 틀을 깨야 한다.

주류가 아니어서 오히려 변화할 수 있었다

나는 소위 말하는 명문대 출신이 아니고 삼성이나 현대와 같은 대기업 출신도 아니다. 주류가 아니었다. 그래서인지 변화에 대한 거부감이 크지 않았다.

"서울대에 가야 성공한다.", "대기업에 가야 안정적이다.", "학원 보내야 영어가 는다."와 같은 말에 공감하지 못한 게 아니라, 애초에 그런 선택지가 내게는 없었다. 제주도 시골에서 자라 부모님으로부터 공부하라는 소리를 한 번도 들은 적이 없었고, 군대 다녀오기 전까지 뚜렷한 인생의 목표도 없었다. 정말 평범하게 살아왔다. 그런데 재미있는 건, 그렇게 살아도 나름대로 괜찮았다는 것이다.

최근 장안의 화제였던 드라마 '서울 자가에 대기업 다니는 김 부장 이야기'를 보면서 많은 사람들이 공감하고 있다. '서울에 자가가 있고 대기업에 다니면 성공한 인생'이란 것이 곧 사회가 정해 놓은 성공의 공식이다. 하지만 그 드라마가 인기를 끄는 이유는 역설적으로 "그게 전부는 아니잖아?"라는 질문을 던지기 때문이 아닐까 싶다.

나는 서울에 자가도 없고, 대기업도 다니지 않았지만, 지금 내 삶이 불행하다고 생각하지 않는다. 오히려 45살에 회사 그만두고 나서, 더 자유롭고 행복하다. 물론 나도 예전에는 성공하려면 공부 잘해서 좋은 대학에 가고, 대기업에 들어가야 한다고 믿었다. 나도 그 시스템 안에서 최선을 다했다. 하지만 지금은 생각이 완전히 다르다. 무한경쟁에서 이기기 위해 무엇이 중요한지, 그리고 우리 아이들이 정말 행복하게 살려면 무엇이 필요할지를 고민하고 있다.

정리하면 나는 주류가 아니었기에, 주류의 방식을 따라야 한다는 강박이 없었다. 토드 로즈가 성공한 사람들은 '표준화된 길'을 따르지 않고 자신만의 들쭉날쭉한 길을 찾았다고 했고, '세계 최고'가 아니라 '최고의 나'가 되는 데 집중했다고 말하기도 했다. 그래서 나는 37살에 유학도 갈 수 있었고, 45살에 퇴사도 할 수 있었고, 현서에게 유튜브로 영어 환경을 만들어 줄 수도 있었던 것이다.

AI 시대 생존 역량 - 4C + 디지털 리터러시 + SEL

첫 번째 책인《현서네 유튜브 영어 학습법》에서 나는 다음과 같이 '21세기 4Cs 역량'을 언급했다.

- Critical Thinking (비판적 사고)
- Creativity (창의성)
- Communication (소통)
- Collaboration (협업)

그리고 디지털 리터러시Digital Literacy와 사회·정서 학습Social and Emotional Learning, SEL의 중요성도 강조했다. 당시에는 이론으로만 알고 있었다. 그런데 지난 5년간 현서를 키우면서, 이 이론들을 최대한 적용시켰고 다행히 현서도 아주 잘 따라왔다.

현서의 꿈과 우리 아이들의 미래

현서의 꿈은 영화감독이다. 6살 때부터 "나는 작가나 영화감독이 될 거야."라고 말했다. 처음에는 "애들은 다 그렇지 뭐."라고 생각했지만, 지금까지 7년째 한결같다. 그림 그리기를 좋아하고, 스토리 만들기를 좋아한다. 천생 창작을 해야 하는 아이이다. 그런 아이에게 주입식 교육은 더욱 맞지 않는다고 생각했다. 공식을 외우거나, 영어 단어를 암기하고, 선생님 말씀을 잘 들으라고 강요하는 것으로는 현서의 꿈을 키워 줄 수 없다.

디지털 리터러시Digital Literacy 역량을 갖추고 영어가 되니, 세계가 열렸다. 현서는 대부분의 여가 시간을 그림 그리기에 쏟는다. 본인의 아이패드에서 유튜브를 보며 배우기도 하고 다양한 검색을 하면서 스스로 학습한다. 디지털 드로잉Digital Drawing에도 관심이 생겼다. 그러다 'Procreate'라는 애니메이션 제작 앱을 알게 되었고 이것을 혼자 배우고 싶어 했다. 'Procreate'는 디자인 전문가들이 쓰는 최고의 앱 중에 하나인데, 유튜브에서는 체계적인 강의를 찾기가 어려워서, 세계 최대의 유료 강의 사이트인 미국의 'Udemy'에서 강의를 찾아줬다. 당시 미국에서 업계 최고인 전문가의 강의를 지구 반대편에 있는 초등학생이 방에서 들었던 것이다. 물론 강의는 전부 영어였다. 하지만 현서는 아무 문제없이 따라갔다.

유데미를 통해서 학습하는 모습

한국어로는 이런 수준의 강의가 없다. 하지만 영어로는 세계 최고 수준의 강의를 들을 수 있다. 영어가 되니, 자신의 꿈을 이루는데 한 걸음 더 다가설 수 있게 되었고, 디지털 리터러시 역량을 갖추니 배움의 한계가 사라졌다.

기업가 정신 – 반드시 갖춰야 할 미래 역량

나는 첫 번째 책을 내면서 퇴사를 했고, 지난 5년간 1인 기업가, 교육 인플루언서로 살고 있다. 직장 생활을 할 때는 몰랐던 세계를 알게 되었고, 원래 꿈이었던 선생님 역할을 하면서 아주 만족도 높은 삶을 살고 있다. 그래서 현서한테 꼭 길러 주고 싶은 것이 기업가 정신이다. 조직에서 다른 사람들과 협업을 하면서 일하는 경험도 중요하지만 결국 어느 시점에서는 자신만의 사업을 해야 한다고 굳게 믿고 있기 때문이다.

그림 그리기를 좋아하고, 굿즈를 사서 모으기를 좋아했던 현서한테 직접 굿즈를 제작해 보라고 했다. 그리고 현서는 이걸 학교에서 열리는 장터에서 친구들에게 판매까지 했다. 당연히 인기 최고였다. 제작을 위해 업체를 알아보고, 제작 단가를 알아보는 과정, 그림을 그려서 업체에서 원하는 형식으로 전달하는 것까지 모두 현서가 직접 했다.

직접 발주한 굿즈를 소개하는 모습

아직 온라인 몰에서 직접 팔아 보게 하는 계획은 실천하지 못했지만, 그 과정에서 현서는 기업가 정신을 몸소 체험하게 될 것이다. 소규모로 제작하니 제작 단가가 너무 비싸서 경쟁 제품들과는 가격

차이가 클 것이다. 그렇다고 대규모 제작을 하면 제작 단가는 낮출 수 있지만 만든 제품들을 보관하는 데 비용이 들고, 다 팔지 못했을 때 손해를 본다는 것도 알게 될 것이다. 별거 아니라고 생각했던 배송비도 집에서 직접 발송을 하면 큰 변수라는 것도 이해하게 되고, 제품 홍보를 위해 어떻게 차별화 포인트를 가져갈지 끊임없이 고민하면서, 남의 지갑을 열기가 얼마나 어려운지 몸소 체험하게 될 것이다.

하지만 이 과정에서 포기하지 않고 끝까지 하면서 성취감을 느끼게 해 주고 싶었다. 자신의 삶을 주도적으로 살면서 행복하기 위해서는 이 정도는 감수해야 한다는 것도 깨달았으면 하는 것이 아빠의 마음이었다.

기업가 정신의 오해

'기업가 정신 교육'이라고 하면, 많은 부모들이 오해한다. "우리 애를 창업자로 만들겠다는 건가요?", "사업을 하라고 가르치는 건가요?", "회사원으로 살면 안 되나요?"라고 한다. 하지만 기업가 정신 교육은 모든 아이를 CEO로 만들겠다는 게 아니다.

기업가 정신Entrepreneurship 이란, '외부 환경 변화에 민감하게 대응하면서 항상 기회를 추구하고, 그 기회를 잡기 위해 혁신적인 사고와 행동을 하여, 시장에 새로운 가치를 창조하고자 하는 생각과 의지'이다. 회사를 창업하거나 경영하는 CEO가 아니더라도, 혁신적인 일을 시도해 보는 사람은 모두 기업가라고 할 수 있다. 회사 내에서 새로운 프로젝트를 제안하는 직장인, 기존과 다른 방식으로 수업을 설계하는 교사, 환경 문제 해결을 위해 캠페인을 만드는 활동가, 자신만의 콘텐츠를 만들어 유튜브에 올리는 크리에이터, 이들 모두가 기업가 정신을 가진 사람들이다.

그렇다면 왜 모든 아이에게 기업가 정신이 필요한가? 기업가 정신 교육이 필요한 이유는 간단하다. 삶의 다양한 측면에 적용할 수 있는 가치 있는 기술과 사고 방식을 배우기 때문이다. 구체적으로 다음과 같은 능력인데, 이런 능력들은 창업을 하든 안 하든, 어떤 직업을 갖든 평생 필요한 역량들이다.

- 창의성: 새롭고 독창적인 것을 만들어 내는 능력
- 문제 해결: 어려운 상황에서도 해결책을 찾는 능력
- 리더십: 다른 사람과 협력하고 이끄는 능력
- 의사소통: 자신의 생각을 명확하게 전달하는 능력
- 팀워크: 함께 일하며 시너지를 내는 능력
- 시간 관리: 우선순위를 정하고 효율적으로 일하는 능력
- 목표 설정: 명확한 목표를 세우고 달성하는 능력

기업가 정신 5대 핵심 역량

중소기업청의 '기업가 정신 역량 평가지표'에 따르면, 기업가 정신은 다음 다섯 가지 핵심 요소로 구성된다.

1. 성취 욕구

'장애물을 극복하고, 자신의 능력을 발휘하고, 목표를 달성하려는 욕구'이다. 도전적이고 어려운 문제라도 성취하려는 의지이다.

현서가 자신이 그린 그림으로 굿즈를 만들어 학교 장터에서 판매를 했다. 반 친구들을 대상으로 하는 장터였고 선생님이 아이들에게 칭찬할 때 주는 화폐로 구매할 수 있었다. 처음에는 "누가 사 줄까?" 걱정했다. 하지만 5만 원이란 금액을 스스로 정하고 도전했다. 결과는 '완판'이었다.

친구들이 예쁘다고 하면서 줄을 섰다. 현서는 그날 반의 대부분의 화폐를 벌었다. 돈을 번 것보다 중요한 것은 '내가 만든 것을 누군가 돈 주고 산다.'라는 경험이었다. 이게 바로 성취 욕구를 키우는 과정이다.

2. 자기 통제 능력

'자기 스스로 통제하고 조절할 수 있다고 믿고 실제로 적극적으로 노력하는 것'이다. 어떤 일들이 운 때문에 결정되는 것이 아니라, 내가 노력함으로써 바꿀 수 있다고 믿고, 적극적으로 계획을 세우는 것이다.

현서는 중학교에 들어가면서 플래너를 작성하는 습관이 완전히 잡혔다. 물론 처음부터 완벽하게 지킨 건 아니다. 몇 번 무너지기도 했다. 하지만 스스로 계획을 세우고, 조절하고, 다시 시도하는 과정을 통해 자기 통제 능력을 키웠다.

3. 위험 감수성

'어떤 결과가 나타날지 예상하기 어려운 상황이지만 과감하게 도전해 보는 것'이다. 나는 45살에 15년 다니던 회사를 그만뒀다. 주변에서는 제정신이냐며 다들 걱정했다. 나도 두려웠다. 하지만 실패해도 괜찮고, 최악의 경우 학원이나 공부방을 하면 된다고 생각했다. 책도 냈으니 괜찮지 않을까 하고 스스로 위안했다.

5년이 지난 지금, 물질적으로도, 정신적으로도 훨씬 윤택한 삶을 살고 있다. 회사 다닐 때는 동료와의 인간관계, 회사 내부 정치, 야근 등 내가 컨트롤할 수 없는 스트레스가 대부분이었다. 지금은 모든 것을 내가 컨트롤할 수 있다. 언제 일할지, 무슨 콘텐츠를 만들지, 누구와 협업할지를 내가 결정한다.

물론 스트레스는 여전히 있다. 더 좋은 콘텐츠를 만들어야 한다는 압박과 미래를 염두에 두고 계획해야 하는 부담이 있다. 하지만 이런 스트레스는 생산적인 스트레스이며 나를 성장시킨다.

과거에 어른들이 사업은 위험하니 안정적인 직장에 취직하라고 말한 건 틀린 조언이 아니었다. 작은 가게 하나 열려고 해도 수천 만 원 대출부터 받아야 했다. 창업은 위험이 훨씬 크다. 초기 개발비와 첫 매출이 나기 전까지 몇 년간 지출되는 임대료, 인건비 등의 고정비를 감당하기 위해서 투자 유치를 하고 창업자의 몇 달치 월급을 날려야 시작할 수 있었다. 실패하면 빚더미에 앉고, 지인에게 빌린 돈도 못 갚고, 신용불량자가 될 수도 있다. 창업 3년 내 70%가 폐업한다는 통계도 있었다. 그래서 부모님 세대는 위험하게 사업하지 말고 대기업이나 공무원과 같은 안정적인 직장을 갖거나 전문직을 가지는 것을 최고로 여겼다.

하지만 지금은 완전히 상황이 바뀌었다. 그 '안정적인 직장'이 이제 AI 대체 1순위가 됐다. 대기업은 이윤 극대화를 위해 인건비 높은 직무부터 AI로 교체하고 있다. 결국 수많은 일자리가 사라질 수도 있다. 안정적이라고 생각했던 은행원, 회계사, 법무사도 AI에게 밀려나고 있다.

반면, 기술 발전으로 '무자본 창업'이 가능해졌다. 이는 내가 직접 겪은 사례이다. 나는 45세에 회사를 그만두고 3년간 '맘코칭' 프로그램을 혼자 운영했다. 유튜브 영상은 기획부터 촬영, 편집까지 모두 직접 했다. 인스타그램으로 홍보하고, 스마트스토어로 결제하고, 밴드와 줌, 카카오톡으로 수강자를 관리했다. 초기 투자 비용은 거의 들지 않았고, 직원과 사무실이 없으니 지출되는 고정비도 거의 없었다. 필요한 건 아이디어, 노트북, 카메라, 인터넷 정도였다.

이건 내가 특별해서가 아니다. 누구나 할 수 있다. 디지털 상품(전자책, 강의, 템플릿)을 만들어 팔거나, 크몽이나 숨고 같은 프리랜서 플랫폼에서 재능을 판매하거나, 유튜브, 블로그, 인스타그램으로 1인 콘텐츠 크리에이터가 될 수도 있다. 아이디어만 있으면 내일 당장 1인 사업을 시작할 수 있다.

이게 바로 토드 로즈가 말한 '다크호스'의 시대다. 대기업 임원을 꿈꾸지 말고, 좋아하고 잘하는 한 가지로 가치를 만드는 것이다. 학벌, 스펙, 인맥이 없어도, 내 적성과 관심에 맞는 소규모 사업으로 충분히 행복하고 성공적인 삶을 살 수 있다. 현서의 현재 꿈은 영화감독이지만 아빠는 자신만의 관심사를 가지고 유튜버가 되도 좋다고 생각한다.

기회는 이미 열려 있다. 필요한 건 '꿈을 실행으로 옮기는 용기'뿐이다. 아이들도 마찬가지이다. 작은 실패를 경험하고, 다시 시도해보는 과정을 통해 위험 감수성을 키워야 한다.

4. 창의력

이미 있는 것을 새롭게 연결하고, 다른 방식으로 해석해 보는 능력이다. 많은 사람들이 창의력을 '그림을 잘 그리는 능력'이나 '특별한 재능을 타고난 소수의 아이들만의 영역'이라고 생각한다. 하지만 교육학에서 말하는 창의력은 조금 다르다. 창의력은 완전히 새로운 것을 무(無)에서 만들어 내는 능력이 아니라, 이미 알고 있는 정보와 경험을 새로운 방식으로 조합하고 연결해 보는 사고 능력에 가깝다.

예를 들면, 아이가 영상을 보다가 "이 장면 다음에는 이렇게 되지 않을까?" 하고 이야기를 만들어 보거나, 책을 읽고 나서 "내가 주인공이라면 이렇게 했을 것 같아."라고 말하는 것이다. 이건 단순한 상상이 아니라 기존 정보를 재구성하는 창의적 사고이다. 또 어떤 아이는 레고를 설명서대로 만들기보다 자기 마음대로 부품을 섞어 전혀 다른 것을 만들기도 한다. 어떤 아이는 친구들과 놀이 규칙을 바꿔 가며 더 재미있는 게임을 만들어 낸다. 이 역시 창의력의 한 모습이다. 중요한 점은 이런 창의력이 지식과 경험이 쌓일수록 더 잘 발휘된다는 것이다. 아무것도 모르는 상태에서는 연결할 재료 자체가 없기 때문이다.

그래서 창의력은 가르친다기보다 경험을 많이 하게 해 주고, 생각을 말할 기회를 주는 환경에서 자란다. 아이에게 정답을 빨리 말해 주기보다 "너는 어떻게 생각해?"라고 물어보는 것이다. 아이가 틀린 답변을 해도 "그렇게 생각한 이유가 뭐야?"라고 한 번 더 들어 주는 것이며, 결과보다 과정에 관심을 가져 주는 태도가 필요하다. 이런 작은 경험들이 쌓이면서 아이는 점점 자기 생각을 조합하고, 표현하고, 확장해 나간다. 이것이 내가 생각하는 창의력이고, 앞으로 우리 아이들이 살아갈 시대에 가장 오래 남는 힘이라고 믿는 이유이다.

5. 자기 효능감

영어로 자신의 꿈에 대해 발표하는 현서

'자신의 능력에 대한 믿음으로, 새로운 기회를 추구하고 위험에 대처해 나갈 수 있는 원동력'이다. 현서는 초등학교 5학년 때, '스몰빅클래스'라는 회사의 'D.Nav' 과정에 참여할 기회가 있었다. 자신의 꿈에 대해 발표하는 프로그램이었다. 현서는 영어로 자신의 꿈을 발표했다.

"I want to be a film director. I love drawing and storytelling. I want to make movies that make people happy."

당당하고 자신감 있게 "나는 할 수 있다."라는 믿음을 가지는 것이 바로 자기 효능감이다. 이 믿음이 있으면, 새로운 도전을 두려워하지 않는다. 실패해도 다시 일어설 수 있다.

가정에서 기업가 정신 키우는 방법

기업가 정신은 학교에서만 배우는 게 아니다. 가정에서 충분히 키울 수 있다.

1. 지시보다는 기다림

아이들에게 "이렇게 해라." 하고 하나하나 지시하기보다는, 시행착오를 겪으며 스스로 할 수 있도록 기다려 준다. 책임감, 자립심,

창의성, 문제 해결 능력 모두 스스로 해 보는 과정에서 생긴다.

2. 실패를 긍정적으로 받아들이기

아이가 어떤 일에서 실패를 겪었을 때, "왜 이렇게 못 하니?"가 아니라 "이번에 뭘 배웠어?"라고 물어본다. 실패를 통해 배우는 기회를 제공하여 두려움을 극복할 수 있도록 해 준다.

3. 혁신적인 아이디어 격려하기

아이가 "나 이거 해 보고 싶어."라고 말하면, "안 돼.", "그건 너무 어려워."가 아니라 "오, 재미있겠다. 어떻게 할 건데?"라고 물어본다. 상상력을 발휘하도록 유도한다.

AI 시대, 변화는 선택 아닌 생존

이제는 AI로 인한 시대의 변화가 막연한 불안이 아니다. 구체적인 수치가 나와 있다. 세계경제포럼WEF이 2025년 1월 발표한 '미래의 직업 보고서 2025The Future of Jobs'에 따르면 2030년까지 AI와 자동화 기술로 인해 전 세계에서 9,200만 개의 일자리가 사라질 거라고 한다. 물론 같은 기간 1억 7,000만 개의 신규 일자리가 생긴다. 하지만 문제는 사라지는 일자리와 새로 생기는 일자리가 완전히 다르다는 것이다.

사라지는 일자리

- 은행 창구 직원
- 회계 사무원
- 콜센터 상담원
- 생산직 노동자
- 데이터 입력 담당자

새로 생기는 일자리

- AI 엔지니어
- 데이터 사이언티스트
- 디지털 마케터
- 콘텐츠 크리에이터
- 헬스케어 전문가

즉, 앞으로는 '시키는 대로 일하던 사람'은 설 자리가 없어지고, '스스로 문제를 정의하고 해결하는 사람'만 살아남는다는 것이다. 이제 AI는 이메일을 쓰고, 보고서를 작성하고, 코드를 짜며, 영상을 편집한다. 변화는 '미래'가 아니라 '지금 여기'의 문제이다. 지금 우리 아이들이 성인이 되는 10년, 15년 후에는 지금과 완전히 다른 세상이 펼쳐져 있을 것이다. 그 세상에서 살아남으려면, 지금 교육에 변화를 주지 않으면 안 된다.

19장
현서의 선택: IB 교육

그래서 우리는 IB 교육을 택했다

영화감독이나 작가, 즉 창작자가 되고 싶은 현서에게 어떤 교육이 맞을까? 이 고민은 현서가 초등학교 고학년이 되면서 본격화되었다. 중학교 진학을 앞두고, 우리는 대안 교육을 진지하게 찾기 시작했다. 그때 알게 된 것이 IB International Baccalaureate, 국제 바칼로레아 교육이었다.

IB 교육이란? -탐구, 협업, 창의력의 교육

IB 교육은 1968년 스위스 제네바에서 시작된 국제 교육 프로그램이다. 전 세계 160개국 5,700여 개 학교에서 운영되고 있다. 하지만 IB의 핵심은 '어디서나 통하는 국제 학위'가 아니다. IB의 진짜 핵심은 '교육 철학'이다.

한국 교육과 IB 교육의 가장 큰 차이는 '무엇을 배우는가'가 아니라 '어떻게 배우는가'이다.

한국 전통 교육	IB 교육
정답을 외운다	질문을 만들어 낸다
선생님이 알려 주는 지식을 암기	스스로 탐구하고 발견
시험 점수로 평가	과정과 성장을 평가
단답형 시험, 객관식 문제	에세이, 프로젝트, 발표
상대 평가 (경쟁)	절대 평가 (협력)
1등부터 꼴등까지 줄 세우기	개인의 발전과 역량 개발
혼자 공부	협업으로 배움
혼자 책상에 앉아 문제 풀기	팀 프로젝트, 토론, 발표

IB 핵심 - 너는 어떻게 생각해?

IB 수업은 이렇게 진행된다.

전통 교육 방식:

- **선생님:** "제2차 세계대전은 1939년에 시작되었습니다. 이걸 외우세요. 시험에 나옵니다."

IB 교육 방식:

- 선생님: "제2차 세계대전은 왜 일어났을까요? 여러분은 어떻게 생각하나요?"
- 학생 A: "저는 경제 공황 때문이라고 생각해요."
- 학생 B: "저는 베르사유 조약의 불공정함 때문이라고 생각해요."
- 선생님: "좋아요. 그럼 여러분이 직접 조사해서, 어떤 요인이 가장 결정적이었는지 에세이로 써 보세요."

차이가 보이는가? 전통 교육은 정답을 주고, 외우게 한다. IB 교육은 질문을 던지고, 스스로 답을 찾게 한다.

절대 평가 - 경쟁이 아닌 성장

한국 교육의 가장 큰 문제는 상대 평가이다. 100점을 맞아도, 다른 아이들이 더 잘하면 3등급이 된다. 반대로 60점을 맞아도, 다른 아이들이 더 못하면 1등급이 된다. 내가 얼마나 성장했는지는 중요하지 않다. 남들과 비교해서 어디에 위치하는지가 중요하다. 이게 경쟁 교육의 핵심이다. IB 교육은 다르다. 절대 평가를 한다.

- **7점 만점 중 6~7점**: Excellent (탁월)
- **5점**: Good (우수)
- **4점**: Satisfactory (만족)
- **3점 이하**: 보완 필요

다른 학생과 비교하지 않는다. 학습 목표에 얼마나 도달했는지를 평가한다. 더 중요한 건, 과정을 평가한다는 것이다. 다음과 같은 것들이 모두 평가 요소에 해당한다.

- **프로젝트를 진행하는 과정에서 어떤 질문을 던졌는가?**
- **팀원들과 어떻게 협력했는가?**
- **실패했을 때 어떻게 극복했는가?**
- **자신의 생각을 얼마나 논리적으로 표현했는가?**

IB가 키우는 10가지 학습자상

IB 교육은 다음과 같이 '10가지 학습자상'을 목표로 한다. 이것이 IB가 원하는 인재상이다. 시험에서 점수를 100점 맞는 아이가 아니라, 스스로 생각하고 질문하고 도전하고 협력하는 아이로 키운다.

- **탐구하는 사람** Inquirers - 질문하고 탐구한다
- **지식인** Knowledgeable - 폭넓은 지식을 갖춘다
- **사고하는 사람** Thinkers - 비판적으로 생각한다
- **소통하는 사람** Communicators - 명확하게 소통한다
- **원칙을 지키는 사람** Principled - 정직하고 공정하다
- **열린 마음을 가진 사람** Open-minded - 다양성을 존중한다
- **배려하는 사람** Caring - 공감하고 봉사한다
- **위험을 감수하는 사람** Risk-takers - 도전을 두려워하지 않는다
- **균형 잡힌 사람** Balanced - 몸과 마음의 균형을 유지한다
- **성찰하는 사람** Reflective - 자신을 돌아보고 개선한다

부모로서 우리가 할 수 있는 것

나는 교육 전문가가 아니다. 그냥 현서 아빠이다. 하지만 아빠이기 때문에 아이를 가장 잘 아는 사람이자, 아이의 행복을 최우선으로 생각하는 사람이며, 전문가의 말보다 아이의 눈빛을 믿는 사람이다.

전문가들은 이론을 말한다. 하지만 우리는 우리 아이의 현실을 본다. 유튜브로 영어를 가르치는 건 시작일 뿐이다. 진짜 목표는 아이가 행복하게, 자신이 좋아하는 일을 하며 살아가는 것이다. 그러려면 기존 틀을 깨는 용기가 필요하다. 그 용기가 우리 아이의 미래를 바꾼다. 이 책을 읽은 여러분은 이미 그 첫걸음을 뗐다. 이제 두 번째, 세 번째 걸음을 떼시길 바란다.

부록

유튜브 추천 채널

1. 동요 / 챈트 / 알파벳
2. TV 시리즈
3. 미술 / 공작
4. 과학 / 자연 / 학습
5. 가족 / 취미
6. Read Aloud
7. 언박싱 / 게임 / 놀이

1. 동요 / 챈트 / 알파벳

Pinkfong Baby Shark - Kids' Songs & Stories

Baby Shark으로 유명한 핑크퐁의 영어 채널. 색깔, 숫자, 동물 등 기초 어휘를 캐치한 멜로디와 반복되는 가사로 학습하며, 한국 아이들에게 익숙한 캐릭터로 거부감 없이 영어에 노출됩니다.

구독자 수 8,410만
영상 수 3,700개
대상 3~5세

한글 핑크퐁을 좋아했다면 영어 전환의 첫 단계로 최적

Bounce Patrol - Kids Songs

5명의 호주 배우들이 에너지 넘치는 율동과 함께 동요를 부르는 채널. 머더구스클럽과 유사하지만 더 활동적이고 역동적인 안무가 특징이며, 호주 억양의 명확한 발음을 들을 수 있습니다.

구독자 수 3,380만
영상 수 309개
대상 3~6세

애니메이션보다 실제 사람과 함께 춤추고 노래하길 원하는 아이

Ms. Rachel - Toddler Learning Videos

유아교육 석사 출신 Ms. Rachel이 카메라를 직접 응시하며 "Can you say...?" 같은 질문으로 말하기를 유도하는 상호 작용식 채널. 말의 속도가 느리고 입 모양을 강조해 언어 발달 지연 아동에게도 효과적입니다.

구독자 수 1,850만
영상 수 120개
대상 18개월~4세

아직 말문이 트이지 않았거나 영어 첫 마디를 유도할 때

Moonbug Kids - Cartoons and Kids Songs

Moonbug Entertainment 소속 인기 채널(CoComelon, Blippi, Little Baby Bum, Morphle)의 영상을 믹스해서 제공하는 통합 채널. 여러 채널을 오가지 않고도 다양한 콘텐츠를 경험할 수 있습니다.

구독자 수 1,280만
영상 수 2,500개
대상 2~6세

아이 취향 파악 단계에서 여러 스타일을 한 번에 테스트할 때 유용

Numberblocks

숫자 모양의 블록 캐릭터들이 합체되고 분리되며 수학 개념을 시각화하는 BBC 명작 애니메이션. 1+1=2를 블록 1과 블록 1이 합쳐져 블록 2가 되는 식으로 보여 주며, 구구단까지 자연스럽게 익힙니다.

구독자 수 1,400만
영상 수 2,300개
대상 3~7세

영어와 수학을 동시에 잡고 싶거나 숫자 놀이를 좋아하는 아이

STEVE AND MAGGIE

영국 선생님 Steve가 말하는 까마귀 인형 Maggie와 벌이는 코믹 상황극. "Wow! It's a...!", "Look! What's this?" 같은 패턴 문장을 과장된 표정과 몸짓으로 반복하며, 아이들이 저절로 따라 말하게 만듭니다.

구독자 수 737만
영상 수 519개
대상 3~7세

과장된 리액션과 코믹한 상황극에 빠져 웃다가 패턴 문장까지 익히는 효과

JunyTony - Songs and Stories

키즈캐슬(핑크퐁 제작사)의 또 다른 영어 동요 채널. 핑크퐁보다 스토리텔링이 강하고 캐릭터 간 대화가 많아 문장 구조 학습에 유리하며, 2D 애니메이션으로 시각적 자극이 적당합니다.

구독자 수 616만
영상 수 1,700개
대상 4~6세

단순 동요에서 벗어나 대화와 스토리가 있는 영상으로의 전환기

Jack Hartmann Kids Music Channel

30년 경력의 미국 초등 교사 Jack Hartmann이 만든 교육 전문 채널. 알파벳 각 글자의 소리를 몸으로 표현하는 독창적인 방법과 숫자 100까지 세기, 도형, 색깔을 노래로 체계적으로 가르칩니다.

구독자 수 532만
영상 수 1,900개
대상 4~7세

유치원 입학 전 필수 학습 개념을 놀이처럼 재미있게 준비

Super Simple ABCs

Super Simple Songs에서 파닉스와 알파벳만 분리한 전문 채널. A부터 Z까지 각 글자의 소리와 그 소리로 시작하는 단어들(A is for Apple, Ant, Alligator)을 체계적으로 반복 학습하며 읽기 준비를 시킵니다.

구독자 수 502만
영상 수 246개
대상 3~6세

알파벳 26글자 소리를 완벽하게 익히는 파닉스 입문의 정석

The Singing Walrus - English Songs For Kids

현직 초등 교사와 음악가들이 협업해 만든 교육용 노래 채널. 날씨, 요일, 계절, 감정 표현 등 실생활 표현을 왈러스 캐릭터와 함께 배우며, 템포가 느리고 가사가 명확해 따라 부르기 쉽습니다.

구독자 수 371만
영상 수 147개
대상 3~6세

일상생활 표현을 노래로 자연스럽게 익히고 싶을 때

Dream English Kids

일본에서 15년간 영어를 가르친 Matt 선생님이 운영하는 채널. 기타를 치며 부르는 어쿠스틱한 노래와 율동으로 인사말, 감정, 일상 표현을 배우며, 따뜻하고 차분한 분위기가 특징입니다.

구독자 수 406만
영상 수 984개
대상 3~6세

차분하고 온화한 분위기에서 영어 노래를 배우고 싶은 아이

Pokémon Kids TV

피카츄를 비롯한 포켓몬 캐릭터들이 영어 동요를 부르고 놀이를 하는 채널. Nursery Rhymes부터 알파벳, 숫자까지 포켓몬과 함께 배우며, 포켓몬 팬이라면 거부감 없이 영어에 노출될 수 있습니다.

구독자 수 3,820만
영상 수 768개
대상 4~8세

좋아하는 포켓몬 캐릭터와 함께 영어까지 자연스럽게

Bebefinn - Nursery Rhymes & Kids Songs

아기 상어 Bebefinn이 주인공인 한국산 영어 동요 채널. 색감이 부드럽고 캐릭터가 귀여우며, 양치질, 손 씻기 등 기본 생활 습관을 노래로 배울 수 있어 생활 교육과 영어 학습을 동시에 할 수 있습니다.

구독자 수 3,490만
영상 수 912개
대상 2~5세

귀여운 캐릭터를 통해 생활 습관과 영어를 함께 잡고 싶을 때

Blippi - Kids Songs

주황색과 파란색 의상의 Blippi 아저씨가 박물관, 놀이터, 농장 등을 탐험하며 사물 이름과 특징을 설명하는 채널. 에너지 넘치는 목소리와 신나는 음악으로 호기심 많은 아이들의 탐구심을 자극합니다.

구독자 수 363만
영상 수 1,200개
대상 2~6세

호기심이 많고 밖에서 뛰어노는 걸 좋아하는 활동적인 아이

Shark Academy - Songs for kids

다양한 색깔의 귀여운 아기 상어들이 가족을 이루어 노래하고 모험하는 채널. Baby Shark의 인기를 이어받아 상어 캐릭터와 함께 색깔, 숫자, 알파벳을 배우며, 바다 생물 관련 어휘도 자연스럽게 습득합니다.

구독자 수 349만
영상 수 709개
대상 2~5세

Baby Shark에 푹 빠진 아이라면 상어 캐릭터와 함께 영어 학습

2. TV 시리즈

Disney Jr.

디즈니 주니어 채널에서 방영된 Mickey Mouse Clubhouse, Sofia the First, Doc McStuffins 등 인기 TV 시리즈를 모아 놓은 공식 채널. 친숙한 디즈니 캐릭터로 스토리를 즐기며 자연스럽게 영어를 습득합니다.

구독자 수 2,650만
영상 수 6,600개
대상 4~8세

디즈니 캐릭터를 좋아하고 스토리가 있는 애니메이션을 선호하는 아이

Ninja Kidz TV

실제 남매들이 닌자가 되어 액션 가득한 모험을 펼치는 채널. 무술 동작, 장애물 코스, 챌린지 등 역동적인 콘텐츠로 가득하며, 에너지 넘치는 남자 아이들이 몰입해서 보기 좋습니다.

구독자 수 2,430만
영상 수 344개
대상 5~10세

액션과 모험을 좋아하는 에너지 넘치는 남자아이들을 위한 채널

Bluey - Official Channel

호주 ABC에서 제작한 Emmy 상 수상작 Bluey의 공식 채널. 강아지 가족의 일상과 상상놀이를 그린 따뜻한 애니메이션으로, 가족 관계와 감정 표현을 자연스럽게 배우며 호주 영어 억양에 노출됩니다.

구독자 수 1,300만
영상 수 1,400개
대상 4~7세

따뜻한 가족 이야기와 상상놀이를 통해 감정 표현 배우기

PAW Patrol Official & Friends

퍼피 구조대의 공식 유튜브 채널. TV 시리즈는 물론 장난감 언박싱, 인형극까지 다양한 콘텐츠를 제공하며, 구조, 협동, 문제 해결이라는 주제로 영어와 사회성을 동시에 배울 수 있습니다.

구독자 수 1,080만
영상 수 3,700개
대상 4~7세

강아지와 자동차를 좋아하고 영웅 놀이를 즐기는 아이

Sheriff Labrador - Kids Cartoon

경찰견 라브라도 경장이 사건을 해결하며 안전 교육을 하는 중국 제작 애니메이션의 영어 더빙 버전. 교통 안전, 낯선 사람 조심, 화재 대피 등 생활 안전 규칙을 스토리로 배우며 영어도 익힙니다.

구독자 수 967만
영상 수 972개
대상 4~7세

안전 교육과 영어를 동시에 배우고 싶은 유치원생

Curious George Official

1941년 출간된 고전 그림책 원작의 PBS 애니메이션. 호기심 많은 원숭이 George의 과학적 사고와 문제 해결 과정을 보여 주며, 말의 속도가 느리고 발음이 명확해 영어 입문자에게 적합합니다.

구독자 수 565만
영상 수 2,700개
대상 4~7세

과학적 사고와 문제 해결력을 기르며 천천히 영어에 입문

MiniforceTV

한국 애니메이션 미니특공대의 영어 더빙 채널. 한국 아이들에게 익숙한 캐릭터가 영어로 말하며, 변신과 액션이 가득한 스토리로 남자 아이들이 재미있게 영어에 노출될 수 있습니다.

구독자 수 511만
영상 수 559개
대상 5~8세

미니특공대를 좋아했다면 영어 버전으로 자연스럽게 전환

Ben 10

Cartoon Network의 인기 액션 애니메이션. 외계인으로 변신하는 소년 Ben의 모험을 그리며, 빠른 전개와 액션 장면이 많아 영어 1,000시간 이상 누적된 아이들에게 적합합니다.

구독자 수 410만
영상 수 1,500개
대상 7~10세

변신 영웅물을 좋아하는 초등학생의 영어 듣기 강화

The Supa Strikas - Kids Soccer Cartoon

축구팀 Supa Strikas의 경기와 훈련을 그린 스포츠 애니메이션. 축구 용어와 팀워크, 스포츠맨십을 배우며, 축구를 좋아하는 아이들이 몰입해서 영어를 듣게 됩니다.

구독자 수 303만
영상 수 1,700개
대상 6~10세

축구를 사랑하는 아이라면 좋아하는 스포츠로 영어까지 학습

Go Buster - Bus Cartoons & Kids Stories

버스 Buster와 친구들의 모험을 그린 해외판 꼬마버스 타요. 자동차와 버스를 좋아하는 남자아이들을 위한 채널로, 교통 관련 어휘와 문제 해결 과정을 스토리로 배웁니다.

구독자 수 260만
영상 수 1,400개
대상 4~6세

버스와 자동차에 푹 빠진 남자아이들의 취향 저격

Hey Duggee Official

영국 BBC의 BAFTA 수상작. 강아지 Duggee가 운영하는 클럽에서 아이들이 배지를 받기 위해 도전하는 이야기로, 짧은 에피소드와 유머러스한 전개가 특징이며 영국식 영어를 자연스럽게 접합니다.

구독자 수 263만
영상 수 1,900개
대상 4~6세

짧은 에피소드로 집중력 짧은 아이에게도 효과적

Digley and Dazey - Trucks For Kids

굴착기 Digley와 덤프트럭 Dazey의 건설 현장 이야기. 중장비 이름과 작동 방식을 배우며, 색깔, 모양, 숫자를 함께 학습하는 교육적 콘텐츠로 구성되어 있습니다.

구독자 수 241만
영상 수 916개
대상 4~6세

굴착기, 덤프트럭 등 중장비에 열광하는 아이

Strawberry Shortcake Wildbrain

딸기 소녀 Strawberry Shortcake과 친구들의 우정과 모험 이야기. 파스텔톤의 예쁜 색감과 베이킹, 요리 테마로 여자아이들이 좋아하며 우정과 배려를 배우는 사회 정서 학습에도 좋습니다.

구독자 수 224만
영상 수 2,100개
대상 4~8세

예쁜 색감과 베이킹을 좋아하는 여자아이들의 취향 저격

The Powerpuff Girls

Cartoon Network의 클래식 슈퍼히어로 애니메이션. 세 명의 소녀 히어로가 악당과 싸우는 액션 코미디로, 대화 속도가 빠르고 유머가 많아 영어 실력이 어느 정도 쌓인 아이들에게 적합합니다.

구독자 수 182만
영상 수 1,400개
대상 6~10세

여자 히어로물을 좋아하고 액션 코미디를 즐기는 아이

True and the Rainbow Kingdom

Netflix 오리지널 애니메이션. 소녀 True가 무지개 왕국에서 문제를 해결하는 판타지 스토리로, 문제 해결력과 공감 능력을 키울 수 있으며 대화 속도가 느려 영어 입문자에게 적합합니다.

구독자 수 177만
영상 수 1,200개
대상 4~6세

판타지 세계관과 문제 해결 스토리를 좋아하는 여자아이

Super Truck - Car City Universe

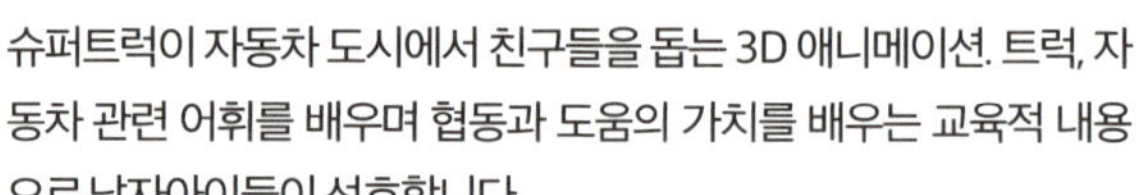

슈퍼트럭이 자동차 도시에서 친구들을 돕는 3D 애니메이션. 트럭, 자동차 관련 어휘를 배우며 협동과 도움의 가치를 배우는 교육적 내용으로 남자아이들이 선호합니다.

구독자 수 161만
영상 수 1,300개
대상 4~6세

트럭으로 변신하고 친구를 돕는 영웅 이야기를 좋아하는 아이

Carl's Car Wash

세차장을 운영하는 Carl과 자동차 친구들의 이야기. 세차 과정을 따라가며 색깔과 모양을 배우고 자동차 관련 어휘를 익히며, 짧은 에피소드로 집중력이 짧은 아이에게 적합합니다.

구독자 수 129만
영상 수 123개
대상 4~6세

세차장 놀이를 좋아하고 자동차에 관심 많은 아이

Bread Barbershop

한국 애니메이션 브레드 이발소의 영어 더빙 버전. 빵 캐릭터들이 이발소를 운영하며 벌어지는 귀여운 이야기로, 한국 아이들에게 익숙한 캐릭터로 영어 전환이 자연스럽습니다.

구독자 수 78만
영상 수 1,400개
대상 4~7세

브레드 이발소 팬이라면 영어로 다시 보며 복습 효과

Dino Ranch

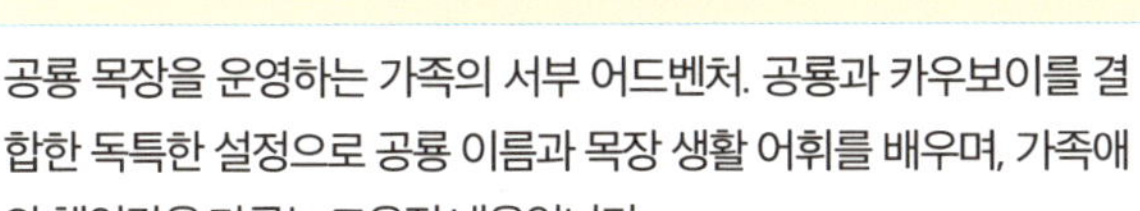

공룡 목장을 운영하는 가족의 서부 어드벤처. 공룡과 카우보이를 결합한 독특한 설정으로 공룡 이름과 목장 생활 어휘를 배우며, 가족애와 책임감을 다루는 교육적 내용입니다.

구독자 수 69만
영상 수 933개
대상 4~6세

공룡과 카우보이를 동시에 좋아하는 아이의 완벽한 조합

Sarah and Duck Official

영국 BBC의 조용하고 차분한 애니메이션. 소녀 Sarah와 오리 Duck의 일상적인 모험을 그리며, 느린 전개와 부드러운 색감으로 차분한 성격의 아이들이 편안하게 볼 수 있습니다.

구독자 수 35만
영상 수 450개
대상 3~5세

조용하고 차분한 분위기를 선호하는 예민한 아이

3. 미술 / 공작

Art for Kids Hub

아빠 Rob과 아이들이 그림 그리는 법을 단계별로 알려 주는 채널. 동물, 캐릭터, 음식 등 다양한 주제를 따라 그리며 미술 용어와 지시문을 영어로 자연스럽게 습득합니다.

구독자 수 1,000만
영상 수 3,100개
대상 5~10세

그림 그리기를 좋아하고 캐릭터를 직접 그리고 싶은 아이

Cartooning4kids

만화, 애니메이션, 게임 캐릭터를 단계별로 그리는 법을 가르치는 채널. 마인크래프트, 포켓몬, 슈퍼히어로 등 아이들이 좋아하는 캐릭터를 그리며 드로잉 용어를 영어로 배웁니다.

구독자 수 507만
영상 수 4,600개
대상 6~12세

게임이나 만화 캐릭터를 직접 그리고 싶은 초등학생

The Fixes

러시아 제작 애니메이션의 영어 더빙 버전. 가전제품 속에 사는 작은 생명체 Fixies가 기계 작동 원리를 설명하며, 과학과 기술에 대한 호기심을 자극하는 교육적 콘텐츠입니다.

구독자 수 300만
영상 수 2,400개
대상 6~10세

기계가 어떻게 작동하는지 궁금해하는 호기심 많은 아이

Sean's Crafts

Sean 형이 재활용품과 간단한 재료로 창의적인 공작을 만드는 DIY 채널. 만드는 과정을 따라 하며 공작 용어와 지시문을 영어로 배우고, 작품을 완성하여 성취감도 얻습니다.

구독자 수 111만
영상 수 58개
대상 6~12세

손으로 만들기를 좋아하고 창의적인 공작에 관심 많은 아이

Art Land

좀 더 디테일한 드로잉 기법을 가르치는 미술 채널. 음영, 원근법, 색칠 기법 등 본격적인 그림 실력 향상을 원하는 아이들을 위한 채널로, 미술 전문 용어를 영어로 배울 수 있습니다.

구독자 수 68만
영상 수 2,800개
대상 8~14세

기초를 넘어 본격적인 드로잉 실력을 키우고 싶은 미술 영재

Foldable Flight

다양한 종류의 종이비행기를 접는 방법을 단계별로 알려 주는 채널. 멀리 날아가는 비행기, 곡예 비행기 등 종류별 접기 방법을 배우며 공간 지각력과 영어 지시문 이해력을 키웁니다.

구독자 수 67만
영상 수 246개
대상 6~12세

종이비행기 접기를 좋아하고 더 멋진 비행기를 만들고 싶은 아이

4. 과학 / 자연 / 학습

Mark Rober

전 NASA 엔지니어 Mark Rober가 물리학, 공학 등의 과학 원리를 대규모 실험으로 증명하며 창의적인 발명품을 만드는 채널. 과학에 관심 많은 초등 고학년 이상에게 최적입니다.

구독자 수 7,250만
영상 수 244개
대상 10~15세

과학과 공학에 진심인 아이라면 꿈을 키워 줄 최고의 멘토

Kurzgesagt - In a Nutshell

복잡한 과학 개념을 귀여운 애니메이션으로 쉽게 설명하는 독일 제작 채널. 우주, 생물학, 철학까지 다양한 주제를 다루며, 영어 자막과 함께 보면 과학 전문 용어를 배울 수 있습니다.

구독자 수 2,500만
영상 수 334개
대상 10~15세

우주와 과학의 깊은 질문에 답을 찾고 싶은 지적 호기심이 왕성한 아이

The Dodo

감동적인 동물 이야기를 다루는 채널. 유기견 입양, 야생동물 구조, 동물 우정 이야기 등 감성적인 콘텐츠로 동물 사랑과 공감 능력을 키우며 자연스럽게 영어를 듣습니다.

구독자 수 1,800만
영상 수 13,000개
대상 7~14세

동물을 사랑하고 감동적인 이야기에 눈물 흘리는 감성적인 아이

Smarter Every Day

Destin Sandlin이 일상 속 과학 원리를 슬로우 모션과 실험으로 보여주는 채널. 총알의 궤적, 고양이의 착지, 헬리콥터의 비행 원리 등 호기심을 과학으로 해결하며 비판적 사고력을 키웁니다.

구독자 수 1,180만
영상 수 393개
대상 9~15세

일상의 "왜?"를 과학 실험으로 증명하며 답을 찾고 싶은 아이

Simple History

역사적 사건을 간단한 애니메이션으로 5-10분 내에 설명하는 채널. 세계대전, 고대 문명, 역사적 인물을 다루며, 역사 용어와 사건을 영어로 배우는 데 최적입니다.

구독자 수 508만
영상 수 1,200개
대상 10~16세

역사 덕후이거나 세계사를 영어로 배우고 싶은 학생

The Action Lab

과학자 James가 신기한 과학 실험을 직접 해 보는 채널. 액체 질소, 자석, 화학 반응 등 눈으로 보는 과학 실험으로 물리와 화학 개념을 쉽게 이해하며 과학 용어를 영어로 습득합니다.

구독자 수 508만
영상 수 985개
대상 9~15세

직접 실험하는 걸 좋아하고 신기한 과학 현상에 열광하는 아이

It's AumSum Time

아이들이 가질 수 있는 과학 질문(왜 하늘은 파란가요?, 왜 비가 와요?)에 애니메이션으로 답하는 채널. 짧고 명확한 설명으로 과학 개념을 쉽게 이해하며 과학 어휘를 체계적으로 배웁니다.

구독자 수 461만
영상 수 1,700개
대상 7~12세

끊임없이 "왜?"를 물어보는 호기심 폭발 아이의 질문 해결사

Jared Owen

3D 애니메이션으로 복잡한 기계의 내부 작동 원리를 보여주는 채널. 엘리베이터, 세탁기, 엔진 등이 어떻게 작동하는지 시각화하며 공학적 사고와 영어 기술 용어를 함께 배웁니다.

구독자 수 431만
영상 수 118개
대상 10~16세

기계를 분해하고 작동 원리를 알고 싶어 하는 공학 지망생

Meekah - Educational Videos for Kids

Blippi의 여성 버전으로, Meekah가 박물관, 과학관, 놀이터를 탐험하며 사물을 설명하는 채널. 여자아이들을 타깃으로 한 밝고 긍정적인 에너지로 호기심을 자극합니다.

구독자 수 598만
영상 수 1,000개
대상 4~8세

Blippi 스타일을 좋아하는 여자아이를 위한 맞춤 채널

Paul Cuffaro

거북이, 도마뱀 등 각종 동물을 키우는 Paul의 일상과 동물 돌보기를 다루는 채널. 동물 관련 어휘와 사육 방법을 배우며, 반려동물을 키우고 싶은 아이들에게 간접 경험을 제공합니다.

구독자 수 331만
영상 수 1,200개
대상 8~14세

반려동물을 키우고 싶어 하거나 이색 동물에 관심 많은 아이

Wild Kratts

Kratt 형제가 동물의 능력을 활용해 모험하는 PBS 애니메이션. 실제 야생동물의 생태와 특징을 배우며, 모험과 교육을 결합한 콘텐츠로 동물학자를 꿈꾸는 아이들에게 영감을 줍니다.

구독자 수 281만
영상 수 1,100개
대상 5~10세

야생동물에 관심 많고 동물학자가 꿈인 모험심 강한 아이

Cool School

Ms. Booksy가 다양한 주제를 인형극과 만들기로 가르치는 교육 채널. 알파벳, 숫자, 과학 실험, 공작 등 다양한 콘텐츠로 학습과 창의성을 동시에 키울 수 있습니다.

구독자 수 197만
영상 수 2,100개
대상 4~8세

인형극 스타일로 다양한 학습 주제를 재미있게 접하고 싶은 아이

Leo the Wildlife Ranger - Official Channel

Leo가 세계 각지의 동물을 만나고 보호하는 애니메이션. 동물의 서식지, 먹이, 습성을 배우며 환경 보호의 중요성도 함께 다루는 교육적 채널입니다.

구독자 수 328만
영상 수 1,300개
대상 4~8세

동물 보호와 환경에 관심 있는 어린 동물 애호가

CrunchLabs

Mark Rober가 만든 과학 장난감 구독 서비스의 채널. 매달 배송되는 빌드 박스를 조립하고 실험하며 공학과 과학 원리를 배우는 콘텐츠로, 손으로 만들며 배우기를 좋아하는 아이에게 최적입니다.

구독자 수 251만
영상 수 207개
대상 8~14세

STEM 교육에 관심 있고 직접 만들며 배우고 싶은 메이커 키즈

History Matters

역사적 사건을 3-5분 정도의 짧은 애니메이션으로 설명하는 채널. 유머러스한 캐릭터와 간결한 설명으로 복잡한 역사를 쉽게 이해하며, 역사 용어를 영어로 배우기 좋습니다.

구독자 수 188만
영상 수 383개
대상 10~16세

역사를 좋아하지만 긴 영상은 부담스러운 아이

The River and Wilder Show

두 남매가 자연 속에서 모험하고 동물을 관찰하는 실사 채널. 강, 숲, 바다에서의 탐험과 생물 관찰로 자연 과학과 생태계를 배우며, 실제 자연의 아름다움을 영어로 경험합니다.

구독자 수 197만
영상 수 215개
대상 6~12세

자연 탐험과 야외 활동을 좋아하는 모험가 기질의 아이

Hello Everything!

동물원, 농장, 자연을 탐험하며 동물들을 만나는 유아용 채널. 실제 동물 영상과 밝은 음악으로 동물 이름과 소리를 배우며, 자연에 대한 호기심을 키웁니다.

구독자 수 129만
영상 수 563개
대상 3~6세

실제 동물 영상으로 자연을 배우고 싶은 어린 동물 애호가

Handyman Hal

수리공 Hal이 다양한 도구를 사용해 물건을 고치고 만드는 채널. 망치, 드릴, 톱 등 도구 이름과 사용법을 배우며, 수리와 만들기에 관심 있는 아이들의 실용 영어 실력을 키웁니다.

구독자 수 145만
영상 수 662개
대상 4~8세

도구 사용과 수리에 관심 많은 아이

5. 가족 / 취미

Tasty

BuzzFeed의 요리 채널. 위에서 내려다보는 앵글로 요리 과정을 빠르게 보여 주며, 요리 용어와 레시피를 영어로 배우고 직접 따라 만들 수도 있습니다.

구독자 수 2,130만
영상 수 6,300개
대상 10~16세

요리에 관심 많고 직접 만들어 보고 싶은 요리사 지망생

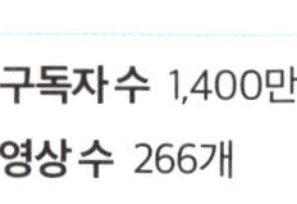

Colin Amazing

Colin과 가족들이 챌린지, 실험, 일상을 공유하는 가족 브이로그 채널. 재미있는 챌린지와 과학 실험을 통해 가족 간 소통과 영어 표현을 동시에 배울 수 있습니다.

구독자 수 1,400만
영상 수 266개
대상 7~14세

가족 단위 챌린지와 실험 영상을 좋아하는 아이

Universal Kids

Universal Pictures의 공식 키즈 채널. 미니언즈, 트롤, 보스 베이비 등 유니버설 애니메이션 캐릭터들의 짧은 에피소드와 게임, 공작 활동을 제공하며 친숙한 캐릭터로 영어를 즐깁니다.

구독자 수 1,050만
영상 수 4,000개
대상 4~10세

유니버설 영화 캐릭터를 좋아하는 아이라면 필수 구독

Pixar

픽사의 공식 유튜브 채널. 토이 스토리, 인사이드 아웃 등 픽사 영화의 예고편, 비하인드 신, 단편 애니메이션을 볼 수 있으며 픽사 특유의 감성적 스토리텔링을 영어로 경험합니다.

구독자 수 893만
영상 수 823개
대상 6~16세

픽사 애니메이션을 사랑하고 감동적인 이야기를 좋아하는 아이

Tannerites

9명 대가족의 일상, 챌린지, 여행을 담은 가족 브이로그. 형제자매 간 상호 작용과 가족 활동을 보며 자연스러운 일상 영어와 가족 표현을 배울 수 있습니다.

구독자 수 903만
영상 수 1,300개
대상 8~14세

대가족의 시끌벅적한 일상과 챌린지를 좋아하는 아이

DaveHax

일상생활에서 유용한 팁과 꿀팁(life hacks)을 보여 주는 채널. 간단한 도구로 문제를 해결하는 방법을 배우며, 실용적인 영어 지시문과 설명을 듣는 연습을 할 수 있습니다.

구독자 수 857만
영상 수 758개
대상 10~16세

실용적인 생활 꿀팁과 문제 해결 방법에 관심 많은 아이

KAYCEE & RACHEL in WONDERLAND FAMILY

두 자매 Kaycee와 Rachel의 상상놀이, 챌린지, 가족 일상을 담은 채널. 공주 놀이, 역할극 등 여자아이들이 좋아하는 콘텐츠로 가득하며 또래의 자연스러운 영어를 들을 수 있습니다.

구독자 수 822만
영상 수 383개
대상 5~10세

공주 놀이와 상상놀이를 좋아하는 여자아이들을 위한 채널

Disney

디즈니의 공식 유튜브 채널. 디즈니 영화 예고편, 뮤직비디오, 비하인드 스토리 등 디즈니 콘텐츠를 총망라하며, 디즈니 팬이라면 영어로 디즈니 세계를 더 깊이 경험할 수 있습니다.

구독자 수 650만
영상 수 1,400개
대상 4~16세

디즈니 마니아라면 꼭 구독해야 할 공식 채널

AndrewSchrock

프로 스케이트보더 Andrew가 스케이트보드 기술과 아들과의 일상을 공유하는 채널. 스케이트보드 트릭과 용어를 배우며, 아빠와 아들의 유대감 있는 대화로 자연스러운 영어를 습득합니다.

구독자 수 614만
영상 수 3,900개
대상 8~16세

스케이트보드나 익스트림 스포츠에 관심 있는 활동적인 아이

Preppy Kitchen

John이 베이킹과 디저트 레시피를 친절하게 알려 주는 채널. 케이크, 쿠키, 파이 등 단계별로 따라 하기 쉬운 레시피와 베이킹 용어를 영어로 배우고 직접 디저트를 만들어 볼 수도 있습니다.

구독자 수 588만
영상 수 1,300개
대상 10~16세

베이킹과 디저트 만들기에 푹 빠진 제과 지망생

SV2

축구 유소년 클럽을 방문하며 축구 챌린지를 하는 채널. 드리블, 슈팅, 프리킥 등 축구 기술과 용어를 배우며, 실제 유소년 선수들의 훈련 모습을 통해 축구 영어를 습득합니다.

구독자 수 549만
영상 수 661개
대상 8~14세

축구 선수를 꿈꾸고 축구 기술을 배우고 싶은 아이

Woolly and Tig Official Channel

영국 BBC의 유아 교육 프로그램. 소녀 Tig와 거미 인형 Woolly가 어둠, 큰 소리 등 일상의 두려움을 극복하는 이야기로, 사회 정서를 학습하고 영국식 영어에 노출시킬 수 있습니다.

구독자 수 395만
영상 수 1,200개
대상 4~6세

불안감이 많고 두려움을 극복하는 법을 배우고 싶은 예민한 아이

Danny Go!

Danny가 노래와 춤으로 아이들을 움직이게 만드는 액티브 채널. 에너지 넘치는 율동과 참여형 콘텐츠로 몸을 움직이며 영어 지시문을 따라 하고 표현을 익힙니다.

구독자 수 418만
영상 수 128개
대상 4~7세

집에서 에너지를 발산하고 싶은 활동적인 아이

My Cupcake Addiction

Elise가 화려한 컵케이크 데코레이션 기술을 가르치는 베이킹 채널. 프로 수준의 데코 기술과 베이킹 용어를 배우며, 예쁜 디저트 만들기에 관심 있는 아이에게 영감을 줍니다.

구독자 수 297만
영상 수 489개
대상 10~16세

케이크 데코레이션을 배우고 싶은 제과 디자이너 지망생

Simply Soccer

축구 기본기부터 고급 기술까지 단계별로 가르치는 축구 교육 채널. 드리블, 패스, 슛 기술을 배우며 축구 전술 용어를 영어로 익히고 실력 향상을 도모합니다.

구독자 수 49만
영상 수 909개
대상 8~16세

축구 실력을 체계적으로 향상시키고 싶은 유소년 선수

6. Read Aloud

English Fairy Tales

신데렐라, 백설공주 등 전래 동화를 애니메이션으로 들려주는 채널. 클래식한 동화를 영어로 듣고 보며 스토리텔링과 영어 어휘를 동시에 배울 수 있습니다.

구독자 수 427만
영상 수 794개
대상 4~8세

전래 동화를 좋아하고 스토리 듣기를 즐기는 아이

Fairy Tales and Stories for Kids

세계 각국의 동화와 우화를 애니메이션으로 제공하는 채널. 이솝 우화부터 그림 동화까지 다양한 이야기를 통해 교훈과 영어 표현을 동시에 배웁니다.

구독자 수 292만
영상 수 1,000개
대상 4~8세

다양한 나라의 동화로 세계관을 넓히고 싶은 아이

KidTime StoryTime

다양한 영어 그림책을 읽어 주는 read-aloud 채널. 명작은 아니지만 재미있는 그림책들을 소개하며, 책 읽기의 즐거움과 영어 듣기를 동시에 경험할 수 있습니다.

구독자 수 113만
영상 수 1,400개
대상 4~8세

그림책 읽는 것을 좋아하고 다양한 책을 접하고 싶은 아이

Vooks

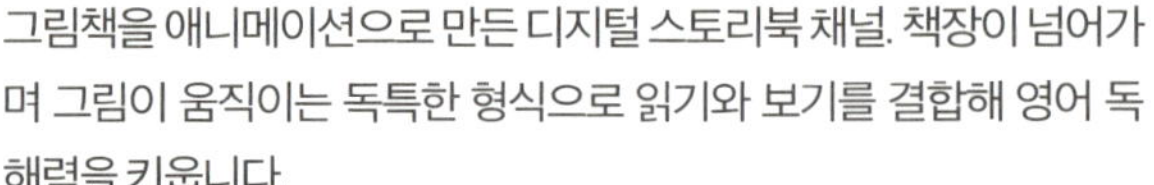

그림책을 애니메이션으로 만든 디지털 스토리북 채널. 책장이 넘어가며 그림이 움직이는 독특한 형식으로 읽기와 보기를 결합해 영어 독해력을 키웁니다.

구독자 수 111만
영상 수 378개
대상 4~8세

움직이는 그림책으로 읽기의 재미를 느끼고 싶은 아이

The Fable Cottage

이솝 우화와 판차탄트라 이야기를 애니메이션으로 들려주는 채널. 교훈이 담긴 짧은 이야기로 도덕성과 영어를 함께 배우며, 토론 주제로도 활용하기 좋습니다.

구독자 수 106만
영상 수 47개
대상 5~10세

교훈이 담긴 우화로 생각하는 힘을 기르고 싶은 아이

Ryan & Craig

Ryan과 Craig 삼촌이 감정을 담아 그림책을 읽어 주는 채널. 목소리 연기와 효과음으로 이야기에 몰입하게 만들며, 책 읽기의 재미를 영어로 경험할 수 있습니다.

구독자 수 65만
영상 수 318개
대상 4~8세

감정 표현이 풍부한 스토리텔링을 들으며 이야기에 빠지고 싶은 아이

Super Simple Storytime

Super Simple Songs의 스토리타임 채널. 친숙한 캐릭터들이 등장하는 간단한 이야기를 읽어 주며, Super Simple 팬이라면 자연스럽게 스토리 듣기로 전환할 수 있습니다.

구독자 수 34만
영상 수 75개
대상 4~6세

Super Simple Songs 팬이라면 다음 단계로 스토리 듣기

Reading is

다양한 그림책을 읽어 주는 read-aloud 채널. 친절한 목소리로 책을 읽어 주며, 잠들기 전 듣기 좋은 차분한 분위기로 영어 듣기와 독서 습관을 동시에 키웁니다.

구독자 수 25만
영상 수 202개
대상 4~7세

잠들기 전 차분한 목소리로 이야기를 듣고 싶은 아이

HarperKids

HarperCollins 출판사의 어린이책 채널. 베스트셀러 그림책을 작가가 직접 읽어 주거나 애니메이션으로 제공하며, 양질의 문학 작품을 영어로 접하고 독서 습관을 키울 수 있습니다.

구독자 수 10만
영상 수 746개
대상 4~10세

검증된 베스트셀러 그림책으로 영어 독서력 키우기

Oxford Owl - Learning at Home

옥스퍼드 출판사의 교육 채널. 파닉스, 읽기, 쓰기, 수학을 체계적으로 가르치는 교육 콘텐츠로, 영국식 교육 과정을 따라 단계별로 학습할 수 있는 부모 동반 학습 채널입니다.

구독자 수 6만
영상 수 155개
대상 4~8세

영국식 교육 과정으로 체계적인 홈스쿨링을 원하는 부모

7. 언박싱 / 게임 / 놀이

Genevieve's Playhouse

Genevieve가 장난감과 놀이를 통해 색깔, 숫자, 알파벳을 가르치는 교육 채널. 부드럽고 친절한 목소리로 반복 학습을 유도하며, 유아 교육에 최적화된 콘텐츠입니다.

구독자 수 4,910만
영상 수 706개
대상 4~6세

친절하고 차분한 목소리로 영어를 배우고 싶은 아이

LEGO

레고 공식 유튜브 채널. 레고 세트 소개, 조립 방법, 레고 애니메이션(Ninjago, City 등)을 제공하며 레고 팬이라면 영어로 레고 세계를 더 깊이 탐험할 수 있습니다.

구독자 수 2,140만
영상 수 47,000개
대상 6~14세

레고 마니아라면 조립법과 애니메이션을 영어로 즐기기

Come Play With Me !

Come Play With Me

다양한 장난감 리뷰와 놀이 방법을 소개하는 채널. 액션 피규어, 놀이 세트, 보드게임 등을 소개하며 장난감 관련 어휘와 놀이 표현을 영어로 배울 수 있습니다.

구독자 수 1,740만
영상 수 549개
대상 4~10세

새로운 장난감을 탐색하고 놀이 아이디어를 얻고 싶은 아이

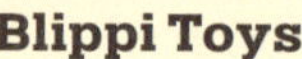

Blippi Toys

Blippi의 장난감 특화 채널. Blippi가 다양한 장난감을 언박싱하고 놀이 방법을 보여 주며, 장난감 리뷰도 보고 영어에도 노출시킬 수 있는 Blippi 팬을 위한 채널입니다.

구독자 수 1,490만
영상 수 1,400개
대상 4~7세

Blippi를 좋아하고 장난감 리뷰도 함께 보고 싶은 아이

MAIZEN

Maizen

마인크래프트 애니메이션 시리즈. JJ와 Mikey의 마인크래프트 세계 모험을 애니메이션으로 그리며, 마인크래프트 용어와 게임 전략을 영어로 배우는 게이머 키즈 채널입니다.

구독자 수 1,570만
영상 수 1,200개
대상 7~12세

마인크래프트를 애니메이션 스토리로 즐기고 싶은 아이

TD BRICKS

레고로 스톱모션 애니메이션을 만드는 채널. 레고 시티, 닌자고 등을 활용한 창의적인 스토리텔링으로 레고 조립과 영화 제작에 관심 있는 아이들에게 영감을 줍니다.

구독자 수 896만
영상 수 628개
대상 8~14세

레고 스톱모션 애니메이션 제작에 관심 있는 크리에이터 지망생

Blaze and the Monster Machines

Nickelodeon의 STEM 교육 애니메이션. 몬스터 트럭 Blaze가 과학, 기술, 공학, 수학 문제를 해결하며, 자동차를 좋아하는 아이들이 STEM 개념을 영어로 자연스럽게 배웁니다.

구독자 수 700만
영상 수 1,800개
대상 4~6세

몬스터 트럭을 좋아하면서 STEM 교육도 받고 싶은 아이

JLaservideo

자동차, 트럭, 중장비 장난감을 야외에서 실제처럼 운행하는 RC 채널. 실감 나는 장면 연출과 효과음으로 자동차 마니아 아이들이 몰입하며 볼 수 있고, 탈것 관련 어휘를 자연스럽게 습득합니다.

구독자 수 552만
영상 수 569개
대상 4~10세

RC 카와 중장비 장난감의 리얼한 연출에 열광하는 남자아이

Race Toy Time

자동차 경주, 트랙 놀이, 탈것 관련 장난감 리뷰 채널. Hot Wheels, 토미카 등 다이캐스트 카 컬렉션과 레이싱 트랙을 소개하며 자동차 수집과 경주에 관심 있는 아이들을 위한 채널입니다.

구독자 수 534만
영상 수 1,900개
대상 4~10세

Hot Wheels를 수집하고 트랙 레이싱을 좋아하는 자동차 덕후

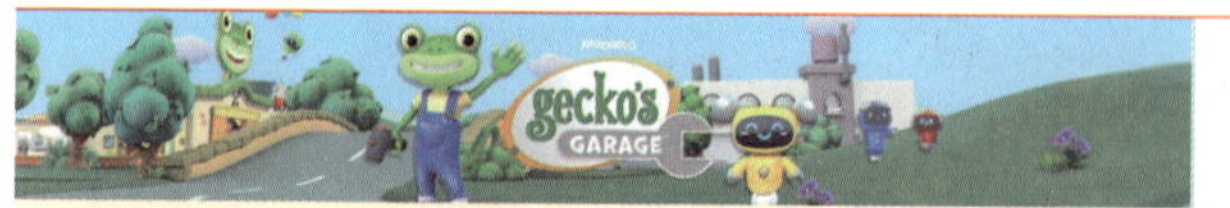

Gecko's Garage - Trucks For Children

도마뱀 정비공 Gecko가 고장 난 자동차와 트럭을 고치는 3D 애니메이션. 자동차 부품 이름과 수리 과정을 배우며, 중장비와 탈것에 관심 많은 아이들의 어휘력을 키웁니다.

구독자 수 344만
영상 수 1,600개
대상 4~7세

자동차 정비와 수리 과정에 호기심 많은 메카닉 지망생

VTubers

다양한 비디오 게임 플레이와 리뷰를 제공하는 게이밍 채널. 마인크래프트, 로블록스 등 아이들에게 인기 있는 게임을 다루며, 게임 용어와 전략을 영어로 배울 수 있습니다.

구독자 수 337만
영상 수 1,000개
대상 8~14세

게임 플레이 영상을 보며 게임 영어와 전략을 배우고 싶은 게이머 지망생

EthanGamer

영국 소년 Ethan이 가족 친화적인 게임을 플레이하는 채널. 마인크래프트, 로블록스 등을 하며 또래의 자연스러운 게임 코멘터리를 영어로 들을 수 있어 게이머 키즈에게 인기입니다.

구독자 수 332만
영상 수 1,100개
대상 7~12세

또래 게이머의 게임 플레이로 자연스러운 영어 배우기

MasterBuilders

레고 마스터 빌더들의 고급 조립 기술과 MOC(My Own Creation)를 소개하는 채널. 복잡한 레고 빌딩 테크닉과 창의적인 디자인으로 레고 실력을 한 단계 업그레이드할 수 있습니다.

구독자 수 296만
영상 수 168개
대상 9~16세

레고의 고급 테크닉을 배우고 창의적인 작품을 만들고 싶은 마스터 지망생

Bunya Toy Town

장난감 자동차들이 마을을 이루어 살아가는 스톱모션 애니메이션. 자동차 캐릭터들의 일상 스토리를 통해 탈것 이름과 사회적 상호 작용을 영어로 배우는 독특한 채널입니다.

구독자 수 167만
영상 수 317개
대상 4~7세

자동차 캐릭터들의 스토리텔링으로 상상력을 자극받고 싶은 아이

Justin's Collection

Justin이 다양한 장난감 컬렉션(액션 피규어, 레고, 다이캐스트)을 소개하고 리뷰하는 채널. 수집가 관점에서 장난감을 평가하며, 컬렉터 용어와 제품 리뷰 영어를 배울 수 있습니다.

구독자 수 86만
영상 수 2,200개
대상 7~14세

장난감을 수집하고 체계적으로 정리하는 컬렉터 기질 아이

ZXMany

레고 테크닉과 기계 장치를 활용한 실험과 창작물을 보여 주는 채널. 레고로 작동하는 기계를 만들며 공학 원리를 배우고, STEM 교육과 창의성을 동시에 키울 수 있습니다.

구독자 수 66만
영상 수 2,100개
대상 10~16세

레고 테크닉으로 움직이는 기계를 만들고 싶은 공학도 지망생